LE VRAI STATUT DE MA VIE

Liz Fenton & Lisa Steinke

LE VRAI STATUT DE MA VIE

Traduit de l'anglais par Anne Rémond

ÉDITIONS | PRISMA

Titre de l'édition originale :
The Status of all things

This edition published by arrangement
with the original publisher Washington Square Press,
A Division of Simon & Schuster, Inc., New York

Responsable éditoriale : Ambre Rouvière
Éditeur : Nicolas Rabeau
Mise en page : Nord Compo
Conception graphique de la couverture : Chloé Sadoun
Photographie de couverture : © AlexMaster/Shutterstock

ISBN : 978-28104-1657-8

Depuis 2009, Prisma Media met en place une politique d'achat éco-responsable. Ainsi, près de 100% du papier de nos magazines est certifié PEFC (gestion durable des forêts). La fabrication des livres des Éditions Prisma s'inscrit également dans cette démarche.

À Cristine, qui est bien plus qu'une mère pour moi.
À Matt, qui a rendu ce rêve possible.

Chapitre 1

« Dans moins de vingt-quatre heures, j'aurai la bague au doigt.
Quelque chose d'emprunté, quelque chose de bleu ? Ok.
Quelque chose de vieux, quelque chose de neuf ? Ok.
L'amour de ma vie ? Cent fois ok ! #ToutVaBien »

Je mets à jour mon statut Facebook, repose mon téléphone portable et tente de savourer la première minute seule que j'ai depuis ce matin. Du balcon de la suite nuptiale, je fixe les vagues qui s'écrasent sur le rivage hawaïen de Wailea. Je lisse le tissu impitoyable de ma robe fourreau noire, enfilée quelques minutes plus tôt avec toutes les peines du monde. Stella, ma *wedding planner*, une rougeur permanente sur ses joues rondes et un regard d'acier, m'avait imperturbablement crié : « Rentrez le ventre ! », avant de tirer d'un coup sec sur la fermeture Éclair qui refusait de glisser jusqu'à ma nuque.

Gênée, je l'avais aussitôt congédiée en lui confiant plusieurs tâches : mettre deux gerberas orange et un blanc dans chaque vase, s'assurer que les brochettes de crevettes au gingembre et les makis de thon épicés seraient bien servis à dix-neuf heures précises. Je lui avais également demandé de vérifier que mon père et ma mère, divorcés depuis presque vingt ans, ne soient pas seulement placés à des tables différentes, mais de part et d'autre de la salle – la colère sourde que ma mère éprouvait à l'égard de mon père depuis qu'il l'avait quittée explosant encore aussi facilement qu'une plaie que l'on gratterait et qui se mettrait à saigner.

— Et avez-vous pensé à remettre à Max son cadeau de futur marié ?, lui avais-je lancé en passant la tête par la porte tandis qu'elle s'éloignait dans le couloir d'un pas rapide.

Elle avait levé le pouce sans même se retourner, essayant sans doute d'introduire autant de distance possible entre elle et l'image de mes bourrelets qu'elle avait dû fourrer dans ma robe taille trente-huit.

J'avais des mois durant exploré les tableaux de Pinterest en quête du cadeau parfait pour Max. Finalement, j'avais arrêté mon choix sur une montre de collection Tag Heuer, dont j'avais fait graver l'intérieur du bracelet : « *You're Still the One* », en référence à la chanson de Shania Twain sur laquelle nous avions dansé lors du mariage où nous nous étions rencontrés trois ans plus tôt, par l'intermédiaire de ma meilleure amie, Julia. J'étais impatiente de raconter à Max comment j'avais déniché cette pièce d'antiquité sur eBay et m'étais livrée à une guerre des enchères intense avec Touffu202, le regard fiévreux et les mains moites, tout cela pendant qu'il dormait profondément à côté de moi. J'avais patiemment attendu les dernières secondes avant la fin de l'enchère pour faire une dernière offre. Celle-ci excédait largement mon budget, mais avait virtuellement fait battre en retraite Touffu202 ; j'avais alors silencieusement levé les poings en l'air et articulé un « Prends-toi ça, mon coco ! ».

Si Max a reçu la montre, il ne m'en a rien dit. Je lui ai envoyé plusieurs textos en faisant évasivement référence à un « petit colis » qui aurait dû lui parvenir. Cela ne lui ressemble pas de ne pas répondre. Je chasse cette pensée en apercevant deux petites filles sur la plage, qui rient aux éclats lorsque l'océan turquoise vient leur chatouiller les genoux. Je ferme les yeux et me dis que je devrais prendre exemple sur elles, respirer l'air chaud de Hawaï et profiter de l'instant. Que mon esprit ne devrait pas être aussi agité que la mer alors que je remets à peu près tout en question – dont le fait d'avoir offert une montre à Max plutôt que des boutons de manchette. Mais lorsque l'on consacre une année entière à préparer une seule journée, on veut que tout soit parfait.

— Toc toc, dit Julia en ouvrant la porte de ma suite et, avant même de voir sa silhouette, je remarque l'étiquette jaune familière de la bouteille qu'elle tient dans la main.

Je souris lorsqu'elle brandit gaiement mon champagne préféré. Depuis que nous nous connaissons, elle a toujours eu le don étrange de deviner exactement ce dont j'ai besoin. Nous nous étions rencontrées il y a plus de quinze ans lors de notre prérentrée à l'université de Los Angeles et nous avions sympathisé autour d'un mépris commun pour l'étudiant obséquieux qui nous présentait l'établissement et pour sa manie de répéter « gars du coin ». Ce jour-là, devant le bureau des étudiants, où notre guide pérorait sur les clubs « déjantés » existants, à l'instant même où je me disais que je ne pouvais pas supporter une minute de plus son baratin, elle m'avait montré du doigt un groupe de garçons jouant au football dans la cour et m'avait chuchoté :

— Je ne sais pas ce que tu en penses, mais je propose que nous leur demandions de nous faire visiter les lieux.

Elle m'avait alors prise par le bras et, tandis que nous nous éloignions discrètement du groupe en étouffant nos rires, je sus qu'elle deviendrait une grande amie.

— Hé ! (Elle me serre longuement dans ses bras, puis recule légèrement.) Tu es absolument superbe, me complimente Julia, qui sait exactement ce que j'ai besoin d'entendre.

— Tu en es certaine ?

Je lisse le tissu de ma robe qui se plisse légèrement au niveau de ma taille et tâche de ne pas penser à la gaine qui me coupe la circulation, ni à la déplaisante marque rouge qu'elle laissera sur ma peau.

— Veux-tu arrêter ?, m'implore Julia. (Elle m'attrape par le bras et me conduit devant le miroir de la penderie.) Tu sais que je tuerais pour avoir *ces* cheveux ? (Elle caresse l'une de mes boucles souples au blond vénitien.) Et pour avoir *ce* visage ?

Elle sourit tout en faisant glisser son doigt sur mon nez légèrement piqué de taches de rousseur et sur ma pommette ; mes yeux bleu acier me fixent, désirant tellement voir la même chose qu'elle. Je ne comprends pas son enthousiasme. La fille qui me regarde est ordinaire et se fond facilement dans la masse, avec ses boucles ternes, son nez retroussé trop petit pour ses joues rondes, son teint de lis et ses quelques kilos superflus qu'elle n'a jamais réussi à perdre depuis l'université. Je ne peux m'empêcher d'envier Julia, dont la silhouette naturellement svelte me surplombe, dont le corps n'a jamais eu besoin de lingerie sculptante, dont les poignées d'amour inexistantes n'ont jamais dû être fourrées dans quoi que ce soit. Je tire sur une mèche de mes cheveux qui a perdu sa souplesse.

— Je ne sais pas si je veux les avoir relevés demain.

— Plus de chignon ?, me demande Julia en fronçant les sourcils.

— Peut-être pas…

— Mais tu étais vraiment ravie du résultat lors de l'essai la semaine dernière. Cela va à merveille avec la robe et les bijoux. C'est très élégant.

— Oui, mais je m'interroge par rapport aux photos. (Je marque une pause et rassemble mes cheveux au-dessus de ma tête.) Je ne suis pas certaine de vouloir être ce genre de mariée. Peut-être devrais-je opter pour un look plus décontracté ?

Julia laisse quelques secondes s'écouler avant de me répondre. Un froncement de sourcils léger et fugace trahit son agacement devant mon indécision.

— Qu'entends-tu par ce genre de mariée ? S'est-il passé quelque chose ? Pourquoi veux-tu changer de coiffure à la dernière minute ?

— Es-tu amie avec Anne Freeborn ?

— Sur Facebook ?

Julia plisse les yeux comme pour tenter de se remémorer son visage. J'acquiesce d'un signe de tête.

— Oui, mais je crois que je l'ai bloquée suite aux dernières élections, ses discours politiques m'exaspéraient. Pourquoi ?

— Elle se marie dans un mois et, ce matin, elle a posté deux photos en demandant à ses contacts de voter pour la coiffure qu'ils préféraient. Relevés ou détachés ? Chignon strict ou ondulations effet plage ?

— D'accord…, dit Julia d'un air toujours sceptique.

— La majorité a répondu détachés. Environ cent douze de ses amis étaient contre le chignon. Pour eux, elle paraissait plus insouciante avec les cheveux détachés.

— D'accord…, répète Julia.

— Donc cela m'a fait réfléchir ; je devrais peut-être opter aussi pour les cheveux détachés. Je ne veux pas avoir l'air coincé. Comme si je ne passais pas un bon moment.

— Tu crois vraiment que tu ne passeras pas un bon moment ?

— Ce n'est pas ça. Seulement, c'est un sujet qui demande réflexion. La coiffure, je veux dire, lui réponds-je lentement, me sentant soudain gênée lorsque j'aperçois son visage, sur lequel se lisent toujours la confusion et le doute. Quoi ? Je ne peux pas faire de changement de dernière minute ?

— Bien sûr que tu peux, mais…

— Mais quoi ?

— Non, rien. À toi de décider, c'est ta journée. Allons-y pour les cheveux détachés !, tranche-t-elle en tapant dans ses mains, et le claquement résonne fortement sur le balcon.

— Dis-moi ce que tu allais dire.

— C'est juste que… Tu devrais faire ce dont tu as envie, sans te préoccuper de ce que pensent les autres. C'est le plus grand jour de *ta* vie, pas de la leur.

Je sais qu'elle a raison, c'est ma journée, mais je suis incapable d'ignorer les mots sur le bout de ma langue. La vérité, c'est que cela m'importe. Énormément même.

— Je ne sais pas trop comment l'expliquer… C'est comme ça que je sens les choses. Peut-être devrais-je y voir un signe ? Peut-être suis-je censée avoir les cheveux détachés, peu importe la raison ?

— Oui, peut-être.

Julia sourit et je peux deviner à la lueur de son regard qu'elle voudrait en dire bien plus ; elle n'insiste pas cependant et j'en suis soulagée.

— Désolée. Je suis un peu perdue. Je veux que tout soit parfait.

J'ai envie de lui demander son avis concernant le silence de Max, mais je crains de paraître trop angoissée après mon dilemme « chignon ou pas de chignon ». Mon portable sonne, je l'extirpe de la poche de ma robe et l'agite sous le nez de Julia.

— Et cela ne m'aide pas que ma mère continue de m'envoyer des messages à propos de mon père et de « sa bourgeoise »...

— Je n'en reviens pas qu'elle refuse toujours de l'appeler par son prénom, m'interrompt Julia.

— Bah, tu sais, cela ne fait que dix-huit ans ! (Je secoue la tête.) Apparemment, « sa bourgeoise » l'a déjà offensée, je cite, « à plusieurs reprises » aujourd'hui.

Je songe au dernier message de ma mère, qui me demandait d'exclure ma belle-mère, Leslie, de la photo de famille, et je sens mon estomac se nouer à nouveau.

— Je suis désolée que tu doives aussi gérer ça ! J'ai demandé à Stella qu'elle t'épargne la névrose de ta mère ; elle a des consignes strictes pour que toutes ses doléances passent par moi, affirme-t-elle en posant ses mains sur ses hanches fines et en plissant ses yeux verts.

— Laisse Stella un peu tranquille. Elle a déjà accompli aujourd'hui des missions bien au-delà de ses prérogatives. (Je me tapote le ventre et ris tandis que Julia me lance un regard perplexe.) Elle mérite une prime pour avoir réussi à me faire entrer dans cette robe !

Julia lève les yeux au ciel, puis débouche la bouteille et verse le champagne dans deux flûtes. Elle me tend un verre dans lequel les bulles se précipitent à la surface.

— J'aimerais trinquer à ton mariage. Demain, tu feras partie du club !

Je porte le verre à mes lèvres.

— Eh oui ! Moi ? Une femme mariée… Enfin !

— Grâce à mon remarquable talent d'entremetteuse !

Julia se donne une petite tape sur l'épaule, puis nous faisons tinter nos flûtes.

— Comment pourrais-je un jour te remercier comme il se doit ?

— Tu peux commencer par donner mon prénom à ton premier enfant, me taquine-t-elle.

— Pourquoi pas ?

Je fais courir mon doigt sur le bord de la flûte et repense à la soirée où Max m'avait fait sa demande. Quand je lui avais dit oui, il avait eu le souffle coupé, comme s'il venait de terminer l'une de ses longues courses à pied par un sprint.

— J'ai hâte que nous formions une famille, avait-il murmuré.

Ses yeux vert olive s'étaient illuminés avant de se plisser, comme s'il imaginait déjà nos bras enveloppant un bébé. Je sais que Max ferait un bon père ; il sait naturellement y faire avec les enfants, contrairement à moi. J'adore les enfants et veux devenir maman, mais j'ai toujours peur qu'il arrive quelque chose à ceux dont on me confie la garde. Même les enfants de Julia, Ellie et Evan, que je considère comme mes neveux, Julia étant la sœur que je n'ai jamais eue, lèvent les yeux au ciel si je leur propose d'aller à la piscine ou de faire une promenade à vélo.

Comme s'ils sentaient mon appréhension. Mais ils avaient surnommé Max « Oncle M » presque dès leur première rencontre, lorsqu'il les avait attrapés, un sous chaque bras, et les avait fait sauter dans les airs comme s'il avait déjà fait ce geste des centaines de fois. Alors qu'ils criaient de joie, Julia avait haussé les sourcils, fait la moue et m'avait regardée d'un air disant « C'est sans doute le bon ».

J'observe Julia lisser une mèche de ses cheveux blond platine qui s'est échappée de sa queue-de-cheval simple et soyeuse et je me fais la réflexion que cette coiffure reflète la fluidité avec laquelle elle a toujours semblé se mouvoir dans la vie. Elle avait épousé son petit ami de l'université, Ben, il y a presque dix ans et avait peu de temps après donné naissance à Evan, puis deux ans plus tard, à Ellie, tous deux des répliques blondes aux yeux émeraude de leur mère. Bien qu'elle n'ait aucune formation en la matière, elle a toujours su concocter des plats très gourmands à partir d'ingrédients basiques. Cela lui a permis de gravir rapidement les échelons, jusqu'à devenir chef pâtissière au *Midnight Snack*, l'un des restaurants les plus en vue de West Hollywood. Elle paraît conjuguer vie de famille, vie de couple et vie professionnelle avec la précision, mais aussi l'assurance d'un contrôleur aérien. Cela explique sans doute pourquoi les gens semblent toujours attirés par elle comme une abeille par une fleur fraîchement éclose.

Au moment où Julia et moi vidons pratiquement notre verre d'un trait, une voix grave et familière transperce l'air :

— Vous êtes présentables ?

— Non, on traîne en petite tenue alors que le dîner débute dans un quart d'heure !, glousse Julia.

Liam passe la tête par la porte, ses yeux noisette pétillant dès qu'il aperçoit mon bras autour de la taille de Julia.

— Bon, vous n'êtes peut-être pas à moitié nues, mais cela m'a tout de même l'air d'une petite fête à laquelle j'aimerais me joindre, plaisante-t-il en haussant les sourcils.

Tandis qu'il s'approche d'un pas tranquille, je remarque que son nouveau costume anthracite sied parfaitement à son grand corps dégingandé. Je souris au souvenir de ses jérémiades lorsque, après avoir essayé une autre veste encore trop courte pour ses bras, il m'avait mise en garde de trouver rapidement quelque chose, « n'importe quoi », car s'il manquait le match des Dodgers, son équipe préférée de base-ball, « cela allait barder ». Il pose lourdement un bras sur chacune de nos épaules, et la pochette blanche qu'il avait choisie sur les conseils du vendeur me caresse la joue. Je passe la main dans ses cheveux châtain clair ébouriffés.

— As-tu au moins mis un peigne dans ta valise ?, lui fais-je d'un ton moqueur.

— Tu n'es pas au courant ? Le look débraillé est à la mode, me répond-il en riant.

Notre trio s'était formé à l'université, autour de longs soupirs échangés lors de nos cours d'introduction à l'économie. Les bajoues flasques, le comportement bougon et le sévère barème de notation de notre professeur, l'imbuvable M. Kinsey, nous avaient causé bien des insomnies ce semestre-là. À la fin du premier cours, avec un sourire en coin et un regard amusé derrière ses lunettes à larges montures noires, Liam m'avait donné un petit coup de coude et lancé que notre grincheux de professeur avait besoin d'urgence de s'envoyer en l'air. Il se demandait si je me sentais en mesure de tous nous sauver de notre destin inéluctable : mourir d'ennui avant même d'avoir vingt et un ans. J'avais feint des haut-le-cœur puis l'avais frappé avec mon carnet de notes.

— Bon, d'accord. Si tu ne peux pas, ton amie alors peut-être ?, avait-il suggéré en désignant Julia qui se dirigeait vers nous.

Lorsqu'elle avait répondu à sa proposition par un bras d'honneur, il avait rétorqué d'un ton pince-sans-rire :

— Quoi ? Les filles, vous n'avez pas vu la taille de ses mains quand il a écrit la consigne au tableau ? Vous savez bien ce que ça signifie, non ?

De concert, Julia et moi nous étions écriées « C'est vraiment immonde », avant d'éclater de rire, scellant tacitement la promesse d'une amitié durable.

— Bon, les amis. C'est l'heure d'aller au restaurant, affirme Julia d'un ton autoritaire, en posant son verre vide sur la table en bois encadrée de deux chaises longues. Il est de mon devoir, en tant que témoin, de veiller à ta ponctualité, statue-t-elle, en donnant un petit coup de coude badin à Liam.

Ce dernier s'éclaircit exagérément la voix et tire sur le col de sa chemise d'un blanc immaculé.

— Eh bien, en tant que second témoin, je pense sincèrement qu'elle devrait prendre avant cela un autre verre. D'ailleurs, j'ai apporté quelque chose de plus fort.

Il arbore un large sourire en sortant de sa poche arrière une flasque en argent terni. Cette flasque, que je lui avais offerte à l'université, m'évoque instantanément des séjours au ski dans la Sierra Nevada, des soirées sur la terrasse de son club d'étudiants, ou encore des fêtes nationales passées à lézarder sur un hors-bord sur le lac Havasu. J'y avais fait graver : « Pense à moi à chaque gorgée. » Il m'avait juré qu'il le ferait.

— Certes, ce n'est pas le festival de Cannes et Kate n'est pas exactement Angelina Jolie… Sans vouloir te vexer, précise Julia en se tournant vers moi.

— Il n'y a pas de mal !

— Ce n'est pas le moment de se faire remarquer en arrivant en retard, poursuit-elle, avant de saisir la flasque et de la porter à son nez, ce qui la fait légèrement tousser. Ouh là, qu'est-ce que tu as mis là-dedans ?, dit-elle en rendant la flasque à Liam.

— Du whisky, rétorque-t-il avec un haussement d'épaules. (Il boit une gorgée, puis pousse un soupir exagéré.) Mais attention, pas n'importe quel whisky ; c'est du Pappy Van Winkle ! Savez-vous ce que j'ai dû faire pour en dégotter ? C'est plus difficile à trouver que ma virilité quand je porte ce jean moulant que vous m'avez offert à Noël !, fait-il en secouant la tête.

— Pappy Van quoi ?, glapit Julia. Cela me fait penser à l'une de ces émissions que regarde ma fille sur Disney Channel, pas à une marque de whisky !

— Oh Julia, tu as tant à apprendre, maugrée Liam avant de prendre une autre lampée.

— Eh bien, je me moque que ce whisky soit enrichi en paillettes d'or, Kate n'en boira pas. Ses amis, sa famille et son fiancé comptent sur sa présence dès le début de la fête ! Ils ne s'attendent pas à ce qu'elle arrive en retard en titubant. N'est-ce pas ?, conclut-elle en se tournant vers moi.

— Je ne m'en mêle pas, dis-je en agitant les mains devant moi. C'est précisément pour cette raison que je vous ai demandé à tous les deux d'être mes témoins : afin que vous vous disputiez sur ce qu'il y a de mieux pour moi. J'adore ça !

Je jette un coup d'œil à mon Iphone. Mon visage se crispe un instant en constatant que Max n'a toujours pas répondu à mon message. Julia, à qui rien n'échappe, remarque ma mine tendue :

— Qu'y a-t-il ?

— Rien, lui mens-je.

— Tu en es sûre ?, insiste-t-elle.

— Tout à fait.

Liam hausse un sourcil et je détourne aussitôt le regard.

— Tu sais, Julia, Kate a sans doute un peu la trouille à cause du mariage. À sa place, je ferais dans mon froc ! (Liam rit tout en se calant dans un transat trop petit pour ses longues jambes.) C'est pourquoi un petit remontant ne lui ferait pas de mal.

Il agite le whisky devant moi et je l'attrape de bon cœur. Tandis que je bois à petites gorgées, il approche son transat du mien, son regard soudain si intense que j'en écarte la flasque de mes lèvres.

— Mais, Kate, tu peux encore tout arrêter si tu n'en as pas envie. Tout le monde comprendra si tu ne te sens pas prête à te marier.

Je le regarde fixement, en clignant rapidement des paupières ; je sens les larmes monter à cause du whisky qui me brûle la gorge et ne sais quoi lui répondre.

— Détends-toi, je plaisante !, s'esclaffe-t-il en me donnant une tape sur le genou. Tu aurais dû voir ta tête. Tu es devenue blanche comme un linge. Trop drôle !

Il s'incline à nouveau dans le transat et le souffle me revient.

— Mais quel couillon ! Je devrais te virer ! Et je pense que c'est la faute de ce truc !, s'exclame Julia.

Elle tend le bras pour s'emparer de la flasque, mais je l'éloigne d'elle et bois une autre gorgée. Le whisky passe beaucoup plus facilement, cette fois-ci.

Pendant que Julia et Liam s'échangent quelques piques, je me convaincs que je m'inquiète pour rien. Évidemment, Max a reçu la montre. Évidemment, il l'adore. Comment pourrait-il en être autrement ? Je l'ai vu lorgner un modèle similaire dans un magazine ; c'est ce qui m'avait donné l'idée. Il arrivera ce soir la montre au poignet et, d'un geste protecteur, il prendra ma main dans la sienne, comme il le fait si souvent.

— Et si on prenait une photo pour notre accro à Facebook ? (Julia me donne malicieusement un coup de coude, stoppant net le fil de ma pensée.) Je sais que tu en meurs d'envie !, glousse-t-elle.

Liam brandit mon téléphone bien au-dessus de nos têtes et nous cherchons tous les trois la meilleure pose. Je lui donne des instructions pour qu'il l'oriente parfaitement et il finit par accepter que son front soit coupé. J'étudie ensuite minutieusement les clichés pour décider lequel publier.

— Je ne comprendrai jamais tous les efforts des femmes pour prendre une photo digne de Facebook, soupire Liam. Je suis pratiquement sûr que la NASA a passé moins de temps à faire revenir sur Terre les astronautes d'Apollo 13 !

Je lui jette un regard exaspéré et ouvre mon profil, applique un filtre à la photographie, identifie Julia et Liam, ainsi que Max, sachant que le cliché le fera sourire.

« Tellement heureuse ! En direct de Hawaï avec mes meilleurs amis. »

***

Ma mère est la première personne que j'aperçois à mon arrivée au restaurant situé au dernier étage de l'hôtel. D'un geste de la main, Julia et Liam me quittent pour retrouver Ben et Angie, une beauté aux longues jambes et aux cheveux de jais dont j'ai fait la connaissance hier seulement.

— Kate !, s'écrie ma mère, son carré blond doré et soyeux bondissant alors qu'elle s'avance vers moi pour me prendre dans ses bras. Tu es là. Je me demandais si tu finirais par arriver.

Elle rit, mais une désapprobation peu subtile s'écoule de sa voix.

— Eh bien, je suis là maintenant, lui réponds-je. (Je me redresse et parcours la salle du regard à la recherche de Max.) En parlant d'être là…

— As-tu reçu mes messages ?, m'interrompt ma mère.

Elle tire maladroitement sur l'ourlet de sa robe mi-longue, qui épouse à la perfection sa silhouette svelte. Son corps est plus ferme que celui de nombreuses femmes de mon âge – y compris du mien !

— As-tu vu Max ?, lui dis-je, ignorant sa question.

Je suis son regard mélancolique vers mon père et ma belle-mère, blottis l'un contre l'autre dans un coin de la salle, comme si c'étaient eux qui devaient se passer la bague au doigt le lendemain. Lorsque mon père avait annoncé son intention d'épouser Leslie, âgée seulement de douze ans de plus que moi, ma mère avait déclaré sur un ton sarcastique que « cette gamine » et lui ne tiendraient pas six mois. Seulement, près de vingt ans plus tard, ils sont toujours aussi fous l'un de l'autre et je suis incapable d'avouer à ma mère que j'ai fini par apprendre à apprécier sincèrement Leslie. Elle a des yeux bleus pleins de bonté qui s'animent dès qu'elle parle de mon père et elle m'accueille à chacune de mes visites par une accolade chaleureuse que je ressens encore longtemps après son étreinte. C'est comme si sa personnalité rayonnante traversait sa peau pour irradier la mienne.

Ma mère attrape un cocktail sur le plateau d'un serveur et en boit une grande gorgée, son rouge à lèvres rubis tachant la paille.

— Je ne l'ai pas vu… Je croyais que vous étiez ensemble.

Elle agite son verre en direction de la salle comble sans quitter mon père du regard. Je résiste à l'envie de la saisir par les épaules et de la secouer pour la vider de toute son amertume, à la manière d'une tirelire dont on essaierait d'extraire une pièce.

Je balaie de nouveau la pièce du regard et remarque que la plupart des invités sont déjà arrivés. Ils portent autour du cou des colliers de fleurs, sirotent des cocktails ornés de petits parapluies, affichent un teint halé et chaud après cette première journée passée au soleil (ou, dans le cas de mon oncle Louie, une teinte plus proche du rouge écrevisse). Toujours aucun signe cependant de mon fiancé.

Je fronce les sourcils. Max n'est jamais en retard. Jamais. Je repense au matin où nous avions pris l'avion pour Maui. À six heures, il était déjà parti courir ses dix kilomètres quotidiens, son unique valise noire et sa housse à vêtements posées devant la porte d'entrée bien des heures avant notre départ, puisqu'il avait très méticuleusement préparé ses affaires la veille. Pendant ce temps, j'étais dans notre chambre à peser de tout mon corps – qui manquait sérieusement de caféine – sur ma troisième valise. Je voulais désespérément y loger un dernier paréo et une dernière paire d'espadrilles, « au cas où ».

Où peut-il bien être ?

— Je suis sûre qu'il sera là d'un instant à l'autre, me réconforte ma mère, qui semble lire dans mes pensées. C'est de Max qu'il est question, pas de ton père, ajoute-t-elle, avec une pointe de sarcasme.

— Maman, s'il te plaît... Pas ce soir.

— Sinon, à propos de mes messages... As-tu vu le culot de cette femme ? Je n'en reviens pas, persiste-t-elle malgré tout. C'est une photo de famille !

Je me mords la langue, afin de réprimer les pensées qui défilent dans ma tête tel le bandeau déroulant d'une chaîne d'information : la colère palpable de ma mère n'est pas la bienvenue à mon mariage ; son rouge à lèvres est trois teintes trop foncé pour sa peau ivoire ; je suis sincèrement désolée que mon père soit tombé amoureux d'une autre femme, et encore plus qu'elle refuse de ravaler la colère qui la dévore depuis ce jour. Je lance un regard à Julia à travers la salle, la priant de me venir en aide.

— Sa demande est loin d'être insensée, ils sont mariés depuis longtemps, finis-je par lui dire gentiment afin de ne pas la blesser, même si son attitude est ridicule.

Ma mère est sur le point de me répondre quand Julia la coupe dans son élan et l'attrape vivement par la main pour l'emmener vers le bar, prétextant une histoire de noix de coco fraîchement râpée dans les piña coladas.

Je tourne les talons pour partir à la recherche de Max. Je suis soulagée de le trouver enfin sur le balcon, en grande conversation avec Courtney, une amie, mais aussi l'une des deux directrices générales de l'agence de publicité où je travaille – la seconde n'étant autre que moi.

— Ah, te voilà. (Mon regard est immédiatement attiré, comme par un aimant, par le poignet nu de Max.) Tu n'as pas reçu un petit colis de ma part aujourd'hui ? Stella m'a juré que si…

Max jette un coup d'œil à Courtney, puis me regarde à nouveau.

— Stella n'a pas oublié. J'ai reçu la montre.

Il passe la main dans ses cheveux bruns ondulés, puis dans sa barbe naissante.

— Où est-elle alors ?

Je me mordille la lèvre inférieure en attendant sa réponse.

— Elle est dans ma chambre.

— Ah bon ? Pourquoi ?, lui dis-je, soudain prise de vertige. Tu ne l'aimes pas ?

La confusion empourpre mes joues lorsque j'aperçois le regard compatissant de Courtney, qui le détourne aussitôt.

— Je suis désolée, je pensais que…

— Non, je l'aime bien. Je l'adore même à vrai dire, déclare-t-il lentement.

— Ouf ! Tu as juste oublié de la mettre alors. Ce n'est pas grave. Je verrai si Stella peut aller la chercher. (Je sors mon téléphone de ma poche.) Je sais que tu meurs sans doute d'envie d'un scotch, mais avant cela j'aimerais seulement prendre une photo de nous deux. (Je regarde autour de moi à la recherche de la meilleure lumière.) De ce côté-là ?

Je lui indique un endroit près de la balustrade, le soleil qui s'apprête à se coucher illuminant le ciel d'une teinte rouge orangé. J'attrape la main de Max et commence à me diriger vers la rambarde, puis regarde par-dessus mon épaule.

— Courtney, veux-tu bien nous prendre ?

Courtney nous suit sans discuter et réalise plusieurs photos.

— Peux-tu en faire encore une ?, lui fais-je en m'excusant, après avoir constaté que Max semble poser pour des papiers d'identité sur chaque cliché.

Je me tourne vers lui – il a la mâchoire serrée et le corps tendu – et lui murmure à l'oreille :

— Veux-tu bien sourire, s'il te plaît ?

Ses lèvres persistent néanmoins dans leur refus de se courber.

— Il faut qu'on parle, m'annonce-t-il à voix basse.

— Plus tard, lui réponds-je entre les dents, ma main parfaitement placée sur son torse tandis que je cale une mèche de cheveux derrière mon oreille, baisse le menton et affiche un large sourire. Crois-moi, tu me remercieras quand nous montrerons cette photo à nos enfants.

— Non, il faut que je te parle maintenant, rétorque-t-il vivement.

Je fais un pas en arrière, sa voix me paraissant étrangère, presque gutturale. Je me tourne vers Courtney pour voir si elle aussi a perçu le ton brusque de Max, mais elle a disparu tel un fantôme, la seule trace de sa présence étant mon téléphone posé sur une chaise en teck.

— Qu'y a-t-il ?, lui dis-je doucement, mes yeux plantés dans les siens.

Quelque chose ne va pas. Pas du tout.

Et je perçois à cet instant que Max commence à se détacher de moi.

Chapitre 2

— Je suis désolé, Kate, s'excuse Max, qui évite de croiser mon regard.

— Désolé pour quoi ? Que se passe-t-il ?

Je me sens chancelante, comme si j'étais dans le manège des tasses à Disneyland, ne cessant de tournoyer tandis que le monde autour de moi me paraît immobile.

— Si c'est à propos de la montre, ce n'est pas grave si tu ne l'aimes pas, lui dis-je, tentant désespérément d'attribuer une raison à cette mine défaite que je ne lui connais pas.

— Oh ! là, là ! Je pensais pouvoir y arriver. Je suis désolé, répète-t-il, le visage pâle.

Une petite goutte de sueur perle sur son front. Alors qu'il lève la main pour l'essuyer, la situation me frappe de plein fouet. Instinctivement, je passe le doigt sur ma bague de fiançailles. *Non, ce n'est pas possible.*

— Kate ? (Les yeux de Max sont humides.) Est-ce que tu comprends ce que j'essaie de te dire ? Je ne peux pas le faire. Je m'étais convaincu qu'en te voyant ce soir, je serais rassuré. Que mes doutes disparaîtraient. Mais ce n'est pas le cas. Pardonne-moi.

Des doutes ?

— Hé, les tourtereaux, nous interrompt Stella, sa voix chantante tranchant l'air tel un couteau. En tant que *wedding planner*, je pense parler au nom de tous en vous disant que vous aurez la vie entière pour être tous les deux. Il est temps de rejoindre la fête et d'aller saluer vos invités ! (Elle nous tend à chacun une flûte de champagne et nous fait signe de nous approcher.) Bon, poursuit-elle à voix basse, Tante Kris demande un gin tonic, mais nous n'avons que de la vodka. Faisons-nous une exception ou dois-je lui dire non ?

— On fait une exception, lui réponds-je au moment même où Max déclare :

— Dites-lui non.

Stella nous dévisage en fronçant les sourcils et finit par percevoir la tension entre nous.

— Je vais me débrouiller, marmonne-t-elle avant de repartir vers le bar.

Je me force à regarder Max droit dans les yeux, alors que *Brass Monkey*, la première chanson de notre play-list, résonne dans les haut-parleurs. Derrière lui, j'entrevois Julia et ses enfants qui dansent en rond et occupent la piste de danse déserte. Je lui adresse un sourire de façade quand je croise son regard et lutte pour ne pas lui faire signe de venir, afin qu'elle me dise que tout ira bien, que ma vie n'est pas en train de s'écrouler sous mes yeux, mais aussi devant les personnes que j'aime le plus au monde. Afin qu'elle secoue Max par les épaules et lui murmure à l'oreille les mots justes qui le feront changer d'avis. Et si cela ne suffit toujours pas, afin qu'elle lui donne un coup de poing en pleine figure. Violemment.

Julia remarque mon sourire tendu et me jette un regard interrogateur.

— Ça va ?, articule-t-elle silencieusement depuis l'autre côté de la salle.

Je lui réponds oui d'un signe de tête et lui envoie un baiser pour la rassurer, avant de me retourner vers Max.

— Oh ! là, là ! Katie. Je ne sais pas quoi dire…

— Ne m'appelle pas comme ça, lui fais-je les dents serrées, prise de tournis rien qu'en entendant ce surnom qu'il a l'habitude de me donner.

— Je ne voulais pas attendre aussi longtemps.

— C'est la veille de notre mariage, Max. Merde ! Tu as eu plus de trois cents jours pour me dire que tu ne voulais pas te marier. Et tu choisis de me l'annoncer maintenant ?

Il se frotte la nuque.

— Je sais… Je n'arrêtais pas de me dire que c'était peut-être simplement de la nervosité, comme si j'avais…

La colère enfle dans ma poitrine lorsque je me remémore les paroles de Liam, qui croyait que c'était moi qui étais nerveuse.

— La trouille ? Les pétoches ?, lui dis-je, la voix nouée, tout en chassant un serveur qui s'approche avec un plateau de gambas, signe qu'il est à présent dix-neuf heures.

Dans moins de dix-sept heures, je suis censée m'avancer vers Max, vêtue d'une robe bustier blanc cassé ornée d'un nœud gris autour de la taille. Julia et moi avions trouvé cette robe dans la première boutique de ma liste. Je me sens mal quand je repense à notre réaction lorsque nous avions aperçu, à côté de la caisse, le panonceau « Ni repris ni échangé ».

— Qui peut bien rapporter une robe de mariée ?, avais-je raillé.

La vendeuse était restée muette, tout en me regardant d'un air entendu. Peut-être m'étais-je porté malheur…

Max fixe ses mocassins noirs impeccablement cirés.

— Tu as tout à fait le droit d'être furieuse. De me détester même. Je veux que tu saches que cela n'a pas été une décision facile. J'en étais malade…

— Donc ta décision est prise ? C'est terminé ?, l'interromps-je, en ayant l'impression de regarder une comédie romantique, car cela n'arrive jamais dans la vraie vie, n'est-ce pas ? Je n'ai même pas mon mot à dire ?

Ses yeux se mouillent à nouveau.

— Je suis… (Il ne termine pas sa phrase et boit une grande gorgée de champagne.) Je suis sûr de ma décision, finit-il par déclarer.

Des larmes me piquent les yeux et je les empêche de couler en pressant mes paupières avec mes pouces.

— Pourquoi ?, lui fais-je d'une voix étranglée, après avoir retrouvé mon calme.

— C'est difficile à expliquer. Il y a une partie de moi qui flippe en ce moment même, qui n'en revient pas de ce que je suis en train de faire.

Il desserre sa cravate rose clair.

— Alors, ne le fais pas. Ne le fais pas, Max, s'il te plaît, le supplié-je, détestant le ton désespéré de ma voix. Nous pouvons régler le problème, quel qu'il soit. (Je place sa main dans la mienne et sens l'articulation de son annulaire nu.) Nous nous sommes tant investis.

La gorge serrée, je chasse la scène que j'imagine depuis un an : nous ne nous quittons pas des yeux alors que je m'avance vers Max, près de l'autel, la chair de poule sur mes bras un peu plus intense à chacun de mes pas.

— Je suis navré. Je déteste ce que je te fais subir, encore plus dans ces circonstances, mais il fallait que je le fasse. (Il serre une dernière fois ma main avant de la lâcher et de reculer de quelques pas, comme s'il commençait déjà à prendre ses distances.) Je sais que tu ne le vois pas ainsi, mais c'est dans notre intérêt à tous les deux. Nous ne devions pas nous marier.

Ses paroles restent suspendues dans l'air, leur caractère irrévocable me transperçant le cœur. Autant j'ai envie d'attraper le revers de sa veste, de le tirer vers moi et de l'implorer de ne pas partir, afin que nous en discutions toute la nuit, autant je sais qu'il serait impossible de lui faire changer d'avis ce soir. Cela n'a jamais été dans son caractère de prendre des décisions précipitées. Le supplier ne mènerait à rien.

— Comment allons-nous l'annoncer ?, lui dis-je simplement, alors que Leslie et mon père nous regardent et lèvent leur cocktail tropical en notre honneur.

Max fronce les sourcils, comme s'il ne saisissait pas ma question.

— Tu choisis de rompre la veille de notre mariage, je suppose donc que tu as pensé à tout. Tu as un plan ?

Je ne reconnais pas le son de ma propre voix, j'ai le sentiment d'être une poupée qui prononce des répliques programmées. Max enfonce ses mains dans les poches de son pantalon noir et secoue la tête.

— Pourquoi fais-tu cela ?, redis-je, voulant à tout prix comprendre ce que j'ai commis de si atroce pour qu'il mette fin à notre histoire de cette façon.

D'un autre côté, je n'ai pas envie de savoir. Pas ici. Pas dans ces conditions. Je suis pratiquement certaine que, si je découvre pourquoi mon fiancé est si déterminé à me quitter en cet instant précis, cela va me briser en mille morceaux, tel un puzzle enfin achevé que l'on jetterait par terre.

— Ce n'est pas parce que je ne t'aime pas ; je t'aime… je t'aime tellement, poursuit-il, tout en cherchant une réaction sur mon visage.

Je le regarde fixement, hébétée, et je me force à garder les bras le long du corps, à ne pas les tendre pour l'attirer vers moi, comme j'en ai terriblement envie. La chanson *You Give Love a Bad Name* de Bon Jovi se met à résonner et Liam danse à présent dans le dos de Julia, les mains posées sur ses hanches. Elle renverse la tête sur son torse et rit, ne soupçonnant absolument pas que ma vie est sur le point de basculer. Je remarque une horloge au-dessus du buffet. Max et moi sommes censés d'ici quelques minutes lever nos verres pour remercier nos amis et notre famille d'avoir fait le déplacement. Je secoue la tête en me rappelant le statut que j'avais publié sur Facebook le matin même : demain serait le premier jour du reste de ma vie et j'étais impatiente de le passer avec Max. Cette idée qu'au moment où j'envisageais notre avenir commun, lui tentait de rassembler tout son courage pour me quitter, fait naître en moi une colère prête à s'enflammer comme une traînée de poudre.

— Parle-moi. Dis-moi à quoi tu penses, me demande-t-il.

— Franchement ? À quel point cela va être humiliant d'expliquer la situation à tout le monde.

— C'est cela qui t'inquiète ?, rétorque-t-il en soupirant.

— Qu'est-ce que tu sous-entends ?, lui dis-je indignée et je sens les muscles de ma nuque se raidir.

— Peu importe.

Il adresse un sourire forcé à son cousin, qui lui donne une tape dans le dos en passant, accompagnée d'un « Bravo, mon pote ! ». Max attrape ma main une dernière fois et déclare doucement :

— Je sais que cela va être éprouvant. Mais je pense qu'il est temps d'en informer nos invités. Nous ne pouvons pas faire semblant plus longtemps.

***

La journée où mon mariage aurait dû avoir lieu est magnifique, avec un soleil étincelant dans un ciel immaculé et une petite brise, exactement comme Stella l'avait prédit. J'ouvre péniblement les yeux, les larmes qui avaient fini par couler la veille ayant solidement scellé mes paupières durant mon sommeil. Julia est dans le fauteuil à côté du lit, les yeux également bouffis par les larmes.

— Oh, ma belle…, dit-elle en se levant et en s'approchant de moi.

L'esprit embrumé, je peine à articuler une pensée. Après que Max avait fait part de la nouvelle à nos invités, Julia, Liam et ma mère m'avaient conduite à l'écart en formant un cordon de sécurité autour de moi, l'assemblée sous le choc s'ouvrant telle la mer Rouge. Ma mère avait fouillé dans son sac à main pour trouver deux petits cachets blancs.

— Avale ça maintenant, m'avait-elle ordonné alors que nous nous précipitions vers l'ascenseur.

Je m'étais exécutée, souhaitant éperdument atténuer la douleur cuisante qui ravageait ma poitrine. Liam m'avait prise dans ses bras quand j'avais éclaté en sanglots. Il n'avait cessé de me murmurer « Je suis vraiment désolé », comme si c'était lui le fautif. Puis, il m'avait accompagnée jusqu'à ma chambre, comme si j'étais une enfant, et avait veillé sur moi lorsque je m'étais effondrée sur le lit. J'avais lourdement enfoncé mon visage dans l'oreiller jusqu'à ce que l'obscurité vienne à bout de moi.

— Est-ce que Max est parti ?

Julia acquiesce d'un signe de tête et essuie une larme.

— Ça va ?… Excuse-moi, ne me réponds pas. C'est vraiment une question idiote. (Elle secoue la tête.) Tu sais que je ne suis pas douée pour ce genre de choses. Pour trouver les mots justes.

— Où est Ben ?

— Avec les enfants, pourquoi ?

— Je ne sais pas. Peut-être pour qu'une personne au moins soit avec son mari. (Ce mot m'étrangle.) Puisque, moi, je n'en ai pas.

— Je veux être à tes côtés.

Je remarque que ma robe de mariée est suspendue à la porte de l'armoire, mes escarpins en satin soigneusement rangés en dessous. Dire que cette tenue que je rêvais de porter depuis un an finira sur un site internet pour futures mariées en quête de bonnes affaires…

— Et maintenant ?, dis-je. (Julia me serre la main et je sens le diamant contre ma paume.) Par où commencer ?

Je retourne la bague. *Dois-je la retirer ? La lui renvoyer ? La mettre en gage ?*

— On va te ramener chez toi.

— Je ne sais même pas où c'est chez moi. Est-ce qu'il va déménager ? Ou bien moi ?

— Chaque chose en son temps, me conseille-t-elle.

L'expression de son visage me rappelle la pitié dans le regard de mes proches et de mes amis lorsque Max leur avait expliqué que le mariage était annulé. Il m'avait, durant tout ce temps, fermement tenu la main, me donnant l'impression d'être l'une de ces épouses d'homme politique pris la main dans le sac à envoyer des messages coquins à sa secrétaire, droite derrière lui sans pour autant le soutenir.

J'avais résolument fixé une tache noire au plafond, tandis que les invités cherchaient des réponses sur mon visage. *Ne me regardez pas*, avais-je songé. *Je ne les connais pas non plus.*

Le réveil digital de la table de chevet indique sept heures et demie. D'ici peu, on commencerait à installer les chaises de jardin blanches sur la pelouse en front de mer.

— Est-ce que Stella a averti...

— Elle s'est occupée de tout, me répond Julia avant que je ne puisse terminer ma phrase.

Pourrait-elle également s'occuper de mon cœur brisé ? Est-ce dans ses attributions ?

— Et tout le monde...

— Oui, tout le monde a été prévenu.

Je repose ma tête sur l'oreiller et fixe la photographie d'un palmier au mur, jusqu'à ce que l'image se brouille en une tache verte et me fasse penser à la peinture que la fille de Julia m'avait faite avec ses doigts et que j'avais accrochée sur le panneau de liège de mon bureau.

Mon téléphone vibre sur le plateau en verre de la table de chevet et je l'attrape machinalement pour consulter mon profil Facebook. Des dizaines de messages de félicitations inondent mon mur. J'ai le cœur gros quand je songe à mon père qui ne me conduira pas jusqu'à Max, à la fille de Julia qui ne portera pas les fleurs, à Liam qui ne prononcera pas un discours hilarant lors de la réception, mettant enfin à exécution sa menace de raconter une anecdote extrêmement embarrassante à mon sujet.

— Arrête ! (Julia tend le bras pour attraper mon téléphone, mais je le colle contre ma poitrine et le protège tel un oiseau à l'aile brisée.) Donne-moi ton portable, s'il te plaît, et tout ira bien, m'ordonne-t-elle, le regard amusé.

— Non, tout n'ira pas bien, dis-je d'un ton froid.

— Je te préviens, j'emploierai la force s'il le faut. (Elle rampe sur le lit et essaie d'écarter mes bras.) Tu te souviens de la fois à la fac où tu avais trop bu et que je t'avais trouvée en train de téléphoner à ce type… Comment s'appelait-il déjà ? Cela commençait par un B…

— Bobby. Bobby Jenkins. Tu sais qu'il vient d'annoncer sur Facebook qu'il a vendu sa start-up ? Il a tellement réussi dans la vie qu'il se fait appeler Robert maintenant.

— Ça paraît logique ; je ne crois pas que j'investirais dans un Bobby.

— Bref, si tu ne m'avais pas arraché le téléphone des mains ce soir-là, je l'aurais peut-être épousé et tout cela (je montre du doigt ma robe de mariée comme si elle était responsable de la situation) ne serait jamais arrivé.

Julia lève les yeux au ciel et s'empare de mon téléphone au moment même où je relâche mon étreinte.

— Ce n'est pas une bonne idée de lire ces choses maintenant. Je te protège contre toi-même. En tant que témoin… (Julia s'interrompt pour se reprendre.) Enfin, en tant qu'ex-témoin… (J'ai un petit rire forcé.) Pardon, je n'ai pas réfléchi. Seulement, je ne veux pas que tu lises cela. Tu ne peux en tirer aucun bien.

— Qu'est-ce que je vais raconter à tout le monde ? Quel statut écrire ? « Je suis triste car je me suis fait larguer » ?

— Arrête, Kate. Ce devrait être le cadet de tes soucis pour le moment. Tout le monde comprendra.

— Les gens vont avoir pitié de moi.

— Bien sûr que non ! Ils seront tristes pour toi. Ce n'est pas pareil.

— Ouais… Dans tous les cas, ce sera silence radio de ma part. Du moins pour l'instant.

— Rien que cela devrait leur mettre la puce à l'oreille qu'il s'est passé quelque chose de grave !, plaisante Julia.

J'en conviens, je suis parfois coupable de publier excessivement sur les réseaux sociaux : j'indique que je suis à mon cours de Pilates, je partage des clichés des mannequins lors d'une séance photo à mon travail, je poste même des liens sur le mur de Julia à propos du dernier épisode de *Girls*. J'adore interagir avec tout le monde sur Internet, partager les meilleurs moments de ma vie. Pour ma défense cependant, je me suis toujours fixé comme limite de ne pas photographier ce que je mange.

— J'aime rester en contact avec les gens, soutiens-je mollement. Mais il y a pire que moi. Tu sais à qui je n'arrête pas de penser ?

— À Max ?, suggère Julia.

Je me contracte en entendant son nom.

— Euh oui, mais non. Je pensais à Callie.

— Callie Trenton ? De la fac ?

Je hoche la tête.

— Ses photos de mariage ne cessent de me revenir à l'esprit. Elle vient de les publier pour fêter son « bonheur toujours aussi idyllique » dix ans plus tard. As-tu vu celle où son mari et elle sautent en l'air sur une plage ? C'était la journée parfaite. La photo parfaite. Tout était parfait.

Je repense à la façon dont mon estomac s'était noué quand j'avais parcouru son album, espérant pouvoir saisir le même bonheur lors de mon mariage.

— C'était son mariage. Elle ne va pas mettre une photo de son frère renversant du vin rouge dans le dos de sa robe, ni raconter à quel point elle était furax quand son mari l'a entartée avec le gâteau de mariage. Elle veut avoir l'air parfait.

— J'imagine que j'aspirais simplement à la même chose. Maintenant, cela n'arrivera jamais.

Julia enroule son bras autour de moi.

— Mais si. Pas aujourd'hui, c'est tout.

— Tu crois ? Ou est-ce que je ne le mérite pas ? (Je secoue la tête.) Parce que j'observe les gens comme Callie. Et je ne parle pas seulement de ses photos de mariage, mais de l'ensemble. Ses enfants modèles, ses vacances exotiques... As-tu vu le safari qu'elle a fait ? Elle a embrassé une girafe ! J'aimerais savoir pourquoi certaines personnes ont une vie formidable, alors que d'autres, fais-je en me donnant une tape sur la poitrine, se retrouvent dans leur suite nuptiale avec une robe qu'elles ne porteront jamais, le jour de leur mariage qui n'aura jamais lieu !

Julia réfléchit un instant avant de me répondre.

— Je pense que personne ne sait pourquoi les choses sont telles qu'elles sont, Kate. Toutefois, si je suis sûre d'une chose, c'est que la vie des gens n'est pas toujours aussi parfaite que les photos retouchées ou les statuts mûrement pensés de leur profil Facebook.

— C'est vrai, concédé-je avant de m'envelopper dans les draps et de me pelotonner en chien de fusil. Mais ne serait-ce pas fabuleux si c'était le cas ?

Chapitre 3

« Qui a dit que c'était impossible de boire sept cocktails pendant un vol de cinq heures ? #DansLeCirageÀTrenteMillePieds »

Je tourne la clé et pousse la porte de mon appartement. Je la regarde s'ouvrir et s'immobiliser contre le mur. L'entrée est en tout point identique à celle que nous avions quittée, avec le coupe-vent bleu marine de Max accroché à une patère, juste à côté de ma veste à capuche noire. Nous les avions enfilés pour nous rendre chez le caviste, la veille de notre départ pour Hawaï, histoire de fêter l'événement avec une bonne bouteille de vin rouge. Pourquoi n'avait-il pas exprimé ses doutes à ce moment-là, quand nous étions assis l'un en face de l'autre, sur le canapé, à déguster notre pinot noir, tout en pariant sur l'invité qui se ridiculiserait le plus au cours de la réception ?

Lorsque je franchis le seuil, mon cœur se contracte. Ce retour à la maison est on ne peut plus à l'opposé de celui que j'avais imaginé. Max m'aurait théâtralement prise dans ses bras pour passer la porte ;

j'aurais gloussé quand il aurait enfoui son nez dans mon cou, puis il m'aurait embrassée juste en dessous de l'oreille, faisant danser des papillons dans mon ventre. Au lieu de cela, je laisse tomber ma valise, qui heurte lourdement le parquet massif, le bruit sourd résonnant à travers la maison déserte et soulignant le vide en moi. J'inspire profondément, puis expire lentement, me rappelant ce que Julia m'a conseillé dans l'avion : « Chaque chose en son temps. » Je me retourne au bruit de ses pas derrière moi. Elle porte une valise dans chaque main et un fourre-tout sur chaque épaule, ce qui lui donne l'air d'un Sherpa. J'ai fondu en larmes à l'arrivée de mes bagages sur le tapis roulant, à l'aéroport de Los Angeles ; elle a alors insisté pour tout porter, me laissant uniquement la charge d'un petit bagage à main.

— Je ne suis pas allée très loin, lui dis-je en tendant le bras afin d'attraper le cabas en paille qui glisse sur son bras.

J'avais emporté ce cabas afin de le remplir de magazines et de livres que j'aurais feuilletés près de la piscine, sous la tonnelle privée que j'avais réservée pour notre lune de miel, sur l'île de Lanai.

— Tu es à l'intérieur. C'est déjà ça.

Les lèvres de Julia esquissent un léger sourire et elle dépose le reste de mes bagages à ses pieds. Je hoche la tête et mon regard se pose sur l'inscription de l'étiquette rose accrochée à l'une de mes valises : « Mariée ».

— Bon, faisons quelques pas de plus, affirme Julia en me prenant par la main. En nous appliquant bien, nous pourrons atteindre l'escalier d'ici la tombée de la nuit !

Le regard compatissant, elle me donne un petit coup de coude. Je me tourne vers elle, ma main fermement agrippée à la sienne.

— Merci.

— C'est normal.

— Oui, mais sans toi, je serais toujours effondrée par terre dans ma suite nuptiale.

Julia avait contacté la compagnie aérienne et modifié mon vol ; elle avait soigneusement plié et rangé dans mes valises tous mes bikinis, mes robes longues et même ma lingerie. Elle avait remis ma robe de mariée dans sa housse et le son de la fermeture Éclair qui la faisait disparaître à jamais m'avait donné la nausée.

— Tu vas t'en sortir, me réconforte-t-elle, interrompant le fil de ma pensée.

Devant mon air sceptique, elle ajoute :

— Je te le promets.

— Je vais devoir te croire sur ce coup-là, car je ne suis même pas sûre d'être capable de lever les bras ce soir pour me brosser les dents.

— Je t'aiderai. Je vais rester dormir là.

— Non, Julia, tu ne peux pas. Il y a les enfants, Ben…

— C'est déjà décidé. Tu sais, Ben t'aime autant que moi et il tient à ce que je reste avec toi. (Elle marque un temps d'arrêt, le regard amusé.) Et puis, il vaut mieux que ce soit lui qui gère le décalage horaire des enfants !

Nous rions. Cela semble étrange, presque comme une trahison à ma douleur, et je me demande combien de temps il me faudra pour que rire ne me soit plus pénible.

— Eh bien, tu le remercieras de ma part.

— Arrête ! Il y a une règle tacite qui veut que les meilleurs amis prennent mutuellement soin d'eux, sans que les conjoints ne bronchent. Tu ferais pareil pour moi.

— Si jamais Ben te quitte, je le tue, lui dis-je d'un ton détaché. Je veux que tu le saches.

Julia affiche un petit sourire désabusé, puis elle me dévisage quelques instants, observant sans doute mon allure débraillée : mon visage luisant et les cernes sous mes yeux trahissent le stress de ces deux derniers jours. Mes cheveux sales sont tirés en une queue-de-cheval peu soignée et je porte le même survêtement qu'à mon réveil la veille.

— C'est sûr que tu as tout l'air d'une personne capable de manier les armes, finit-elle par déclarer simplement, en pointant du doigt mes yeux bouffis et mon pantalon de jogging qui me tombe sur les hanches. (Elle m'attrape de nouveau la main.) Maintenant, suis-moi. Un pied devant l'autre.

Je lui emboîte le pas et nous traversons le couloir qui donne sur le séjour. La télécommande est posée sur la table basse en verre, là où je l'avais laissée après que nous avions regardé un vieil épisode de *Projet haute couture* le soir précédant notre départ pour Hawaï. Un peu grisée par le vin, j'avais lancé à Max qu'il devrait se mettre aux pulls sans manches ;

il avait fait semblant de ne pas m'entendre. Quand Julia et moi pénétrons dans la cuisine, le plan de travail en granit étincelant fait surgir un autre souvenir de la matinée de notre départ. J'étais tout affolée car je voulais arriver à l'aéroport avec deux heures d'avance, au minimum. Serrant dans mes mains les cartes d'embarquement fraîchement imprimées, j'étais arrivée à toute vitesse dans la cuisine et avais failli trébucher contre la porte ouverte du lave-vaisselle. Max, les manches retroussées, était en train de passer un coup d'éponge dans mon bol de céréales que j'avais oublié de laver. Il avait levé les yeux vers moi sans complaisance :

— Je n'ai pas envie de retrouver de la vaisselle sale en rentrant.

Ou, apparemment, il n'avait pas du tout eu envie de rentrer.

Ces dernières vingt-quatre heures, j'ai repensé à une dizaine de situations comme celle-ci et je me suis interrogée sur le moment précis où Max avait décidé de ne pas m'épouser. Même si je sais bien qu'il ne m'a pas quittée parce que je n'ai pas soigneusement rincé chaque verre et chaque casserole avant de les mettre dans le lave-vaisselle, je me demande tout de même en mon for intérieur si cela a pesé dans sa décision. S'est-il finalement lassé de certaines facettes de ma personnalité qu'il jugeait autrefois attachantes ? Comme mon besoin de décortiquer chaque semaine les alliances dans *Koh-Lanta* ? Ou mon incapacité à sortir la poubelle avant qu'elle ne déborde et ne soit trop lourde pour que je la porte jusqu'à la benne ?

Ou est-ce quelque chose de plus important ? Peut-être ne ressent-il plus d'attirance pour moi ? Je jette un coup d'œil à mon reflet dans le micro-ondes et grimace. Avec l'allure que j'ai, je ne peux pas lui en vouloir.

Il m'avait envoyé plusieurs textos depuis ce fameux soir, afin que nous nous retrouvions pour mettre les choses au clair. Chaque fois que son nom était apparu sur l'écran, je m'étais mise à espérer, avant de déchanter, car tout ce qu'il voulait, c'était régler la situation et passer à autre chose. Sur le tarmac à Hawaï, alors que je contemplais depuis l'avion la somptueuse chaîne de montagnes de West Maui, celle-là même que Max et moi avions prévu de survoler en hélicoptère au début de notre lune de miel, j'avais fini par lui répondre en lui demandant à quelles « choses » il faisait allusion. Mon cœur battait la chamade dans l'attente de sa réponse, dans l'espoir qu'il parle de « nous », sans trop y croire cependant. Il m'avait écrit en retour une liste qui m'avait fendu le cœur : « l'appartement, le compte commun, les cartes de crédit ».

Tandis que j'observais l'aile de notre avion défiler au-dessus de la piste, des larmes coulant le long de mon cou comme une source chaude, des images de nos projets pour notre lune de miel qui n'aurait jamais lieu s'étaient imposées à moi : la plongée à Molokini, la randonnée jusqu'à Sweetheart Rock à Puu Pehe, le massage en duo – ce pour quoi Max avait insisté. Je m'étais moquée de lui lorsqu'il avait suggéré cette idée, mais maintenant que nous nous élevions dans le ciel clair et que l'île de Maui ne devenait qu'une minuscule tache verte dans le vaste océan Pacifique, j'aurais fait n'importe quoi pour être à côté de lui sur ces fichues tables de massage.

J'avais fourré mon téléphone dans les mains de Julia afin de lui montrer le texto de Max et elle avait détaché sa ceinture pour me serrer fort dans ses bras, malgré le regard noir de l'hôtesse de l'air.

— Comment peut-il être aussi froid ?, m'étais-je désolée tout en sanglotant contre son épaule.

Julia avait secoué la tête.

— Je ne sais pas. Je ne le comprends pas du tout. Je pensais mieux le connaître.

— Et moi donc…

Nous étions restées silencieuses, faisant toutes les deux l'inventaire de nos souvenirs avec Max. Où était passé l'homme sur lequel j'avais toujours pu compter, celui qui, un jour où j'avais la grippe, avait fait un aller-retour d'une heure pour aller me chercher le seul bouillon de poule aux vermicelles qui me paraissait bon, sans jamais protester quand je lui avais expliqué que c'était une question de texture des nouilles et de saveur du bouillon ? Et qui l'avait refait quelques mois plus tard, de sa propre initiative, quand j'étais à nouveau souffrante. Qu'était-il advenu de l'homme qui cherchait toujours ma main dans le lit, pour la placer contre son torse et embrasser chacun de mes doigts pendant que je sombrais peu à peu dans le sommeil ? Où était-il celui qui avait fait rire ma mère aux larmes, lors de leur première rencontre, en lui racontant qu'après avoir passé deux mois à l'étranger pour ses études, à son arrivée à l'aéroport, il s'était dirigé vers une femme qui lui tournait le dos et l'avait, tout excité, prise dans ses bras, croyant qu'il s'agissait de sa petite amie ? « Je me suis rattrapé en disant qu'elles avaient toutes les deux un joli petit cul, mais cela n'a pas suffi. » Alors que ma mère se tamponnait les yeux, il m'avait souri et serré la main, car il savait combien son approbation était importante pour moi.

— Veux-tu que je m'en occupe quand nous rentrerons ? Que je lui dise que tu as besoin de temps et que tu n'es pas encore prête pour lui parler ?, m'avait proposé Julia, rompant ainsi le silence.

Elle avait baissé les yeux un instant et, en suivant son regard, j'avais aperçu un sac à vomi tombé de la pochette. J'avais songé à le ramasser quand j'avais eu des haut-le-cœur dans une zone de turbulences. Julia s'était à nouveau tournée vers moi.

— Je me sens terriblement mal à propos de tout cela, comme si c'était ma faute en quelque sorte.

— Parce que c'est toi qui nous as présentés ?, l'avais-je interrogée en fronçant les sourcils.

Elle avait acquiescé.

— Ce n'est pas parce que tu nous as poussés à danser ensemble au mariage de Deb et d'Eddie, après avoir un peu abusé de la sangria, que c'est de ta faute, avais-je marmonné entre deux sanglots.

J'avais alors repensé à cette soirée et aux yeux de Julia qui s'étaient illuminés quand elle avait aperçu Max et s'était rendu compte que nous étions tous les deux célibataires (elle avait sympathisé avec lui lorsqu'il avait organisé les cinquante ans surprise de sa mère, au restaurant où elle était chef pâtissière).

— Si quelqu'un est responsable, c'est moi. Comment n'ai-je pas pu le voir venir ? De toute évidence, je suis passée à côté de certains signes. Quel genre d'homme décide de quitter sa fiancée la veille de leur mariage ?

— Un homme stupide, avait-elle rétorqué, avant de me prendre à nouveau dans ses bras, et je l'avais serrée fort, malgré l'accoudoir qui me rentrait dans les côtes.

— Terriblement stupide, avais-je ajouté tout en enfouissant davantage ma tête au creux de l'épaule de Julia, où je pouvais sentir le parfum réconfortant de son shampooing à la lavande. Quand tu lui parleras, pourras-tu lui rappeler, s'il te plaît, que l'appartement est *à moi ?*, avais-je affirmé calmement, mais, tout au fond de mon cœur, je sentais la colère bouillir.

— As-tu envie d'un verre de vin ?, me demande Julia à présent, la main déjà posée sur le tire-bouchon.

Elle nous sert du chardonnay californien dans deux verres à pied et je l'accompagne dans le patio sur lequel donne la cuisine. J'avais craqué pour cet appartement en raison du jardin. J'avais économisé durant plusieurs années, déterminée à devenir propriétaire avant que Max et moi ne soyons fiancés, quel que soit l'avenir de notre relation. Tandis que je suivais l'agent immobilier dans l'appartement en admirant les délicates moulures au plafond, la bibliothèque encastrée et le parquet sombre récemment posé, j'avais eu le sentiment qu'il avait quelque chose de particulier. Mais ce ne fut qu'en découvrant le patio avec son carrelage de style espagnol et son très bel aménagement (il était petit, mais parfaitement dimensionné et complètement préservé des vis-à-vis grâce à deux grands orangers) que j'avais jeté à Max un regard qui disait : « C'est celui-là que je veux. » Comme il est conseiller juridique pour une petite entreprise de matériel médical, il m'avait proposé de se charger de la négociation. Lorsqu'il avait surpris l'agent immobilier en train de nous observer, il m'avait ordonné du regard : « Si tu le veux, il faut que tu restes de marbre. Maintenant. »

Max et moi avions ri ensuite parce que mes émotions avaient été totalement transparentes, tellement j'étais incapable de cacher mes yeux écarquillés, pendant que lui, parfaitement posé, interrogeait l'agent sur le prix demandé. Il était impossible de savoir s'il aimait quoi que ce soit de l'appartement, alors qu'en réalité, il était tout autant sous le charme que moi. Le vendeur avait accepté l'offre « à prendre ou à laisser » fermement lancée par Max, plusieurs milliers de dollars en dessous de ce qu'il désirait, et nous nous étions tapés dans les mains. À aucun moment, il ne m'était venu à l'esprit que sa capacité troublante à dissimuler ses véritables sentiments s'immiscerait un jour dans notre relation. Qu'elle m'empêcherait de voir que je le perdais.

Je me rappelle l'instant où j'avais apposé ma signature au bas de l'acte, un large sourire confiant sur mon visage : j'imaginais que cet appartement finirait par devenir notre « chez-nous ». Jamais je n'aurais cru être satisfaite d'avoir ne serait-ce qu'un toit au-dessus de ma tête, après avoir été jetée aussi facilement qu'une bouteille de lait tourné.

***

Julia fronce le nez en entendant mon téléphone bipper.

— Désolée, je sais, il faut que je change de sonnerie, lui dis-je d'un air entendu, en me souvenant que Max avait choisi la dernière (une chanson d'amour de Miley Cyrus qui se terminait mal...). C'était devenu un jeu entre nous de subtiliser le portable de l'autre et de sélectionner une chanson pour les notifications.

J'hésite avant de consulter l'alerte. S'agit-il encore d'un e-mail d'un invité du mariage qui se sent aussi consterné que moi par l'annonce de Max et qui attend des explications ? Ou est-ce une nouvelle fois un ami Facebook qui n'est pas au courant et se demande pourquoi je n'ai pas au moins posté une photo de mon voile ? Jusque-là, la famille et les amis présents sont restés assez muets sur les événements, mais je sais que ce n'est qu'une question de temps avant que la nouvelle ne se répande. Même le facteur, Henry, s'est interrogé sur mon retour précoce. J'ai surpris un peu plus tôt une conversation à voix basse entre Julia et lui : il croyait que j'avais différé la livraison de mes colis une semaine supplémentaire. J'ai imaginé son visage tanné par le soleil se tordre de stupéfaction devant les explications de Julia.

La pitié du facteur, il ne me manquait plus que ça !

Faire face aux visages compatissants de mes proches à Hawaï a été suffisamment éprouvant. De retour à Los Angeles, je me rends compte que je vais devoir revivre tout cela. Pas seulement avec les personnes qui font partie de mon quotidien, mais aussi avec les amis avec lesquels j'interagis tous les jours sur Internet. Je suis prompte à aimer leurs photographies et leurs statuts et, bien que je n'aie pas échangé en vrai avec la plupart d'entre eux depuis des années, je me sens toujours étrangement impliquée dans leur vie. Je suis terrifiée à l'idée de leur révéler que je ne suis pas la fille insouciante qui adore faire du shopping et jouer à Candy Crush.

Tant que Julia est présente, je peux retarder ma confrontation à la réalité et continuer d'ignorer les questions des curieux qui se demandent pourquoi je ne me suis pas mariée. Mais elle devra un jour ou l'autre reprendre sa vie, encourager Evan depuis la touche d'un terrain de football et poster des clichés de ses derniers chefs-d'œuvre en chocolat sur son blog de cuisine. Que deviendrai-je alors ?

La notification se révèle être un message de ma mère qui veut savoir si je suis bien rentrée et me propose d'aller faire de la marche rapide avec elle pour me changer les idées. Je lève les yeux de mon téléphone.

— C'est ma mère.

— Laisse-moi deviner : elle pense qu'une bonne dose de sport te remonterait le moral ?

— Oui. Sa réponse à tout : brûler des calories !

Je remercie ma mère pour sa proposition, lui explique que je suis trop fatiguée pour me promener avec des lests aux chevilles et que je l'appellerai demain.

Je bois une grande gorgée de vin et décide de m'efforcer au mieux, pour le reste de la soirée, de ne pas penser à la raison pour laquelle je me trouve dans un fauteuil en bois dans ma cour, au lieu de me prélasser sur un transat sous le soleil des tropiques.

***

Il y a une fraction de seconde au réveil durant laquelle nos paupières s'ouvrent lentement, où notre esprit est encore vide et notre cœur léger. À cet instant où l'on est parfaitement ignorant de la douleur qui nous habite, les rêves qui ont dansé dans notre tête durant la nuit paraissent encore possibles. Puis, l'on aperçoit sa meilleure amie endormie sur le sol, la bouche entrouverte, et l'on recouvre soudainement la mémoire. Et aussitôt, comme un haut-le-cœur, la réalité nous rattrape.

J'extirpe difficilement mes jambes du lit, puis prends dans le placard de l'entrée un gilet et une casquette de base-ball, trop épuisée moralement pour me préoccuper de mon apparence, de ma mauvaise haleine et de mes cernes marqués susceptibles d'effrayer les personnes que je pourrais croiser. Je m'empare d'un livre dans ma bibliothèque murale pleine à craquer et laisse un mot à Julia pour la prévenir de mon excursion chez *Starbucks*. Je sors de l'appartement, m'appuie contre la porte et plisse les paupières pour en exprimer toutes les larmes.

La veille au soir, j'avais confié à Julia que je n'étais pas prête à retourner dans la grande chambre, encore moins à dormir dans le lit. Elle s'était alors empressée d'attraper un drap-housse et de l'étendre sur les coussins du canapé, avant de jeter une couverture sur moi tandis que le vin alourdissait mes paupières.

— Tu es une bonne maman, lui avais-je dit quelques secondes avant de sombrer dans le sommeil.

En chemin vers le café, je réprime les souvenirs de Max et moi qui ressurgissent, quand nous parcourions cette même rue main dans la main le week-end dernier encore. Je vociférais contre le fleuriste qui venait de m'annoncer qu'en raison d'une inexplicable erreur de commande, il serait impossible d'avoir les orchidées de la couleur et de la variété que je voulais offrir à ma mère, à ma belle-mère et à la mère de Max le matin de la cérémonie. Je réclamais à grands cris de trouver un autre fleuriste et Max n'avait pas pipé mot – ce qui, sur le moment, ne m'avait pas paru tellement anormal, puisqu'il m'avait laissée prendre la majorité des décisions pour le mariage. À présent, je me demande si son silence signifiait qu'il n'écoutait pas, ou bien si cela lui était égal car il savait qu'il ne serait pas là de toute façon. Je secoue légèrement la tête ; aucun de ces scénarios ne correspond à l'homme que j'ai aimé au cours de ces trois dernières années.

Après avoir commandé mon café, je me laisse tomber dans un fauteuil surdimensionné à l'écart et ouvre le roman que j'ai emporté avec moi. Comme les mots se brouillent sur la page, je le ferme presque aussitôt et sors avec précaution mon téléphone de ma poche, comme s'il s'agissait d'un pistolet chargé. Je frotte le sommeil encore niché dans le coin de mes yeux puis fixe l'écran, avant de regarder instinctivement autour de moi, comme si Julia pouvait surgir d'un instant à l'autre pour me sermonner. Elle aurait raison. Je ne devrais pas aller sur Facebook. Ni sur Instagram. Ni même sur Google Plus. Je ne peux en aucune façon être prête à faire une apparition sur les réseaux sociaux, à changer officiellement mon statut en « célibataire » et expliquer pourquoi.

Cependant, j'ai terriblement envie de consulter mon fil d'actualités et, rapidement, mon regard s'arrête sur une photographie de Max et moi, une bière à la main dans la piscine de l'hôtel, à la veille de l'arrivée des premiers invités. Ignorant le flot de messages qui inondent mon mur et ma boîte de réception, je clique pour mettre à jour mon statut. Je fixe la rubrique vide, cherchant les mots qui pourraient redonner un sens à ma vie. Mais, pour la première fois depuis mon inscription sur Facebook il y a plusieurs années, je ne sais que dire.

— Si seulement il existait un statut permettant de régler tous les problèmes, dis-je à voix basse, avant de replacer mon téléphone dans ma poche.

Je me dirige vers le comptoir afin de commander un moka pour Julia. Je paie rapidement et m'appuie contre le bar pendant que la serveuse, une belle femme avec des cheveux caramel et des yeux chocolat, manie habilement le percolateur. Je pousse bruyamment un soupir en attendant ; elle lève le regard vers moi et sourit.

— Vous êtes pressée ?

— Pas vraiment, admets-je, gênée qu'elle ait surpris mon ennui.

Elle me dévisage d'un air compatissant.

— Ne vous inquiétez pas, tout va s'arranger.

Je penche la tête et observe de plus près son visage. L'ai-je déjà vue ? Je ne crois pas. Pourtant, sa façon de dire que tout va s'arranger... Comme si elle me connaissait et savait ce qui était arrivé. Mais comment ?

Elle fait glisser le moka sur le comptoir et je croise de nouveau son regard ; je suis certaine à présent de ne pas la connaître. *J'ai déjà perdu mon fiancé, suis-je aussi en train de perdre la tête ?*

— Cela va aller, me réconforte-t-elle alors que j'attrape la tasse brûlante en protégeant ma main avec ma manche.

— Merci, mais je vais bien, finis-je par lâcher d'un ton plus sec que je ne l'aurais voulu, tentant à la fois de me convaincre moi-même et de fuir cette femme qui semble lire en moi.

Je pivote sur mes talons et m'éloigne rapidement, sans me retourner, même lorsque j'aurais juré l'entendre rire et prononcer :

— Si vous le dites, Kate.

Chapitre 4

« Je me sens atterrée et stupide. Comment n'ai-je rien vu venir ? »

Je réfléchis au statut que j'aimerais poster tandis que je monte les marches qui mènent à ma porte d'entrée, porte que j'avais fait peindre en rouge pompier sur les conseils de la spécialiste en feng shui que j'avais engagée après l'emménagement de Max dans mon appartement. Elle avait déambulé dans les pièces telle une brise d'automne, tout en secouant légèrement la tête toutes les deux ou trois minutes et en prenant des notes dans son carnet doré. Plusieurs centaines de dollars et quelques pots de peinture plus tard, elle avait validé le « chi » de ma maison et m'avait convaincue que mon bonheur sans nuage avec Max était à portée de main, bien que ce dernier soit resté muet quant à ses envies de mariage.

Alors que j'entends le son flûté du vent sur le carillon suspendu dans le jardin, mes pensées se tournent vers les délicats cœurs en cristal rose que j'avais cachés dans la « zone de l'amour », qui se trouvait être notre buanderie. Je les avais accrochés à un clou au fond de l'armoire à linge, derrière les boîtes de mouchoirs et les savons Dove que j'avais achetés en gros. Ces cœurs mêmes que j'ai brisés en mille morceaux hier soir, quand j'ai eu le sentiment d'avoir été abandonnée par l'univers. J'avais infailliblement placé toute ma foi dans le feng shui, élaboré minutieusement un tableau de rêves, religieusement psalmodié mes affirmations positives et, pourtant, je me retrouve seule. Après avoir déchiré toutes les photographies et citations sources d'inspiration soigneusement punaisées au-dessus de mon bureau en acajou, j'ai pris tristement conscience que ce monde est totalement dépourvu de magie.

Je trouve Julia et Liam blottis sur mon canapé.

— Salut, me disent-ils à l'unisson, un sourire affecté sur leur visage.

— Je suis ravie que tu sois sortie de l'appartement, déclare Julia, qui s'approche de moi et prend délicatement la tasse entre mes mains. Merci pour le café.

— Où est le mien ?, feint de se plaindre Liam.

Je hausse les épaules.

— Désolée, je ne savais pas que tu serais là, lui réponds-je alors qu'il fait une moue exagérément boudeuse, avant de me sourire. Mais je suis vraiment contente de te voir.

Je le serre fort dans mes bras et hume l'odeur de son gel douche pour homme.

— C'est sans doute mieux ainsi de toute façon… J'ai apporté mon propre réconfort !

Il brandit la même flasque qu'il avait avec lui dans la suite nuptiale. Le temps d'un instant, cette soirée me revient avec la puissance d'une vague qui s'écrase contre les falaises. Je secoue légèrement la tête pour chasser ces pensées, et ressurgit alors le souvenir de Liam et moi en train de siroter une liqueur de menthe dans le fond d'une salle de cinéma, pris d'un fou rire hystérique devant une comédie romantique stupide que je l'avais persuadé d'aller voir (nous avions passé un accord : nous devions tous les deux prétendre qu'il appréciait moins le film que moi). Liam se baisse pour tirer d'un sac plastique posé à ses pieds un pot de glace Ben & Jerry's.

— Laisse tomber tes machins au soja qui ne moussent pas. Pourquoi ne m'accompagnerais-tu pas avec ce genre de remontant ? (Il soulève la flasque d'une main et de l'autre, le pot de glace.) Vas-y, choisis ton poison !

Ma tête me faisant encore mal suite à l'excès de vin de la veille, j'opte pour la forte teneur en fructose plutôt que pour un alcool mystérieux. Je lui prends donc des mains la crème glacée et vais chercher une cuillère dans la cuisine.

Assis en silence en rang d'oignons sur le canapé, l'air aussi sérieux que trois enfants qui patientent devant le bureau du directeur de l'école, je m'empiffre de glace à la banane et au chocolat, Julia boit son moka et Liam sirote son eau-de-vie.

— J'ai réfléchi, se lance enfin Liam. Et si nous utilisions la bonne vieille méthode pour faire payer à Max ce qu'il t'a fait ? Vous savez, en lui bottant le cul ?

— Et tu te portes volontaire ?, dis-je, avant d'éclater de rire avec Julia, la sensation d'oppression dans ma poitrine disparaissant momentanément. Parce que tu n'aimes déjà pas regarder la boxe à la télé !

— Peut-être. Mais cela ne veut pas dire que je ne peux pas lui régler son compte. (Liam serre les poings et replie ses bras musclés.) Il a blessé mon amie ; cela réveillerait chez n'importe quel homme le Mike Tyson qui sommeille en lui !

Nous passons l'heure qui suit à décortiquer ma relation avec Max et parvenons finalement à la conclusion que personne, ni même Jordan, le conseiller spirituel de Julia, n'aurait pu prédire ce qui s'est produit.

— Je dois l'admettre, Max est bien la dernière personne que j'aurais crue capable d'une telle chose, déclare Liam, en posant ses pieds sur la table basse, qui laissent apparaître une chaussette trouée au niveau de ses orteils. Vous sembliez tous les deux beaucoup trop prévisibles pour un truc aussi fou.

J'agite une cuillère de glace devant lui.

— Est-ce ta façon de dire que nous étions ennuyeux ?

— Pas ennuyeux. (Il fait marche arrière, tout en gardant un œil sur ma cuillère et la pépite de chocolat qui menace de tomber sur son jean.) Mais vous donniez l'impression de n'avoir aucun souci.

— Et en quoi est-ce une mauvaise chose ?

Je n'attends toutefois pas sa réponse et me tourne vers Julia, qui se cache derrière sa tasse.

— Je sais que tu trouves tes histoires de couple monotones s'il ne se passe pas une journée sans scène, mais pour ta gouverne, Liam, pour la plupart des couples, c'est une bonne chose que les deux personnes s'entendent !

— Non, ce n'est pas ce que je voulais dire… Julia, tu ne veux pas m'aider ?

Elle lève les bras au ciel.

— Tu es seul sur ce coup, mon vieux.

— Ce que j'essaie de dire, c'est que vous donniez l'impression d'être mariés depuis trente ans déjà. (Il rit d'un air gêné, et Julia le regarde en secouant la tête.) Bon d'accord, je ferais mieux de me taire, conclut-il avant de prendre une grande lampée de sa flasque.

En vérité, Max et moi étions en effet un couple prévisible. Dans l'ensemble, nous nous étions toujours bien entendus ; notre plus grande dispute avait éclaté lorsque j'avais reculé dans un poteau avec sa nouvelle voiture, puis tenté de la faire réparer sans lui en parler.

Mes histoires précédentes avaient en général démarré sur les chapeaux de roue puis s'étaient lentement essoufflées, comme s'évente un soda. Le petit ami que j'avais eu avant Max était si lunatique qu'il s'était un jour emporté contre moi à cause du restaurant que j'avais choisi (il avait envie d'un buffet chinois, pas d'un japonais !) et était parti furieux, me laissant avec l'addition et une énorme boule au ventre. J'avais décidé que c'en était terminé pour moi des disputes pour des bêtises ; j'avais envie d'un homme qui ne cherchait pas constamment les prises de bec. C'est alors que Max était arrivé, au moment même où je n'y croyais plus. Julia avait cité un thérapeute invité sur le plateau d'Oprah Winfrey, selon lequel on trouvait toujours le bon quand on ne cherchait pas. Notre relation s'était construite lentement et s'était intensifiée avec une telle aisance que je m'étais posé des questions dans un premier temps : n'était-ce pas trop beau pour être vrai ? Julia m'avait rassurée en affirmant que j'avais eu mon lot de blaireaux et que Max était ma récompense pour m'être montrée patiente. Je l'avais crue, me persuadant que j'avais enfin le dénouement heureux qui m'avait échappé jusque-là.

Pendant des mois, durant cette période où l'on baisse la garde et où les mauvais côtés commencent à apparaître, tout avec Max demeurait si facile (en y repensant, trop facile peut-être) que j'attendais constamment la grande révélation : Max n'était qu'un autre pauvre type qui se faisait passer pour un homme bien. Non pas que je voulais un acariâtre comme le précédent, mais je m'attendais à quelques remarques sèches, voire à des regards exaspérés. Quand j'avais finalement demandé sans détour à Max pourquoi il était si attentionné, il m'avait assuré que c'était sa véritable personnalité, qu'il n'était pas secrètement misogyne comme je l'avais suggéré en plaisantant. En tant que juriste, il passait ses journées à discuter de minuscules détails cachés dans d'interminables contrats, donc si je désirais du lait biologique ou regarder une émission de téléréalité plutôt que le football, alors qu'il en soit ainsi. Il n'avait pas envie de perdre de temps avec des broutilles. Ce système a toujours fonctionné entre nous. Ou du moins le croyais-je. À présent, je m'interroge : les broutilles dont il ne voulait pas se préoccuper se sont-elles tellement accumulées qu'elles ont fini par faire basculer notre couple ?

— Max m'a demandé de te dire quelque chose, m'annonce Julia avec tact, ses lèvres grimaçant légèrement lorsqu'elle aperçoit la bague de fiançailles à mon doigt.

Je cache le diamant à l'intérieur de ma main et détourne le regard. J'avais cérémonieusement enlevé ma bague à Hawaï, mais l'avais gardée à proximité (dans ma poche ou mon sac à main) jusqu'à ce matin, quand quelque chose m'avait poussée à la remettre avant de sortir de l'appartement. Je ne savais pas si c'était par peur que mon annulaire nu soit exposé au monde ou par déni de la réalité, ou bien peut-être un peu des deux. N'avais-je pas remarqué le regard de la serveuse chez *Starbucks*, comme si elle savait qu'elle n'était pas censée se trouver à mon doigt ?

— Que veut-il ?, finis-je par demander.

— Je lui ai dit que je te ferais la commission, mais si tu n'es pas prête…

— Tu n'es pas obligée d'écouter ce que ce type veut te dire. (Liam serre les dents.) Qu'il aille se faire foutre !

Je pose ma main sur sa bouche pour le faire taire, sa colère envers Max risquant de libérer les larmes qui montent. Liam ne dévoile pas à tout le monde certaines facettes de sa personnalité, qui demandent du temps pour être découvertes. Il se donne l'apparence d'un « vrai mec », du genre à exulter quand un footballeur réalise un doublé ou à vouloir tirer en course au basket, comme s'il avait toujours vingt ans. Mais, au fond, il peut se montrer sensible, comme ce jour où il m'avait pris la main, assis en silence à côté de moi, tandis que je pleurais à chaudes larmes après l'annulation de ma série préférée ; il aurait pu me dire que ce n'était pas grave, il ne l'avait pas fait pourtant, parce qu'il savait que c'était important à mes yeux. Je suis en outre la seule à savoir qu'il a pleuré en lisant *Les Pages de notre amour*, un secret qu'il m'a fait promettre de ne jamais révéler et que je suis fière de garder, car c'est là le côté de sa personnalité que je préfère.

Notre amitié fonctionne tout simplement. Je le comprends comme lui me comprend. Nous n'avons jamais poussé l'autre à corriger ses névroses. Il sait que j'ai besoin d'examiner dix photographies pratiquement identiques avant d'en publier une sur Instagram et il est toujours prêt à m'indiquer celle où mes bras paraissent moins potelés. En retour, je conçois que cela ne l'intéresse pas de révéler son « côté sensible secret » aux femmes qu'il fréquente. Le Liam qu'il leur montre est un homme extrêmement drôle de trente-quatre ans, programmeur informatique de jour et qui passe des auditions le soir (il a d'ailleurs décroché deux ou trois publicités d'échelle nationale), et non l'homme dont les parents ont divorcé quand il avait dix ans et dont le père avait été par la suite très peu présent, l'homme qui protège farouchement son cœur autant qu'il se soucie de Julia et moi.

Je l'observe à présent, avec son visage anguleux renfrogné et ses yeux noisette transpirant la loyauté, et je sais qu'il ferait n'importe quoi pour dissiper mon chagrin.

— C'est bon. Je veux savoir ce qu'il a dit à Julia.

Je reconnais ce sentiment familier qui naît et disparaît en moi chaque jour depuis que Max a annulé notre mariage : l'espoir.

Julia s'approche un peu plus de moi.

— Il veut discuter…

Elle s'interrompt, me serre la main et aussitôt, je revois la main chaude de ma mère sur la mienne tandis qu'elle ravalait ses sanglots pour m'annoncer que mon père et elle allaient divorcer. La douleur que je ressens n'est-elle qu'une fraction de ce qu'elle avait enduré ? Une partie de moi a toujours détesté son amertume. Désormais, je comprends qu'on puisse facilement s'y complaire.

— Kate ?, m'interpelle Julia, remarquant que mon esprit s'est égaré.

— Pardon, lui dis-je en revenant à la conversation.

— Je disais qu'il veut discuter avec toi dès que tu seras prête. Il voulait aussi s'excuser encore une fois.

— T'a-t-il paru sincère ?

Julia pince ses lèvres qui ne forment qu'une ligne mince.

— Julia ?, fais-je d'un ton insistant en me laissant tomber contre le dossier velouteux du canapé.

J'avais acheté ce canapé quand la spécialiste en feng shui avait décrété que mon vieux futon était chargé de « mauvaise énergie ». J'étais tout excitée lorsque les livreurs l'avaient déposé au centre de mon séjour, imaginant toutes les possibilités offertes par ce nouveau meuble. Mais pourquoi avais-je accordé autant d'attention au bonheur qu'un objet inanimé apporterait à mon couple ?

— Quel connard, déclare Liam, d'un ton à l'opposé de l'intonation maternelle de Julia. Je n'en reviens pas qu'il ait essayé de te contacter par le biais de Julia… Faire d'elle l'intermédiaire comme cela.

Julia ignore Liam et finit par acquiescer de la tête.

— J'ai eu l'impression qu'il le pensait vraiment. Mais peu importe ce que je crois. Tu devrais lui parler et juger par toi-même. Je sais que tu souffres à l'heure actuelle, mais plus tôt tu le reverras, plus vite tu pourras tourner la page.

— Pff. (Je pousse un soupir exagéré.) Je déteste que tu aies raison. Même si Liam est tout à coup dans une phase « dur à cuire », il n'a pas tort, dis-je alors qu'il me jette un coup d'œil par-dessus sa flasque, tout en opinant du chef. Ce n'est pas juste que tu nous serves d'intermédiaire.

— Ne t'en fais pas pour moi, je peux gérer Max, déclare Julia. Je me suis bien occupée de deux enfants atteints de grippe A l'hiver dernier, quand Ben était à l'assemblée générale de son entreprise. Ce n'est rien à côté !

Je me crispe en imaginant Julia nettoyer le vomi de ses enfants et faire couler des bains froids.

— Je sais parfaitement que tu es capable de gérer n'importe quelle situation avec la maîtrise d'un sergent instructeur. Tu as raison, je ne peux pas l'éviter plus longtemps, notamment parce qu'il vit ici – ou du moins vivait ici. (Ma gorge se noue lorsque je songe aux draps froids de son côté du lit.) Et puis, il y a tout ce que nous devons partager, même si je ne sais pas par quoi commencer. Existe-t-il d'ailleurs une règle en la matière ?

D'un geste du bras, j'indique les cadeaux de mariage empilés dans un coin et cachés sous un plaid. Julia les a recouverts lorsque j'ai donné un coup de pied dans l'un des cartons hier soir. Le bruit laissait penser que le contenu s'était brisé et j'ai prié pour qu'il s'agisse de la stupide machine à pain ajoutée à notre liste de mariage à la demande pressante de Max. Quand nous étions allés au magasin, il avait traîné les pieds en silence à côté de moi, acquiesçant de la tête d'un air distrait tandis que je scannais le code-barres de différents articles. Puis, à la manière d'une personne âgée qui se réveille brusquement après s'être assoupie à la fin d'un repas, il s'était arrêté au milieu d'un rayon et avait fermement soutenu que nous devrions savoir préparer nous-mêmes notre pain.

— Mais quand aurions-nous bien pu utiliser ce machin ? Je ne parviens même pas à me rappeler la dernière fois où j'ai mangé une tranche de pain grillé !, ai-je crié à Julia tard dans la soirée, juste avant qu'elle ne me prenne le verre de vin des mains et m'allonge sur le canapé.

Toutefois, je suis incapable à présent de dire à mes meilleurs amis, même si je sais bien qu'ils comprendraient, que savoir qui aura la garde du robot ou de la chaîne stéréo est le dernier de mes soucis. J'ai besoin de davantage de réponses de la part de Max. J'ai besoin de savoir pourquoi. Pourquoi a-t-il attendu si longtemps pour me quitter ? Pourquoi ne veut-il plus de moi ?

— Il faut que je monte à l'étage pour l'appeler.

Je fais taire leurs protestations d'un signe de la main. Julia se lève et veut prendre la parole, mais je la coupe, sachant déjà ce qu'elle s'apprête à dire.

— Ça va aller, je vous le promets, mens-je, tout en fixant l'escalier métallique en colimaçon qui conduit à la chambre principale.

Je peux le faire. Un pied après l'autre.

— D'accord, on est là si tu as besoin de nous, déclare-t-elle en me serrant le bras et en jetant un coup d'œil à Liam, comme si elle le jugeait capable de me faire changer d'avis.

— Kate… (Liam se dresse et me prend dans ses bras, je sens sa poitrine chaude contre ma joue.) Il n'a aucune idée de ce qu'il perd, me murmure-t-il à l'oreille d'un ton féroce.

— Merci..

Je me colle un peu plus à lui et je sens les battements de son cœur s'accélérer. Il resserre alors son étreinte.

— Nous t'aimons telle que tu es, souviens-t'en. Si lui n'y arrive pas, alors il ne te mérite pas.

Je lui souris.

— Je ne sais pas ce que je ferais sans vous.

Quand je pénètre dans notre chambre et aperçois le lit parfaitement fait, un souvenir me submerge. Le matin suivant la première nuit de Max dans mon précédent appartement, à Venice Beach, j'étais sortie de la salle de bains et l'avais surpris à tirer sur le drap, à le border soigneusement, avant de lisser les plis sur le dessus. Après l'avoir observé durant quelques minutes, je lui avais lancé :

— Hé, je ne savais pas qu'il existait un Monsieur Lit-au-carré. Ne me dis pas que tu sais aussi séparer les blancs ?

Le matin de notre départ pour Hawaï, avait-il su que c'était la dernière fois qu'il faisait *notre* lit ?

Je m'assois sur le bord du matelas et cherche le nom de Max dans mon téléphone. Il répond dès la première sonnerie, comme s'il attendait mon appel.

— Kate.

— Salut, dis-je d'une voix étranglée.

— Est-ce que tu vas bien ?

— Dis-moi simplement pourquoi tu as gâché tout ce que nous avions, fais-je d'un ton plus sec que je ne l'aurais voulu. J'ai le droit de savoir.

Les quatre mesures entre ma question et sa réponse s'étirent comme des heures. Le seul son audible est le chien de notre voisin, un Jack Russell dénommé Benji, qui aboie avec insistance au loin. Comme il a toujours beaucoup aimé Max, j'imagine qu'il crie : « Fais attention, c'est une question piège ! »

Je prends une inspiration et mon regard parcourt rapidement plusieurs cadres renfermant des photographies de nous, disposés sur la commode en deux rangées parfaitement droites, qui convergent vers une photographie centrale, celle de nos fiançailles, prise l'été dernier sur une plage de Malibu. Les mots lui viennent enfin et se déversent en torrent :

il est vraiment désolé, il n'avait pas l'intention de me blesser, il espère que je pourrai lui pardonner. Il m'explique qu'il n'était plus heureux depuis quelque temps, mais ne savait pas comment m'en parler ; il compare les derniers mois à un grand huit qu'il avait le sentiment de ne pas pouvoir arrêter. Il nous rend service à tous les deux, même si je ne le comprends pas dans l'immédiat. Il me dit que je mérite mieux.

— Il y a autre chose aussi que tu devrais savoir. Je veux que tu l'apprennes de ma bouche.

— Il y a autre chose ? J'en ai de la chance !, dis-je avec sarcasme.

— Oui…

Sa voix s'étrangle.

— Vas-y, accouche, fais-je, tout en détestant paraître amère et en détestant davantage encore que ce soit lui qui me fasse paraître amère.

Ses respirations courtes paraissent amplifiées au téléphone.

— Je ne sais pas comment te l'annoncer, mais j'ai le sentiment que je dois te le dire. À ta place, je voudrais savoir.

Mais tu n'es pas à ma place. Jamais je ne t'aurais fait cela.

— Dis-moi.

Que pouvait-il me révéler qui me blesserait davantage que « Je ne veux pas t'épouser » ?

— Je crois que j'aime quelqu'un d'autre.

D'accord, j'avais tort. Cela fait encore plus mal.

J'agrippe fermement le téléphone ; la température de mon corps s'élève si rapidement que je dois ouvrir mon gilet.

— Allô ? Tu es toujours là ?

— Oui, finis-je par murmurer.

Une larme esseulée s'échappe de mon œil, coule sur ma joue et glisse sur mon menton. Max reprend la parole.

J'essaie de chasser la tension qui contracte ma nuque en la massant. Max avait l'habitude de le faire : je m'asseyais à ses pieds et il atténuait mes raideurs avec une telle facilité que je lui disais en plaisantant que s'il ne voulait plus être juriste, il avait une reconversion toute trouvée.

— Mais pas de massages coquins !, riait-il. Je les réserve pour toi.

— Bien sûr, gloussais-je, bêtement convaincue qu'il ne laisserait jamais son regard s'attarder sur une autre femme. Je m'étais royalement trompée…

— Je veux que tu saches que je ne t'ai jamais trompée, pas même un baiser, l'entends-je prononcer ces mots étouffés comme si j'avais un coquillage contre mon oreille. Nous ne pensions pas du tout que cela arriverait. Que…

— Qui ?, l'interromps-je. Qui est-ce ?

Je parcours mentalement la liste de toutes les femmes possibles. Cette stagiaire pimpante à son travail ? Son ex du lycée qui l'avait ajouté à ses amis Facebook l'an passé ? Une inconnue qu'il aurait rencontrée en mon absence ?

— Courtney, répond Max, si calmement que je pense avoir mal entendu.

— Courtney ?, répété-je.

Le choc de son nom me gifle le visage telle une averse de grêle.

Ma Courtney ? Mon amie ? Ma collègue ? Celle avec qui je sue sang et eau depuis cinq ans, avec qui j'ai passé tellement de nuits blanches au bureau qu'elle avait fini par apporter ses chaussons roses molletonnés ainsi que sa couverture préférée, et moi ma machine à café Keurig et mon iPod (nous disions ainsi sur le ton de la plaisanterie que nous avions au moins le confort de la maison, en plus de nous avoir mutuellement) ? Je ressens une brûlure dans la poitrine lorsque je me rappelle le moment précis où notre relation de travail s'était transformée en une véritable amitié. C'était au cours de l'une de ces longues nuits, le concierge nettoyait le sol en marbre et nous étions allongées sur les canapés du hall d'entrée à chercher un slogan pour le fabricant de chaussettes de sport que nous venions de signer. Tout en entendant la lustreuse vrombir, je m'étais exclamée :

— Tu sais quoi ? Ces chaussettes, ça pue ! Nous devrions être chez nous au lit avec notre mari. Si seulement nous en avions un !

Courtney avait rétorqué d'un ton pince-sans-rire :

— Un mari ? Pas besoin d'un homme quand on est mariée à son travail !

J'avais alors éclaté en sanglots, du genre madeleine avec le nez qui coule. Elle avait bondi de son canapé pour venir à mes côtés, avait passé ses bras autour de mon cou et m'avait consolée :

— Un jour, on aura toutes les deux un vrai et beau mari, mais ce soir, nous nous avons l'une l'autre...

Elle s'était tue un instant et s'était penchée en avant, puis soudain j'avais senti un tissu doux contre ma joue.

— Et nous avons nos chaussettes !, avait-elle ajouté tout en essuyant mes larmes avec les siennes.

Je suffoque tandis que je me remémore le jour où Courtney et Max avaient fait connaissance. Le lendemain de ma rencontre avec Max, un sourire béat vissé aux lèvres, j'avais eu envie de partager cette histoire avec Julia et Liam bien entendu, mais avec Courtney également. Cependant, alors que je cherchais mon téléphone portable, une partie de moi s'était inquiétée qu'elle le prenne mal, car c'était « notre truc » à toutes les deux d'être des bourreaux de travail célibataires. J'avais eu des petits amis, tout comme elle, mais nous avions toujours su qu'ils n'étaient que de passage, avant que n'arrive le grand amour. Or, j'avais senti que Max était le bon. Quand il m'avait raccompagnée à ma voiture à la fin du mariage de nos amis communs, j'avais trébuché à cause des talons de dix centimètres sur lesquels j'étais perchée. J'avais tenté de me rattraper à l'aile de ma voiture et fini quasiment en grand écart. Je n'avais pas pu empêcher ma robe de se soulever et de dévoiler la culotte de grand-mère que je portais parce que je n'avais pas eu le temps de faire ma lessive. Horrifiée, j'avais levé les yeux vers Max, qui riait aux larmes.

— Je n'ai rien vu. Je te le jure, s'était-il esclaffé tout en levant les mains en l'air avec tant d'ardeur que nous savions pertinemment tous les deux qu'il avait tout vu.

Soudain, le film de notre vie s'était déroulé devant moi : quand, lors de notre troisième rendez-vous, nous laisserions nos mains s'attarder sur le corps de l'autre, traduisant notre envie d'aller plus loin ; quand nos parents feraient connaissance ; quand, pour la première fois, il me murmurerait doucement à l'oreille qu'il m'aimait. Je nous avais alors vu un avenir ensemble.

Lorsque j'en avais enfin parlé à Courtney (j'avais patienté pour pouvoir le lui annoncer en personne au travail le lundi), ses yeux avaient tout deviné bien avant que je n'ouvre la bouche. Son visage s'était immédiatement adouci et elle m'avait serrée fort dans ses bras, avant de me demander :

— Et quand vas-tu me présenter cet homme qui te rend radieuse ?

Je m'en étais alors voulu d'avoir douté d'elle, d'avoir projeté sur elle la réaction que j'aurais sans doute eue si les rôles avaient été inversés.

Paradoxalement, c'était Max que j'avais pratiquement dû traîner pour lui présenter Courtney, car il souhaitait regarder un match de basket important. Mais le courant était passé entre eux dès les premières minutes. Une remarque anodine de ma part sur mon statut d'enfant unique avait donné lieu à une conversation sur leur adoption à tous deux, et j'avais à peine pu placer un mot durant le reste de la soirée.

C'est grâce à moi qu'ils se connaissent et maintenant, ils m'abandonnent pour être ensemble.

Je comprends mieux pourquoi je n'ai pas eu de nouvelles de Courtney depuis Hawaï. Je pensais qu'elle voulait simplement me laisser tranquille, bien que je sois un peu vexée qu'elle ne m'ait pas au moins envoyé un texto. Même ma grand-mère, qui a un mode d'emploi scotché au dos de son archaïque portable à clapet, avait réussi à le faire.

— Oui, finit par répondre Max, interrompant les pensées qui se bousculent dans ma tête.

Ses paroles sont douces, mais les larmes nouant sa gorge font dérailler sa voix.

Oh, je suis désolée que ce soit aussi difficile pour toi, Max.

— Va te faire foutre, lui lancé-je avant de raccrocher.

Je me jette sur le lit fait au carré et défais les draps comme un enfant piquant une colère, alors que le regret, la honte, la douleur et la tristesse s'abattent tout à la fois sur moi.

Je fixe le plafond durant plusieurs minutes avant de m'extraire du lit et d'ouvrir mon ordinateur portable. Mes doigts, comme possédés, semblent trouver leur chemin jusqu'à Facebook et je passe les dix minutes suivantes à effacer de manière compulsive chacune de mes photographies avec Max et Courtney, mon cœur s'emballant de colère et se brisant à la fois de douleur dès qu'apparaît une nouvelle image de nos instants passés ensemble. Je m'arrête net quand je tombe sur un cliché de nous trois, pris le mois dernier lors d'une *happy hour* chez *STK* : Max est entre Courtney et moi, un bras autour de nos épaules, son sourire en coin ne trahissant rien du tout. Je clique sur l'icône de la corbeille et regrette qu'il ne soit pas également possible de supprimer cette partie de ma vie. Ne serait-ce pas merveilleux si nous pouvions nous débarrasser des sentiments et souvenirs douloureux aussi facilement que nous envoyons un cliché raté dans la poubelle de notre ordinateur ?

Je tape un nouveau statut, tout en imaginant la réaction de Max et Courtney quand celui-ci apparaîtra dans leur fil d'actualités, tout en espérant qu'il leur fera comprendre qu'ils ne peuvent pas me briser :

> « Merci à tous pour vos gentils messages, cela me touche beaucoup. Mais ne vous inquiétez pas, ça va aller ! »

J'hésite un instant avant de cliquer sur « Publier », le manque de sincérité de mes propos me pesant sur la poitrine. Je ne parviens pas à me rappeler si j'ai déjà écrit quelque chose de négatif sur Facebook ; je préfère en général m'attarder sur les choses positives que j'ai envie de partager avec mes contacts : un nouveau contrat décroché au travail, un excellent restaurant où j'ai réussi à réserver une table, les roses que Max m'a offertes pour notre anniversaire. Même les jours où j'ai le moral dans les chaussettes, je trouve une anecdote ou une image amusante à partager, partant du principe que personne n'a envie d'entendre parler de mes problèmes. Ou peut-être ne veux-je pas que les gens soient au courant ? Je me suis toujours crue au-dessus des rabat-joie qui postent sur les problèmes (*sic* !) de leur vie, qui n'ont pas peur de mettre en avant des idées mal vues ou de fulminer contre leurs enfants – eux qui ne craignent pas le jugement d'autrui comme moi.

En fixant sur l'écran de l'ordinateur mon nouveau statut mielleux, je me demande si ces rabat-joie n'ont pas tout compris en décrivant les choses telles qu'elles sont (excepté bien sûr ceux qui parlent de théories du complot du gouvernement, ces gens sont simplement cinglés). De toute évidence, vouloir sans cesse donner à ma vie l'apparence d'une peinture idyllique ne me mène à rien. Peut-être est-il temps d'être sincère.

J'efface rapidement les mots mensongers que je viens d'écrire, rédige un nouveau statut et clique sur « Publier » avant d'avoir le temps de changer d'avis.

> « Merci à tous pour vos messages. Je suis anéantie par cette rupture. J'aimerais pouvoir revivre le mois qui vient de s'écouler. Si vous avez des tuyaux pour remonter le temps, merci de les partager en MP. »

Chapitre 5

« Méfiez-vous de vos vœux, les amis ; ils pourraient se réaliser. »

La sonnerie aiguë de l'alarme m'arrache en sursaut d'un rêve : j'observais depuis le balcon de ma suite nuptiale Max et Courtney qui s'embrassaient sur la plage, des vaguelettes clapotant à leurs pieds. Je voulais hurler pour leur demander ce qui leur passait par la tête, mais aucun son ne sortait de ma bouche. Je tentais de bouger, mais mes pieds étaient comme enracinés sur place. Impuissante, je n'avais pas d'autre choix que de les regarder rire entre deux baisers, Courtney mordillant malicieusement la lèvre de Max.

— Allez-vous faire foutre !, crié-je dans mon oreiller auréolé d'une belle tache de salive.

— Bonjour à toi aussi !, lance une voix identique à celle de Max.

Ce ne peut pas être lui. Il est probablement emmitouflé dans le couvre-lit à fleurs de Courtney. Elle lui mâchonne sans doute la lèvre, exactement comme dans mon rêve. Je me redresse d'un coup et découvre

Max dans les draps à côté de moi, en train de frotter ses paupières encore lourdes de sommeil.

— Mais qu'est-ce que tu fiches ici ?

Max penche la tête sur le côté et me regarde en fronçant les sourcils.

— Je vis ici, tu ne te souviens pas ?

— Plus maintenant, non !

J'essaie de me remémorer ce qui s'est passé la nuit dernière, de m'expliquer comment Max a pu finir dans mon lit. Ma tête est lourde comme si j'avais la gueule de bois ; je ne me souviens pourtant pas avoir bu. Mon esprit est confus. La dernière chose que je me rappelle est d'avoir discuté avec Max au téléphone, puis de m'être effondrée. Je tressaille lorsqu'il pose sa main sur mon bras.

— Chérie ? Tu vas bien ?

— Oh, je me porte comme un charme après ce que tu m'as fait ! (Je bondis hors du lit et m'éloigne de lui.) Tu t'es faufilé hier soir pendant que je dormais ? Je ne pensais pas avoir besoin de changer les serrures. Je crois que tu ferais mieux de partir. Tout de suite. Ta copine doit se demander où tu es. Elle ne serait pas très contente de te trouver ici avec moi.

Max roule pour sortir du lit et s'avance prudemment vers moi, comme si j'étais un animal blessé qu'il voudrait aider sans se faire mordre.

— C'est moi, Max, ton fiancé. À ma connaissance, tu es ma seule copine. Celle que je dois épouser dans un mois.

La pièce se met à vaciller et je m'agrippe à la commode pour ne pas perdre l'équilibre. *Tout cela n'aurait été qu'un horrible cauchemar ?*

— C'est impossible. Nous sommes le 1er juillet.

— Ok, tu commences vraiment à me faire flipper…

Max se rapproche de moi ; son pantalon de pyjama à carreaux qui descend sur ses hanches révèle ses abdominaux musclés et j'imagine Courtney les parcourant de ses mains. Je me vois alors les lui lacérer avec le gigantesque couteau de cuisine de trente centimètres que nous avions inclus, sur ma demande pressante, à notre liste de mariage. Je frissonne et ouvre brusquement un tiroir pour lui lancer l'un de ses tee-shirts blancs.

— Tu peux enfiler cela, s'il te plaît ? Je n'arrive pas à réfléchir.

Il passe le tee-shirt en coton à col V.

— Voilà. Maintenant, est-ce que tu veux bien m'écouter ? (Il me dévisage prudemment.) Regarde ta main. Tu as toujours ta bague au doigt.

Cela ne prouve rien. Je la portais encore après notre rupture.

Je fixe le diamant un instant.

— Cela ne veut rien dire du tout. Tu dois faire mieux que cela pour me convaincre que nous sommes toujours fiancés, dis-je en croisant les bras sur la poitrine.

Max attrape son téléphone sur la table de chevet, le pose sur le sol et le fait glisser vers moi d'un coup de pied, effrayé sans doute que je me mette à écumer tel un chien enragé.

— Regarde la date. Nous sommes le 1er juin.

Je sens son regard posé sur moi pendant que je scrute son téléphone. Il est bel et bien indiqué 1er juin. Je consulte rapidement ses messages : je trouve ceux que je lui ai envoyés il y a un mois, dont le dernier où je lui demandais de passer prendre du poulet à l'orange à notre restaurant chinois préféré en rentrant du travail.

— Comment as-tu fait cela ?

— Fait quoi ?

— Modifier la date sur ton téléphone. Effacer tous mes messages du mois de juin. Est-ce Rafael qui t'a soufflé l'idée ?, lui dis-je en faisant allusion à son témoin, expert en nouvelles technologies. Et dans quel but ? Cela n'a aucun sens. Pourquoi te donnerais-tu tout ce mal pour qu'on se remette ensemble ? Tu m'as clairement fait comprendre ce que tu ressentais.

Max prend une profonde inspiration.

— Katie, je te jure que je n'ai aucune idée de ce dont tu parles. C'est le stress du mariage qui te fait cet effet-là, c'est ça ?

Je descends l'escalier à toute vitesse sans lui répondre. *Où sont passés tous les cadeaux de mariage ? Ceux que nous venions de regrouper dans un coin du séjour et que Julia avait cachés sous une couverture.*

— Max ! Qu'as-tu fait des cadeaux de mariage ? Ils étaient juste là. Il faut qu'on les renvoie !

Il apparaît en haut des marches.

— Quels cadeaux ? Tu t'étonnais justement hier qu'aucun ne soit encore arrivé.

Je ferme les yeux.

— Max, je ne sais pas du tout pourquoi tu fais cela, lui dis-je alors qu'il descend lentement l'escalier, sa main crissant sur la rambarde en fer forgé. Arrête ton numéro, d'accord ?

J'ouvre la porte du réfrigérateur et m'attends à n'y trouver qu'une bouteille de chardonnay à moitié vide ainsi qu'un pot de margarine. Mais il est plein et, juste en face de moi, j'aperçois l'emballage en polystyrène du chinois. Celui-là même qui contenait le poulet à l'orange que nous avions mangé trente jours plus tôt. *Ou hier soir, selon le point de vue.*

— C'est quoi ce bordel ?, m'exclamé-je en ouvrant le couvercle pour sentir le poulet, encore tout frais.

— Je me pose exactement la même question !

Max s'avance vers moi pour m'attirer contre lui et je m'enivre de son odeur.

Tout cela devait être un cauchemar. Ouf !

— Sérieusement, mon amour, est-ce que tu vas bien ? As-tu envie d'aller te recoucher ?

— Non, lui réponds-je en le serrant plus fort. Je vais très bien.

Je l'embrasse langoureusement et laisse le chagrin quitter mon corps lorsque nos lèvres se touchent.

— J'ai seulement fait un cauchemar, un atroce cauchemar.

— On dirait bien, effectivement !

Il cligne des yeux à plusieurs reprises, comme s'il essayait de donner un sens à mon comportement étrange. Il m'adresse un petit sourire en coin, ce qui me rappelle la photographie que j'ai supprimée de mon ordinateur. Ou que je pensais avoir effacée. Ou même que je pensais avoir prise. Je m'y perds.

Je me souviens du regard de Max lorsqu'il m'a expliqué qu'il ne pouvait pas m'épouser, de la honte que j'ai éprouvée lorsque nous avons annoncé la nouvelle, de l'angoisse qui m'a envahie lorsque j'avais découvert à mon retour de Hawaï un appartement vide. De sa voix se brisant lorsqu'il m'a révélé être tombé amoureux de Courtney.

— C'était vraiment affreux. Tu n'imagines même pas !

— Je ne t'ai jamais vue dans cet état. Tu semblais si…

Max pose un sachet de grains de café de Sumatra sur le plan de travail.

— Folle ?

— J'allais dire cinglée. (Il se tourne, un sourire sur les lèvres, et je sens mes épaules se dénouer.) As-tu envie d'en parler ?

Je contemple ses cheveux ondulés, toujours rebelles au réveil, la fossette de sa joue droite qui apparaît à l'instant même où on l'oublie, sa dent légèrement ébréchée suite à un match de hockey dans son enfance, qu'il avait refusé de faire soigner car, disait-il, cela lui donnait du caractère. Je décide de garder les détails de ce cauchemar pour moi. Connaissant Max, je sais qu'il se sentirait mal de s'être comporté comme un vrai mufle, quand bien même il ne s'agissait que d'un rêve. C'est tout lui.

— Je suis vraiment désolée de t'avoir sauté à la gorge comme ça ; tu n'as rien fait de mal. Cela semblait si réel… Je n'avais jamais fait de cauchemar aussi réaliste. Il faut seulement que j'arrête d'y penser et tout ira bien, dis-je d'un ton catégorique, bien que je me souvienne encore de chaque nuance, de chaque douleur, de chaque dernier instant ; je ne suis pas certaine de pouvoir oublier tout cela.

— Tu es sûre ?, me demande-t-il et je lui réponds oui d'un signe de tête. D'accord. Alors pourquoi n'irais-tu pas prendre ta douche ? Pendant ce temps, je te prépare une tasse, me dit-il en pointant du doigt le sachet de café. Très corsé, comme tu l'aimes.

— Merci.

Je pose ma tête contre son épaule et enserre fermement son corps de mes bras, sans aucune envie de lâcher prise.

Max ne m'a pas quittée. Quel soulagement !

En montant l'escalier, je sens encore ce mauvais rêve comprimer ma poitrine ; une petite brûlure me rappelle combien j'étais anéantie il y a encore quelques minutes. Sous la douche, je me frictionne énergiquement, pour éliminer les résidus émotionnels que ce cauchemar a laissés sur moi, mais ils refusent de disparaître, comme ces marques que l'on vous tamponne à l'entrée d'un parc d'attractions. Je renonce et finis par sortir de la douche, la vapeur m'enveloppe tandis que je m'emmaillote dans mon peignoir. Je frotte avec ma main le miroir embué et, en apercevant mes cheveux mouillés et raides comme des baguettes, je regrette de ne pas finalement être allée faire ce brushing la veille.

Je déteste au plus haut degré me servir du sèche-cheveux, à tel point que Julia et moi avons passé un pacte : si l'une de nous deux gagne au Loto, elle engagera pour l'autre un coiffeur à temps plein.

Je sors mon ordinateur portable de sa sacoche et m'assois sur le rebord du lit. J'ouvre ma page Facebook et la photographie où, d'un air espiègle, je passais la tête par le rideau de la cabine lors du dernier essayage de ma robe de mariage, s'affiche en plein écran. Je ferme les yeux un instant, apaisée par le souvenir de la sensation de l'organza sur ma peau tandis que je tournoyais devant le miroir, aux côtés de ma mère émue aux larmes.

Ce mariage aura bel et bien lieu.

Puis le visage de Courtney apparaît dans mon fil d'actualités et je clique sur une photographie qu'elle a prise après son rendez-vous au bar à brushing – où j'aurais dû l'accompagner. Un frisson me parcourt devant ses yeux noisette. Je sais à présent qu'elle ne m'a pas réellement volé mon fiancé ; néanmoins, sans pouvoir l'expliquer, je suis toujours furieuse contre elle, une colère vive que je n'avais jamais ressentie jusque-là, si intense que j'ai envie d'aller la trouver et de lui arracher jusqu'au dernier de ses cheveux soyeux.

Je retourne sur ma page, voulant à tout prix fuir le sourire inamovible de Courtney et ses dents de miss parfaitement alignées, qui me retournent l'estomac. Une fraction de seconde, j'envisage d'attraper mon téléphone et de l'orienter vers le miroir de la salle de bains, pour photographier mes cheveux tels qu'ils sont en cet instant précis : détrempés et mous, à la fois ni raides ni ondulés, ils me donnent l'air d'un caniche sous la pluie. Je publierais ensuite le cliché sur Facebook avec le commentaire :

> « Le look du chien mouillé n'est pas apprécié à sa juste valeur. #BesoinDUnSèche-Cheveux »

Mais, bien entendu, j'en suis incapable. Les seules photographies que je publie sont réalisées par une personne à qui j'ai demandé de tenir le téléphone bien au-dessus de ma tête et de choisir un angle parfait. Quand je mets l'image en ligne, après l'avoir retouchée, je ressemble à la dernière célébrité en couverture de *Vogue*, telle une version plastique de moi-même.

Je lance un regard noir à mon sèche-cheveux, consciente d'avoir déjà perdu la bataille. Nous savons tous les deux que j'ai besoin de lui. Je me moque de ce que disent les magazines. Un peu de mousse et un embout diffuseur ne suffisent absolument pas pour obtenir des boucles effet plage. Je tape rapidement un nouveau statut :

> « Quel gain de temps si nos cheveux se coiffaient tout seuls comme par magie. Serait-ce possible ? #EnvieDeCheveuxMagiques »

***

Quand je relève le regard et aperçois mon reflet dans le miroir, je fais un bond en arrière et mon bras propulse accidentellement le sèche-cheveux sur le sol. Je cligne plusieurs fois des yeux, mais quand je me contemple à nouveau dans le miroir, rien n'a changé : mes cheveux, qui étaient encore mouillés et raides il y a quelques instants, sont à présent lisses comme je n'y suis jamais parvenue.

Suis-je encore en plein rêve ?

Je jette un coup d'œil du haut de l'escalier pour m'assurer que Max se trouve toujours dans la cuisine. Je l'aperçois à l'endroit même où je l'ai quitté ; il verse du café dans son mug préféré – celui avec un taureau et « España » écrit en majuscules, qu'il avait acheté l'an passé à Barcelone juste avant de monter dans l'avion.

— Il faut qu'on rapporte quelque chose, même si c'est un souvenir ringard acheté à l'aéroport !, avait-il plaisanté.

Si c'est un rêve, comment j'en sors, bon sang ?

Je me tape la cuisse. Me pince l'oreille. Donne même un coup de pied dans cette partie du lit qui dépasse de juste ce qu'il faut pour que je m'y cogne régulièrement l'orteil. Cela me fait terriblement mal ; rien ne change cependant. J'essaie de réfléchir. Un soupir m'échappe quand j'assemble enfin les pièces du puzzle.

C'est mon nouveau statut.

Je reprends mon ordinateur portable pour vérifier ce que je viens d'écrire : je souhaitais des cheveux magiques. Le sol se met à vaciller lorsque je me rappelle ce que j'ai posté la veille au soir – ou du moins ce que je croyais être la veille au soir : je voulais revenir en arrière de trente jours. Mes deux derniers statuts sont-ils vraiment devenus réalité ?

— C'est impossible, me dis-je.

— Qu'est-ce qui est impossible ?, me demande Max alors qu'il entre dans la chambre, mon mug préféré à la main (de couleur vert pomme, il est fortement ébréché, mais je refuse de le jeter, bien que mes lèvres se posent systématiquement sur la partie abîmée).

— Rien, lui réponds-je aussitôt.

— Ouah, tes cheveux sont superbes ! Je n'ai même pas entendu le sèche-cheveux.

Parce que je ne m'en suis pas servi !

— J'en ai un nouveau ; c'est celui du téléachat. Tu sais, celui qui permet d'avoir « une coiffure parfaite en levant à peine le petit doigt » ?

Ma réponse est en quelque sorte honnête puisque, tard un soir, j'avais vu une annonce pour un sèche-cheveux que j'avais failli acheter.

Max sourit tout en prenant une serviette dans le placard.

— Je n'aurais jamais cru que ces trucs fonctionnaient réellement. Je devrais peut-être acheter cette brosse à barbecue dont ils vantent les mérites ?

— Peut-être… Tu vas te doucher ?, lui fais-je en m'emparant rapidement du sèche-cheveux jaune citron que je possède depuis des années – preuve que je n'ai pas été tout à fait sincère –, pour le glisser sous le lavabo avant que Max ne l'aperçoive.

Si c'est vrai, si mes statuts deviennent bel et bien réels, il faut que je fasse un nouveau test pour en avoir le cœur net. Sans attendre.

— « Avec cette brosse, dites adieu à tous vos accessoires pour nettoyer votre barbecue », déclare Max en imitant le ton grave de la voix de la publicité, tandis qu'il me frôle en passant et ferme la porte de la salle de bains.

Dès que j'entends l'eau couler, je m'empresse de balayer la chambre du regard. Quel vœu simple pourrais-je formuler ? Quelque chose que Max ne remarquerait pas ? *Oh, bon sang, ai-je réellement cru que cela était vrai ?* Julia et Liam vont s'en donner à cœur joie : je m'imagine leur raconter cette histoire autour d'un verre, Julia va lever les yeux au ciel et Liam recracher son whisky aux mots « voyage dans le temps ».

— Il n'y a qu'un seul moyen de savoir si c'est vrai, dis-je tout bas en posant mes doigts tremblants sur le clavier.

Je rédige un statut dans lequel je regrette de ne pas avoir acheté ces magnifiques chaussures à talons compensés la semaine passée, puis je compte jusqu'à trois avant d'entrer dans le dressing que Max et moi partageons. À côté des escarpins de satin blanc cassé assortis à ma robe de mariée, se trouvent les sandales dorées devant lesquelles je m'étais extasiée, avant de finir par sortir du magasin sans même les avoir essayées, déterminée à ne pas faire exploser davantage le budget prévu pour le mariage.

— Mince alors, fais-je à voix basse.

Mes statuts Facebook deviennent réalité.

Je n'ai aucune idée du pourquoi, ni du comment. Tout ce que je sais, c'est que cela se produit. Non seulement je suis l'heureuse propriétaire d'une splendide paire de chaussures et de cheveux si beaux qu'ils ne demandent qu'à être emmenés au restaurant, mais j'ai également remonté le temps, ce qui signifie que mon cauchemar n'en était pas vraiment un… D'ici un petit mois, Max me brisera à nouveau le cœur la veille de notre mariage. Il entamera une nouvelle vie avec Courtney et je devrai tourner la page. J'appuie mon index entre mes sourcils, là où une vive douleur s'élance, doutant de ma capacité à revivre tout cela. Ou peut-être est-ce là ma chance de modifier le cours de ma vie ?

Des larmes roulent sur mes joues alors que les questions envahissent mon esprit. Max envisage-t-il déjà la fin de notre relation ? A-t-il déjà cessé de m'aimer ? Et, par-dessus tout, est-il possible de changer le destin ?

Max m'avait juré qu'il ne m'avait pas trompée avec Courtney. Si cela était vrai, peut-être alors pourrais-je réécrire notre histoire. Peut-être suis-je retournée dans le passé car je suis « censée » modifier le destin. Pour une raison que j'ignore, on m'a donné le pouvoir d'exaucer n'importe quel vœu. Je peux souhaiter perdre cinq kilos, devenir la propriétaire de cette villa vert clair sur le front de mer à Malibu dont j'ai toujours rêvé. Je pourrais également émettre le vœu que Courtney devienne aussi chauve que Monsieur Propre. Tout est possible. Mais par où commencer ?

Chapitre 6

« Les vrais amis nous aiment même quand on touche le fond. »

Cette phrase que j'ai partagée ce matin sur Facebook me revient à l'esprit en observant Julia méditer sur ce que je viens de lui exposer.

— Excuse-moi, mais je vais te demander de tout me réexpliquer, me dit-elle alors qu'elle pétrit habilement à pleines mains une pâte à pizza. Très lentement.

Dès que Max est parti travailler, je me suis précipitée jusqu'au pavillon de plain-pied de Julia, niché dans les collines du quartier Studio City, afin de tout lui raconter. Tout en l'observant préparer une pizza au *pepperoni* pour le dîner de ce soir, je lui répète que Max a rompu avec moi à Hawaï, qu'il est tombé amoureux de Courtney et que j'ai remonté le temps. Tandis que les détails se déversent de ma bouche tel un barrage qui aurait cédé, Julia, sans jamais cligner des yeux, étale énergiquement la pâte avec un rouleau à pâtisserie, tout en répondant aux questions d'Ellie et d'Evan qui se préparent pour l'école. « Où est mon sac à dos ? », « Avons-nous une agrafeuse ? », « Où est mon autre chaussure rose ? »

Elle distribue ses réponses avec précision (« Le placard de l'entrée », « Oui, mais on n'a plus d'agrafes. Prends un trombone », « Dans le garage, à côté de tes bottes »), sans jamais relâcher son attention de la pâte ni de mon récit. Puis, elle fronce fortement les sourcils et essuie ses mains couvertes de farine sur un torchon à rayures rouges et blanches. Un instant, j'ai le sentiment qu'elle me croit, qu'elle va me serrer fort dans ses bras, peut-être me traiter un peu de folle, mais qu'elle me proposera que nous prenions sa Volvo pour aller trouver Courtney et lui flanquer une bonne gifle. Au lieu de cela, elle soupire très bruyamment.

— Est-ce que tu vas bien ?

Sa question flotte lourdement dans l'air pendant qu'elle se juche sur le tabouret de bar à côté de moi et je sens tout l'espoir qui m'habitait s'évaporer.

Si ma meilleure amie ne me croit pas, comment vais-je m'en sortir ?

— Tu as eu beaucoup de stress au travail ces derniers temps et les préparatifs du mariage t'ont épuisée… Je sais que j'ai manqué à un certain nombre de mes devoirs de témoin. Entre le foot d'Evan, le professeur particulier de maths d'Ellie et le nombre d'heures que je fais au restaurant depuis la publication d'une critique dans le magazine *Los Angeles Times*, je suis dépassée. Excuse-moi. De toute évidence, tu as besoin de moi et je n'ai pas été présente.

— Julia, lui dis-je en serrant fort sa main et en prenant le ton que nous nous réservons pour annoncer une vérité pénible à l'autre (lorsqu'elle m'avait conseillé, par exemple, de ne jamais porter un vêtement coupe Empire, si je ne voulais pas donner l'impression d'être enceinte de six mois). J'ai besoin là tout de suite que tu m'écoutes, même si je sais très bien de quoi a l'air mon histoire. Mais c'est réel. Bel et bien réel.

— D'accord, tu as toute mon attention…

— Maman !, hurle Evan en traversant la cuisine en courant. Je ne trouve pas de trombones.

— As-tu regardé dans…

Julia s'interrompt et lève son index pour me signaler que nous reprendrons notre discussion dans un instant. Elle sourit, mais lorsqu'elle pivote sur le tabouret, j'aperçois son regard légèrement exaspéré et je ne sais pas si cela est dû à l'incapacité d'Evan de trouver des trombones ou à mon entêtement à soutenir que j'ai remonté le temps.

À mon arrivée chez Julia quelques instants plus tôt, j'avais frappé plusieurs fois à la porte, mais comme personne ne me répondait, je m'étais permis d'entrer, supposant qu'elle était occupée avec les enfants. En m'approchant de la cuisine, j'avais entendu la voix de Ben.

— On en a déjà parlé. J'ai deux fois plus de travail depuis le départ d'Eric.

— Mais ils ne peuvent pas recruter quelqu'un ?, demandait Julia d'une voix ténue.

— Restriction budgétaire.

Ben avait poussé un soupir d'exaspération, comme s'il avait répété ces deux mots bien plus souvent qu'il ne l'aurait voulu.

— J'ai de la chance qu'ils n'aient pas aussi supprimé mon poste.

— Donc maintenant, en plus de tout le reste, tu dois t'occuper de ses déplacements ? Comme c'est parti, tu seras tout le temps absent. Tu ne verras jamais les enfants… Ni moi.

Sa voix n'était plus qu'un murmure lorsqu'elle avait prononcé ces derniers mots, et j'avais senti mon estomac se nouer. Je ne soupçonnais aucunement que Ben et elle se disputaient à ce sujet. Elle ne m'en avait pas du tout parlé. Avec les préparatifs du mariage, il ne m'était pas non plus venu à l'esprit de lui demander comment elle allait.

— Écoute, on en a déjà discuté. Je dois travailler. Ce serait génial si nous pouvions vivre uniquement de ton salaire, mais nous ne pouvons pas nous le permettre.

— Que veux-tu dire par là ? (Julia avait légèrement haussé la voix, mais celle-ci avait tremblé comme si elle cherchait à la maîtriser.) Oublie, avait-elle ensuite ajouté d'un ton sec.

— Je dois y aller. Rappelle aux enfants qui je suis si je ne suis pas rentré à temps ce soir pour les border, avait plaisanté Ben pour détendre l'atmosphère.

Cependant, même si je ne pouvais pas voir le visage de Julia, je savais qu'elle ne trouvait pas cela amusant.

Je m'étais rapidement faufilée dans la salle de bains et avais fermé la porte, de peur que Ben ne me voie. Surprendre cette conversation me mettait mal à l'aise, comme si j'avais visionné une vidéo en caméra cachée de Ben et Julia dans leur chambre. Le motif de dispute le plus sérieux que je leur connaissais concernait l'appel à passer à la baby-sitter pour savoir s'ils pouvaient rentrer plus tard et prendre un autre cocktail. J'avais attendu quelques minutes après avoir entendu la porte d'entrée claquer, puis je m'étais dirigée vers la cuisine, où j'avais trouvé Julia en train de pétrir la pâte, plongée dans ses pensées. J'avais eu envie de la serrer fort dans mes bras et de lui dire que Ben n'avait pas voulu la blesser, qu'il était sans doute simplement fatigué, mais cela revenait à avouer que j'avais écouté leur conversation.

— Tata Kate, Tata Kate, est-ce que tu aimes mes chaussures roses ?

La voix aiguë d'Ellie me tire de mes pensées lorsqu'elle apparaît à côté de moi, avec son sac à dos Barbie pendu à son bras ; elle se tient en équilibre sur une jambe tout en tendant l'autre dans ma direction.

— Elles sont superbes, lui fais-je en me baissant pour passer la main sur les paillettes.

— Ma copine Megan a les mêmes, mais en violet. On va être jumelles aujourd'hui.

— C'est chouette, lui dis-je au moment même où Julia revient dans la pièce.

— Ellie, t'es-tu brossé les dents ? Je viens de recevoir un texto de la maman de Megan ; elle sera là dans cinq minutes.

Ellie s'en va à contrecœur vers la salle de bains.

— Bon, supposons que tout cela soit vrai – mais je ne dis pas que j'y crois –, cela signifie que je dois admettre que Max t'a fait cela… Et avec Courtney ? Je n'arrive pas à le croire…

Julia secoue la tête, son regard débordant d'inquiétude. J'y décèle aussi une certaine tension, puis remarque l'anticernes qu'elle a appliqué pour masquer les poches sous ses yeux, ainsi que sa silhouette mince sous sa robe.

— Julia, est-ce que tu vas bien ?

— Est-ce que je vais bien ? Moi ? C'est toi qui apparemment (elle se penche au-dessus de l'évier et murmure) es revenue dans le passé et tu me demandes comment je vais !

— Tu parais simplement un peu fatiguée. Depuis quand as-tu perdu autant de poids ? Non pas que je sois jalouse, mais tu es mince comme un fil de fer.

Elle attrape un torchon et me le jette.

— Tu sous-entends que je ne ressemble à rien ? Merci beaucoup, déclare-t-elle avec sarcasme, avant d'afficher un petit sourire en coin. En tout cas, je vais bien ! C'est simplement la folie en ce moment. Qui a eu l'idée d'inscrire Evan à un club de foot ? Des gamins de neuf ans ont-ils réellement besoin de s'entraîner trois fois par semaine ? Ce n'est pas la coupe du monde, bon sang ! (Elle pointe du doigt le calendrier sur le réfrigérateur.) Nous avons six tournois cet été. Six ! Quand aurai-je le temps de faire quoi que ce soit ?

Elle s'occupe à nouveau de la pâte et je décide de ne pas insister. À sa façon de voûter un peu le dos et d'agripper son rouleau à pâtisserie, je comprends que ce n'est pas le bon moment.

— Et donc, cette histoire avec Max, c'est sérieux ?, reprend-elle.

— Oui… Et cela va recommencer, à moins que tu ne m'aides. Que puis-je faire pour que tu me croies ?

Je me cramponne au plan de travail. Julia réfléchit un instant.

— Tu peux vraiment souhaiter n'importe quoi ?

Je hoche la tête.

— Oui, en voilà la preuve !, dis-je tout en passant la main dans mes cheveux.

Julia rassemble ses mèches blondes en une queue-de-cheval, puis les laisse retomber sur ses épaules.

— Je n'ai pas changé de coupe depuis la naissance d'Ellie.

— Tu n'en as pas besoin, tu es toujours aussi belle.

Elle lève les yeux au ciel.

— Je t'en prie. J'ai reçu un coup de fil de *H&M*, ils veulent récupérer la tenue qui était en couverture de leur catalogue en 2005. (Elle tire sur sa robe jaune pâle et son gilet à rayures bleues et blanches.) Je m'encroûte vraiment ces derniers temps. J'aurais besoin d'un bon rafraîchissement. À commencer par cela, affirme-t-elle en montrant ses cheveux.

— Avec une frange par exemple ?

— Non, surtout pas ! Une frange n'est *jamais* la solution ! (Julia secoue la tête comme si un frisson l'avait parcourue.) Tu es bien placée pour le savoir, ajoute-t-elle, faisant allusion à la fois où, juste après avoir été engagée à l'agence de publicité, je m'étais coupé les cheveux pour obtenir, selon les termes d'une revue, une « frange épaisse », persuadée ainsi de paraître « tendance »… Cela avait été un échec total.

— Bien vu, dis-je en riant. De quoi as-tu envie alors ? Parce que s'il faut que je demande un beau et jeune étalon pour que tu me croies, je le ferai.

Julia hausse un sourcil, mais la sonnette retentit avant qu'elle ne puisse me répondre. Elle appelle Ellie et Evan et les pousse rapidement dehors, son corps se détendant manifestement une fois la porte refermée.

— Tu n'imagines pas à quel point je suis contente que ce ne soit pas mon tour de les conduire à l'école. Cela va être bien plus amusant ! (Elle se frotte les mains.) Bon, je suis prête. Fais ton truc, souhaite-moi un relooking !

Le cœur battant, je sors mon téléphone, tape rapidement un statut sur Facebook et prie en silence pour que cela fonctionne :

> « Même si elle n'en avait pas besoin, Julia est superbe depuis son relooking. Une vraie bombe ! »

Julia attrape mon bras et m'emmène vers la salle de bains, gloussant comme une adolescente qui se rend à son premier concert, et je ne peux m'empêcher de l'imiter lorsqu'elle verrouille la porte.

— Que vais-je sentir ?, me demande-t-elle timidement. Vais-je subir une sorte de transformation comme un loup-garou ? Et que penseront les gens quand ils verront ton statut ? Certains vont se poser des questions.

— Avec un peu de chance, tu échapperas aux poils sur ton visage et aux crocs !, fais-je en riant. Jusque-là, tous les messages que j'ai postés ont disparu dès que mon vœu a été exaucé, et je me revois parcourir désespérément mon profil après avoir souhaité les sandales, sans pouvoir retrouver ce statut. Fermons simplement les yeux, comptons jusqu'à trois, puis tournons-nous vers le miroir.

— Un, deux, trois…, comptons-nous à l'unisson, avant de pivoter doucement pour observer notre reflet dans la glace.

— Oh, mon Dieu !…, s'écrie Julia, qui porte ses mains à la bouche. Je suis carrément canon ! Ben va tomber sur le cul.

Elle se retourne et s'examine sous tous les angles. Physiquement, elle n'a jamais manqué de rien, avec ses cheveux blonds et raides qui lui tombent sur les épaules et ses yeux de poupée ronds et verts, qu'elle ne rehausse qu'avec un peu de mascara pour les grandes occasions. Mais, à présent, ses cheveux sont coupés en un carré dégradé avec des pointes effilées et des reflets dorés, son teint est frais et lumineux. Elle soulève son haut et pousse un petit cri.

— Regarde mon ventre. J'ai de nouveau des abdos ! Touche-les.

Elle place ma main sur son ventre et ricane. Je secoue la tête.

— Je ne vais pas te peloter ! Tu me crois maintenant ?

— Carrément ! (Elle rit.) Peux-tu aussi me faire faire une liposuccion des fesses ?

Je souris et lui donne une tape sur les hanches.

— Tu n'en as pas besoin ! Le dieu du relooking aurait plutôt dû t'en donner un peu plus !

J'étudie son corps, toujours aussi mince qu'avant. Je dois reconnaître cependant que ce vœu lui donne une certaine élégance qui lui sied. Nos regards se croisent dans le miroir.

— Comment vas-tu expliquer cela à Ben ?

Elle me répond d'un revers de main :

— Ça ne posera pas de problème. (Julia tourne le dos à son reflet pour me faire face et me prend maladroitement dans ses bras.) Excuse-moi d'avoir douté de toi, Kate. Mais je suis avec toi maintenant, à cent pour cent.

— Ouf ! Parce que je flippe pas mal. Et j'ai besoin de toi.

— Bon, d'accord, tu as ce pouvoir incroyable. Mais comment comptes-tu t'en servir ?

— À l'évidence, je dois trouver un moyen d'empêcher l'histoire de se répéter, lui réponds-je, assise sur les toilettes, l'image du visage impassible de Max m'annonçant notre séparation gravée dans ma tête. Mais, avant tout, tu dois être totalement franche avec moi sur un point.

— Comme quand tu m'as dit, après la naissance d'Ellie, que la ceinture post-grossesse ne fonctionnait pas ?

J'acquiesce d'un signe de tête.

— Même si je m'en veux toujours. Tu étais tellement à fleur de peau à cause des hormones que j'ai détesté que tu me pousses à le dire. Cela ne faisait que quelques mois que tu avais accouché.

Elle rit.

— Ce n'est pas grave. Je connaissais déjà la vérité. J'avais seulement besoin de l'entendre. Que veux-tu savoir ?

— Penses-tu réellement que Max et moi allons bien ensemble ? Que cela vaut la peine que je me batte ?

— Bien sûr !, réplique Julia sans hésitation.

— Même en connaissant maintenant ses sentiments pour Courtney ? Après ce qui est arrivé, Liam m'a dit que Max lui paraissait vraiment prévisible. (Je fronce le nez comme si ce mot dégageait une odeur nauséabonde.) Crois-tu que Max s'ennuyait ?

— Non ! (Julia agite les mains devant son visage.) Je pense sincèrement que cette histoire de « pour le restant de vos jours » lui a fichu la trouille !

— Vraiment ?

Son opinion pèse bien plus à mes yeux qu'elle ne l'imagine. Si elle estime que ma relation avec Max mérite d'être sauvée, alors peut-être est-ce le cas. Je n'avais pas saisi le poids de cette question jusqu'à l'entendre sortir de ma bouche.

— Tout à fait. Je sais très bien qu'il t'aime, déclare-t-elle, et le fardeau que je portais, cette partie de moi qui se demandait si je m'étais trompée sur toute ma vie, disparaît instantanément de mes épaules. Et maintenant, tu peux faire en sorte qu'il ne te quitte pas. As-tu une idée du nombre de femmes qui tueraient pour avoir cette chance d'empêcher leur mari de se détourner du droit chemin ? D'avoir la possibilité de recoller les morceaux avant qu'il ne soit trop tard ?

Elle baisse le regard, étudie ses mains et enlève la farine nichée sous ses ongles.

— Et toi ? Te battrais-tu pour Ben ? Même si tu savais que son cœur était ailleurs ?

Julia plie et replie une petite serviette posée à côté du lavabo avant de me répondre.

— Je le ferais. Nous avons un long passé commun et ce n'est pas rien. En plus, ce serait une seconde chance. Mais c'est la tienne, Kate, affirme-t-elle tout en s'appuyant contre le meuble de la salle de bains. Parfois, même les meilleurs couples s'égarent, sans que cela signifie forcément qu'ils devraient rompre. (Elle détourne son regard du mien, avant de relever les yeux, et je me demande si elle songe à sa dispute avec Ben.) Écoute, je te connais. Tu réussis toujours à trouver une solution. Il faut que tu comprennes que ce n'est pas du tout de ta faute. (Elle secoue la tête.) Max a commis un faux pas, cela arrive parfois, y compris aux couples les plus solides. Courtney était seulement là au bon moment. Cela ne fait pas d'elle pour autant l'heureuse élue.

J'acquiesce de la tête, sans prononcer un mot ; cela fait du bien d'entendre Julia me défendre, défendre ce que Max et moi partageons.

Je sens ma poche vibrer et je fronce les sourcils quand je constate que c'est Courtney qui m'écrit.

> « On va toujours prendre un verre ce soir chez *STK* ? »

J'ai la chair de poule car, durant une fraction de seconde, j'oublie que je revis cette journée. Courtney me contacte simplement pour confirmer notre rendez-vous pour la *happy hour* de ce soir. Les trente derniers jours tels que je les connais ne se sont jamais produits.

— Qu'y a-t-il ?, m'interroge Julia en regardant l'écran par-dessus mon épaule. Parce qu'elle croit que tu vas aller boire un verre avec elle ? Après ce qu'elle t'a fait ?

— Oui, mais souviens-toi, elle ne sait pas que je suis au courant. Cela n'est pas encore arrivé. Pour elle, nous sommes toujours des amies et des collègues…

— Et apparemment des femmes qui convoitent le même homme !, me coupe Julia.

Oui, aussi. Merci de me le rappeler. (Je lui souris pour mettre en évidence mon sarcasme.) En plus, nous sommes censées y aller avec Max.

— T'en sens-tu capable ? Peux-tu faire comme si tu ne savais pas ce qu'ils ont fait, ou plutôt ce qu'ils vont faire ? Jusqu'à présent, cela ne te dérangeait pas qu'ils soient devenus proches…

— Quoi ? Dis-le. Je ne me suis pas assez méfiée, c'est ça ?

— Non, reprend Julia. C'est simplement que je t'enviais de pouvoir être aussi confiante. La plupart des femmes seraient jalouses... (Elle s'arrête au milieu de sa phrase, afin de réfléchir un instant.) Tu sais, même Ben a eu des doutes à propos de Liam au début. Je ne sais pas si je t'en ai déjà parlé. J'ai éclaté de rire quand il a soulevé le sujet ; il s'agissait de Liam. Liam ! Jamais, je ne pourrais envisager de...

Julia ne termine pas sa phrase, mais ce n'est pas nécessaire. Sa façon de secouer la tête en imaginant une relation intime avec lui en dit long.

Max et moi avions discuté de son amitié avec Courtney une fois seulement, quand il était rentré en titubant d'un concert auquel ils avaient assisté quelques mois après leur rencontre, son haleine empestant la bière et la cigarette. Ils sont tous deux de grands fans des groupes des années 1990 et, avec ma bénédiction, ils vont voir de temps à autre ceux qui passent en ville. Autrefois, c'est moi qui allais voir Toad the Wet Sprocket ou Good Charlotte avec Max. Mais, à vrai dire, j'avais été soulagée d'être délivrée de cette tâche, préférant largement rester à la maison et me pelotonner avec un magazine, plutôt que d'écouter des chansons que je n'avais déjà pas particulièrement appréciées à leur sortie en dodelinant de la tête avec un enthousiasme feint.

— Tu as fumé ?, avais-je demandé à Max, qui avait légèrement reculé au son de ma voix – cette voix que je n'avais entendue que dans ma tête et qui faisait son apparition après une heure du matin.

Mon esprit avait involontairement dérivé et imaginé Max et Courtney en train de danser, avec leur gobelet rempli d'alcool à bout de bras, s'amusant tellement qu'ils en avaient perdu la notion du temps. Je m'étais juré de ne pas lui réclamer d'explications à son retour. J'étais simplement inquiète parce que je n'arrivais pas à dormir ; je me sentirais mieux le lendemain matin. Or, quand Max s'était couché bien après deux heures du matin, l'odeur de la cigarette avait réveillé les doutes que j'avais tenté de chasser. Je n'avais encore jamais perçu le visage et le corps de mannequin de Courtney comme une menace, mais cette nuit-là, je m'étais demandé pour la première fois si lui aussi avait remarqué son extrême beauté.

— Courtney en a taxé une à un mec et j'ai tiré une bouffée, mais c'était horrible.

Il avait fait semblant de tousser et, soudain, je l'avais imaginé en train de passer son bras autour de la taille de Courtney, de se pencher en avant et d'attraper délicatement la cigarette qui pendait entre ses lèvres.

— Ai-je des raisons d'être jalouse ?

— Ne sois pas ridicule !, s'était esclaffé Max, avant de prendre mon visage entre ses mains et de déposer un baiser ivre sur mes lèvres.

— Dis-moi simplement que je n'ai pas de souci à me faire, lui avais-je demandé tout en me libérant de son étreinte et en cherchant la vérité dans son regard vitreux.

— Tu n'as pas de souci à te faire, avait-il répété en embrassant doucement chacun de mes doigts.

Puis, après quelques instants de silence, il avait ajouté :

— Présentons les choses autrement : tu ne verrais jamais Liam de cette façon, n'est-ce pas ?

Lorsqu'il avait prononcé ces mots, cela avait été comme une évidence : mon attitude n'avait pas été juste. Évidemment qu'il pouvait être ami avec une femme si je pouvais l'être avec un homme. S'il la considérait comme je considérais Liam, je n'avais vraiment pas à m'inquiéter. Il avait roulé vers moi dans le lit pour passer ses bras autour de ma taille et j'avais décidé d'oublier cet incident, enfouissant si profondément mes doutes qu'ils me semblaient presque n'avoir jamais existé.

***

Julia se frotte les tempes.

— Toute cette histoire est un vrai casse-tête. Cela me donne mal au crâne.

Et cela me fait mal au cœur.

— Je ne sais pas si je pourrai aller au bar ce soir, réponds-je franchement.

Cela me rappelle la fois où j'avais accepté de participer à une course de cinq kilomètres avec Max, la ligne d'arrivée m'ayant paru tellement loin.

— Si quelqu'un peut y arriver, c'est bien toi, me rassure Julia et je lui lance un regard perplexe.

— Vraiment ?

— Comment fais-tu, ma belle, pour ne pas voir à quel point tu es forte et intelligente ? Tu me rends dingue !

— C'est difficile de se trouver des qualités quand ton fiancé vient de t'annoncer qu'il part pour une femme bien mieux que toi.

— Il t'a dit cela ?

— Non… pas exactement. Mais pourquoi me quitterait-il pour elle sinon ?

— Cela n'a peut-être rien à voir avec toi. Je te l'ai dit, il a dû tout simplement avoir peur de s'engager. Il a choisi la solution de facilité.

— Si je ne te connaissais pas mieux, je pourrais croire que tu regardes à nouveau Oprah Winfrey en douce.

— Hé ! Cela a été une phase passagère après la naissance d'Evan, mais j'ai appris beaucoup de choses, me rétorque Julia en souriant.

— D'accord, madame la psychologue de comptoir, quelle solution me proposez-vous pour aller boire un verre avec mon fiancé et son amour secret, mais aussi pour gérer mes relations au travail avec elle ?

Je suis consciente que je devrai jouer la comédie en permanence, notamment au bureau. Je ne peux pas demander une réorganisation de mon portefeuille de clients pour éviter de côtoyer Courtney au quotidien. J'imagine déjà la désapprobation sur les fines lèvres de ma patronne, Magda, quand elle comprendra ma véritable intention : prendre mes distances vis-à-vis de Courtney. Elle exigera une explication, que je serai incapable de lui fournir. Décevoir ma directrice ne peut pas faire partie du contrat.

— Ne me demande pas. C'est Oprah que je regardais, pas ces talk-shows trash !

Je lui donne une petite tape sur l'épaule.

— Sérieusement ! J'ai besoin de tes conseils. Tu sais que je n'ai jamais été douée pour dissimuler mes véritables sentiments.

— D'accord, d'accord. Désolée ! Avant tout, tu ne dois pas oublier qu'il n'est pas uniquement question d'elle. Pour parvenir à tes fins, tu dois découvrir ce qui a mal tourné entre Max et toi. (Elle se radoucit quand elle aperçoit mon visage se décomposer.) Ne t'inquiète pas, je suis certaine que tu réussiras. Max et toi allez très bien ensemble.

— Tu veux dire « alliez ».

— Non, je veux dire « allez », au présent. Tu l'as dit toi-même, ils ne savent pas que tu es au courant. Donc sers-toi de cette seconde chance non seulement pour récupérer Max, mais également éloigner Courtney. (Elle me fait un clin d'œil.) Tu sais à quoi je pense ?

Je peux quasiment voir ses cellules grises s'agiter. Je hausse les épaules.

— Au lieu de lui faire un relooking, enlaidis-la. Fais quelque chose d'horrible à ses magnifiques cheveux !

J'essaie d'imaginer les mèches blondes de Courtney devenir bleu foncé, mais cela ne dissipe pas le malaise qui m'habite.

— Pourquoi grimaces-tu ?, me demande Julia.

— Je sais que je devrais m'estimer heureuse d'avoir cette seconde chance, mais cela me met mal à l'aise, comme si je trichais.

— Ce n'est pas toi qui as trompé ton monde dans l'histoire. (Julia plisse les yeux.) Je pense que tous les recours, antisèches et boules de cristal sont bons à prendre.

— D'accord, alors, en résumé, comment je fais pour rester professionnelle avec elle, alors que je rêve de lui botter le cul ?

Julia sourit.

— J'aimerais bien voir ça, mais tu sais que ça ne t'aidera pas à récupérer Max. Concentre-toi simplement sur ton objectif. Comporte-toi avec elle comme si de rien n'était. En plus, tu as un avantage, tu connais déjà les événements. Qu'est-ce que tu répètes toujours ? Que Courtney et toi vous tirez la bourre pour être dans les petits papiers de Magda ? Qu'un compliment de sa part est aussi rare que…

— Qu'un mouton à cinq pattes.

— C'est ça. Rappelle-toi que non seulement tu es au courant pour Courtney et Max, mais tu sais aussi ce qui s'est déjà passé à ton travail. Alors, profite de ces informations pour t'attirer les faveurs de Magda. Sauve un contrat qui tourne au vinaigre ou corrige une erreur avant qu'elle ne soit commise. Tu deviendras la star du jour au lendemain.

— Cela revient encore à tricher…

— Et alors ? C'est ta vie ! Ne l'oublie jamais.

Chapitre 7

Si seulement Julia pouvait avoir raison… Il s'avère que revivre la même journée n'est pas nécessairement un avantage, d'autant plus quand on doit se comporter comme si l'on ne savait pas qu'une amie proche et collègue de confiance envisage de vous voler votre fiancé. En arrivant au travail, je suis tombée nez à nez avec Courtney alors que j'essayais d'aller discrètement aux toilettes. J'ai étudié son visage un instant, à la recherche de signes indiquant qu'elle était amoureuse de mon futur mari, mais rien ne la trahissait. Elle m'a adressé un sourire chaleureux et proposé un café. J'ai bredouillé une excuse selon laquelle j'avais déjà bu trop de caféine et me suis dérobée dans un WC, pour tenter de reprendre mon souffle jusqu'à ce que l'assistante de Magda vienne à ma recherche et m'informe que j'avais cinq minutes de retard pour la réunion sur la campagne Calvin Klein que nous avions décrochée le mois précédent.

La journée ne s'est pas déroulée plus facilement par la suite. Le soir, j'avais mal à la langue à force de l'avoir mordue pour taire les détails que je connaissais déjà (mais que je ne pouvais dévoiler) : le nouveau site internet spécialisé dans les mariages mettrait fin à notre contrat après le déjeuner et il serait impossible de les faire revenir sur leur décision ; le dernier petit ami de Magda romprait avec elle juste avant une téléconférence extrêmement importante et nous découvririons une importante erreur de comptabilité qui coûterait à l'entreprise des milliers de dollars.

Il y a également le concept que j'ai exposé à Magda concernant le spa que nous essayons de faire signer. Je sais que celui-ci nous fera gagner à coup sûr le marché, même si le sourcil parfaitement arqué de Magda et son regard condescendant m'ont laissée tout à penser qu'elle l'entendait autrement. Elle m'avait lancé le même regard désapprobateur trente jours plus tôt, celui-là précisément qui avait déclenché le même débat qu'aujourd'hui : je défendais le slogan « Venez trouver l'extase » pour les affiches, tandis que Magda le jugeait ridicule. Elle portait une veste mal ajustée qui accentuait sa silhouette squelettique (ce dont elle était très fière, affichant même un large sourire lorsqu'un sans-abri devant lequel nous étions passées lui avait crié de « manger au plus vite un cheeseburger »). Toutefois, j'avais oublié que le jour où j'avais présenté cette campagne pour la première fois, Courtney était intervenue pour prendre mon parti et Magda l'avait félicitée d'être plus convaincante que moi, alors qu'il s'agissait de mon idée. Pendant que Courtney vantait mon intuition et ma capacité à toujours deviner les attentes des clients, je m'étais demandé comment je pouvais être si perspicace dans le monde du travail et néanmoins si aveugle avec mes proches – comme avec elle. Lorsqu'elle m'avait soutenue le mois précédent, je lui avais souri et murmuré que je lui paierais tous les verres qu'elle prendrait le soir même, quand nous sortirions avec Max. Mais cette fois, je suis difficilement parvenue à sourire, ravalant à contrecœur la colère qu'elle faisait naître en moi.

En sortant de la salle de réunion vitrée, Courtney m'a prise par le bras et je me suis involontairement raidie. Tandis que nous nous dirigions vers nos bureaux, mon esprit ne cessait de penser à quoi elle ressemblerait si, « subitement », elle avait les sourcils rasés.

Aussitôt de retour dans mon bureau, je compose le numéro de Julia.

— J'ai besoin d'un joker, pleurniché-je dès qu'elle décroche.

— J'ai toujours voulu être l'amie que tu appellerais !, s'exclame-t-elle, faisant allusion à nos plaisanteries autour de notre participation rêvée à *Qui veut gagner des millions ?*. C'est moi que tu aurais appelée, n'est-ce pas, et pas Liam ?

— Bien sûr !, lui réponds-je en riant.

— Alors, que se passe-t-il ? Parce que je me doute bien que tu n'es pas en ce moment même dans un studio de télévision.

— Je me rends compte que me retrouver au travail avec elle est beaucoup plus difficile que je ne l'aurais cru, me lamenté-je. Encore plus quand elle est sympa avec moi.

— Oh, bien sûr qu'elle en rajoute. Elle culpabilise d'avoir des sentiments pour ton mec !

— C'est pour cela qu'elle était tout sucre tout miel les semaines précédant le mariage, ajouté-je en y réfléchissant un peu plus. Elle passait sans cesse dans mon bureau pour m'apporter un café Starbucks ou le dernier numéro de *Closer* ; elle m'a même proposé de rester tard au bureau pour que je puisse rentrer et m'occuper des préparatifs. Dire que j'ai cru qu'elle voulait m'aider parce qu'elle était mon amie, alors qu'en réalité, elle cherchait simplement à soulager sa conscience ! (J'appuie mon front contre ma main.) Tout cela me semble sans espoir.

— Il faut que tu te reprennes, m'encourage Julia d'un ton sévère. Qu'est devenue la fille qui était major de promo à la fac ? Où est ma meilleure amie qui m'a tenu la main en salle de travail durant dix-sept heures ? Et par-dessus tout, où est passée la femme qui a conquis la première le cœur de Max ? Elle, elle serait capable d'affronter la situation !

— J'aimerais juste savoir ce qui n'a pas fonctionné entre nous ; au moins, je saurais par où commencer.

J'entends Julia soupirer.

— As-tu une piste ?

Max et moi avions connu quelques tensions lors de la préparation du mariage. Nous nous étions disputés pour savoir chez quels parents nous passerions Noël ou si nous devions ouvrir un compte commun, mais nous avions fini par trouver un compromis dans les deux cas. Je ne voyais aucun problème que nous n'avions su résoudre au cours des trois dernières années, ce que j'avais toujours considéré comme l'une de nos plus grandes forces. Mais comment allions-nous résoudre celui-ci ?

— Tu te souviens du jeu « Que feriez-vous si… ? » auquel nous avions joué chez toi ?, demandé-je à Julia.

— Comment oublier ? On a failli perdre quelques amis ce soir-là !

Julia commence à rire, avant de se reprendre.

— Tu te rappelles la carte que Max avait tirée ? Celle sur l'infidélité ?

— Ah oui…

— Il avait dit être absolument certain de vouloir chercher une solution si sa femme avait une aventure…

Max était tombé sur la question : « Que feriez-vous si votre conjoint vous était infidèle ? » Il y avait réfléchi à peine une fraction de seconde avant de répondre vivement : « Nous réglerions le problème. » Un brouhaha avait éclaté dans la pièce, chacun y allant de son opinion. Quant à moi, je m'étais plu à penser : « Mais aucun de nous deux ne ferait jamais cela. » Même si Max avait juré ses grands dieux qu'il ne m'avait pas trompée avec Courtney, même si leurs lèvres ne s'étaient jamais effleurées, il m'avait néanmoins trahie. Au lieu de chercher à résoudre nos éventuels problèmes, il s'était tout simplement tourné vers elle.

— Je crois que, tant que l'on n'a pas été confronté à pareille situation, on ne peut pas réellement connaître sa réaction. À mon avis, les gens aimeraient croire qu'ils réagiraient d'une certaine façon, mais on ne peut jamais savoir…, me dit Julia, d'une voix de plus en plus douce qui finit par s'éteindre.

— C'est évident, raillé-je. Mais il n'a même pas accordé à notre couple une seconde chance.

— N'oublie pas que tu as une occasion unique : tu peux mettre le doigt sur tout ce qui n'a pas fonctionné et essayer ainsi de régler le problème avant qu'il ne soit trop tard.

— C'est vrai. Mais jamais je n'aurais cru que cela arriverait maintenant. On sait qu'il existe toujours un risque, dans dix ans peut-être, mais pas juste avant de se passer la bague au doigt !

J'avais eu le coup de foudre en rencontrant Max au mariage d'amis communs. J'avais suivi le regard de Julia qui l'avait repéré pour découvrir un homme aux yeux verts, aux cheveux bruns, légèrement plus longs sur le dessus, à la mâchoire forte avec une barbe de trois jours. Il avait affiché un large sourire en reconnaissant Julia, laissant apparaître une fossette qui, aujourd'hui encore, demeure invisible tant qu'il ne sourit pas d'une certaine façon – un atout charme dont il se sert uniquement quand il veut séduire ses supérieurs, ma mère, et Courtney aussi sans doute.

Une fois les présentations faites par Julia, nous nous étions assis tous les deux dans le patio et avions discuté pendant des heures. Max avait posé sa veste sur mes épaules nues au premier frisson que m'avait arraché la brise fraîche. Après notre premier rendez-vous, il avait insisté pour me raccompagner jusqu'à ma porte d'entrée, où il m'avait chaleureusement serrée dans ses bras et avait délicatement effleuré ma joue de ses lèvres. Avant que je ne referme la porte, il m'avait remerciée pour les discussions stimulantes que nous avions eues au cours de la soirée. L'attention de Max m'avait paru si naturelle, si franche ; il m'avait semblé véritablement intéressé par ma personnalité. Par le passé, j'avais toujours eu l'impression de devoir me creuser la tête pour conserver l'intérêt de mes petits amis, mais avec Max, je pouvais enfin lâcher le souffle que je semblais toujours retenir. Lors de notre quatrième rendez-vous, j'avais écarté le plat chinois que nous venions de nous faire livrer et l'avais attiré vers moi, tout en lui murmurant que j'avais autre chose en tête. Il n'avait pas protesté.

Je ne sais comment nous en sommes arrivés là aujourd'hui. Qu'est-il advenu de ce couple qui, après avoir regardé un épisode de *Top Chef*, essayait – en général sans grand succès – de recréer un plat qui ne paraissait pas si difficile, tout en se disant que le jury le critiquerait pour le manque de sel ? Où est le couple qui s'habillait de la tête aux pieds aux couleurs des Lakers et encourageait Kobe Bryant depuis leur salon, en riant souvent sur le fait qu'ils devraient plutôt acheter des billets pour aller voir le match en vrai ? Et que sont devenus le Max et la Kate qui me semblaient tellement faits l'un pour l'autre que je lui avais offert à Noël dernier un puzzle ridicule à notre effigie ?

Je me demande si je n'ai pas commencé à perdre Max au cours de la préparation du mariage. J'avais des idées plus tranchées que lui en général, surtout en ce qui concernait les détails de la noce ; je n'étais pas pour autant réticente à prendre son avis en considération. Les jours suivant sa demande, je lui avais posé un millier de questions tout en écumant un site de mariage avec une application qui m'avait rappelé la révision de mes partiels à l'université. Je recherchais le style de mariage dont nous aurions envie… Champêtre ou plutôt chic ? Préférait-il que je m'avance vers l'autel sur une chanson de variété ou au son de la harpe ? Devrions-nous engager un groupe ou un DJ pour la réception ? Thon ou saumon au menu ? Mais lui avais-je demandé son avis uniquement parce que je savais qu'il me répondrait avec un geste de la main qu'il me faisait confiance pour prendre les décisions ? Je suis consciente d'être souvent autoritaire et j'ai toujours pensé qu'il trouvait cela attachant. Toutefois, avec mon tout nouveau pouvoir, je me rends compte que je n'ai plus aucune certitude.

— J'ai peut-être une idée de ce qui n'a pas fonctionné, annoncé-je à Julia en me levant d'un bond de ma chaise de bureau.

— Quoi ? Comment ?

— Je dois davantage le laisser décider, le laisser planifier le mariage comme il l'entend. Pour qu'il se sente plus impliqué !

— Mais il ne reste plus qu'un mois.

— Je m'en moque. Il aura tout ce qu'il voudra. Je changerai n'importe quoi.

— Toi y compris ?, ajoute Julia avec précaution.

— Oui, s'il le faut. Fais-moi confiance, Julia. Je gère, affirmé-je avant de raccrocher et d'attraper mon sac à main, avec la conviction que, si je dois passer cette soirée avec Max et sa petite amie, il vaut mieux que je sois canon.

Chapitre 8

— Tu es prête ?, me crie Max.

Puis-je être réellement prête pour cela ?

Je me demande une nouvelle fois comment je pourrai supporter d'être à la même table que Max et Courtney ce soir. Cela a été déjà assez douloureux d'entendre mon fiancé m'avouer qu'il pensait être amoureux d'elle et, maintenant, il me faut observer leur relation secrète naître sous mes yeux. Je vais devoir rester assise en silence pendant qu'ils se taquineront ; leur petit jeu m'est jusque-là apparu comme innocent, mais à présent, le moindre sourire, le moindre effleurement « accidentel » de leurs mains, le moindre regard échangé vont me faire l'effet d'une lance plantée en plein cœur. Même s'ils ne sont peut-être pas encore amoureux l'un de l'autre, je sais que cela est imminent et l'attente de ce dénouement est comme un pansement lentement retiré de ma peau délicate. *À moins que je ne parvienne à empêcher tout cela.*

— Deux secondes, réponds-je en criant à Max alors que je publie un nouveau statut sur Facebook, tout en me convainquant que mon vœu n'est pas si épouvantable que cela.

Mon cœur brisé ne s'en remettra peut-être jamais, mais les cheveux de Courtney finiront bien par repousser.

« Vas-y », entends-je Julia m'encourager, pour me rappeler que l'avenir de mon couple était en jeu, lorsque je lui ai fait part de mon intention. « En plus, on sait tous que Max a un faible pour les cheveux longs, non ? », avait-elle ajouté.

Vingt minutes plus tard, le sang bat contre mes tempes, couvrant quasiment la musique des haut-parleurs, lorsque je balaie du regard le bar bondé à la recherche de Courtney, impatiente de découvrir le résultat de mon statut :

> « Quel choc que Courtney se soit coupé les cheveux court. »

— Ce n'est pas elle là-bas ?, me demande Max et je pivote la tête dans la direction qu'il m'indique.

— Ouah, dis-je tout bas en apercevant Courtney.

Ses cheveux d'un blond doré sont coupés à la garçonne. Je me sens mal lorsque je surprends Max en train de la fixer, bouche bée. Elle est encore plus belle qu'avant. *Mince alors, comment est-ce possible ?*

Au moment où nous nous approchons de la table, Courtney passe la main dans ses cheveux.

— Oh là là, c'est très court, non ? Je sors tout juste de chez le coiffeur, nous explique-t-elle, tout en se mordillant la lèvre, comme si elle attendait notre approbation. J'y suis passée après le travail pour rafraîchir un peu ma coupe et voilà le résultat !

(Elle lève les bras au ciel.) Au début, j'étais furieuse. Selon mon coiffeur, ses ciseaux se sont « comme mis à couper tout seuls », dit-elle d'un air exaspéré. Franchement, c'est comme si j'avais fermé les yeux et changé de tête en les rouvrant. Mais maintenant, je suis plutôt fan !, s'écrie-t-elle tout en tapant dans ses mains telle une otarie.

— Ça te va bien, lui dis-je à contrecœur.

Sacrément bien même... Je m'affale dans la chaise en face d'elle, tout en songeant qu'il doit s'agir d'une sorte de punition karmique pour avoir souhaité du mal à quelqu'un. Mais sa superbe coiffure n'est peut-être qu'un coup de malchance. Avec son joli visage – bon d'accord, son beau visage –, même si j'avais fait le vœu qu'elle soit chauve, elle serait sans doute toujours aussi sublime. La prochaine fois, il faudra que je choisisse un statut plus percutant, avec un impact visible davantage sur sa personnalité que sur son apparence. Mais quoi ? C'est une chose de détenir ce pouvoir, c'en est une tout autre de savoir s'en servir.

— C'est une vraie réussite, la complimente Max, qui m'extirpe de mes pensées.

Il attrape nonchalamment Courtney par le bras, pour lui planter une bise sur la joue gauche, guère différente de celles qu'il lui a faites des dizaines de fois sous mes yeux, mais celle-ci déclenche en moi un vent de panique et je me demande s'il a déjà embrassé ses lèvres pulpeuses, avec ce rouge à lèvres qui aurait laissé son empreinte sur sa bouche.

— Tu trouves ?, s'enquiert-elle timidement, avant de se tourner vers moi. Mais regarde-toi, susurre-t-elle tout en me dévisageant. Quelle robe sexy, ma chérie ! Elle est nouvelle ? As-tu filé en douce du travail pour faire les boutiques sans moi ? Grrr !, grogne-t-elle en faisant mine de me griffer.

— Merci, lui dis-je, refusant intentionnellement de répondre à sa question.

En réalité, je dois cette tenue à un statut que j'avais publié un peu plus tôt. J'avais souhaité une robe qui « me ferait paraître deux tailles en dessous, quinze centimètres plus grande et qui mettrait en valeur chacune de mes formes, sans gaine ». Je m'étais alors fait la réflexion que, grâce à ces tout nouveaux pouvoirs magiques, je n'aurais plus jamais besoin d'essayer une dizaine de tenues avant de ne plus avoir la sensation d'être mal fagotée. Néanmoins, je me sentais toujours mal à l'aise et n'avais pas réussi à attirer l'attention de Max. Il avait à peine détourné le regard de la chaîne d'information sportive lorsque j'avais descendu les escaliers. À présent, il ne me jette que de rapides coups d'œil, préférant se plonger dans le menu et nous demander si nous sommes tentées par le guacamole.

J'observe Max faire signe à la serveuse et je me dis que, même si ce que j'ai souhaité pour Courtney a eu l'effet inverse, c'est toujours moi qui ai une bague de fiançailles au doigt. Je dois rappeler à Courtney que Max et moi avons quelque chose avec quoi elle ne peut pas rivaliser : notre histoire commune. C'est nous qui sommes partis en voyage à Barcelone l'an passé et qui, dans un café d'une ruelle pavée, avons évoqué le nombre d'enfants que nous désirerions. C'est nous qui avons inscrit sur notre liste de mariage les couteaux de cuisine, la cocotte en fonte et le gaufrier, car c'est nous qui aimons cuisiner ensemble. C'est encore nous qui sommes tombés amoureux l'un de l'autre à Big Bear, blottis dans le chalet autour d'un grog, tout en nous racontant notre enfance. Je lui avais confié que le manque d'assurance de ma mère avait déteint sur moi et Max m'avait révélé qu'il avait été adopté et que, même s'il n'avait jamais manqué de rien avec ses parents adoptifs, il se demandait souvent pourquoi il n'avait pas été assez bien pour la femme qui lui avait donné la vie.

Je me tourne vers Max :

— Tu sais à quoi je pensais ?

— Non, à quoi ?

— À cette fois où nous sommes allés à Big Bear. Nous devrions y retourner.

— Pourquoi songes-tu à cela ?

Un soupçon d'inquiétude traverse si rapidement son regard que je me demande si je ne l'ai pas imaginé. Je poursuis tout de même.

— Eh bien, avec le mariage dans un mois, je réfléchissais aux vœux que je prononcerai et je me suis souvenue de la première fois où nous nous sommes dit « Je t'aime ». (Je souris.) Pardon d'être aussi fleur bleue devant toi, Courtney !, fais-je tout en posant une main possessive sur le bras de Max.

Courtney dissimule le début d'un froncement de sourcils en prenant une grande gorgée de son mojito.

Bon, manifestement, elle a déjà des sentiments. Mais qu'en est-il de mon fiancé ?

— Qu'en penses-tu ?, dis-je à Max. Je réserverai le même chalet ; tu te souviens, c'est celui qui avait la plus belle vue sur le lac ? Hmm, et ces délicieuses croquettes de crabe que nous avions mangées au restaurant !

— Bien sûr, me répond-il d'un ton évasif, avant de boire à grands traits son whisky.

Je me mords la langue afin de réprimer le sarcasme qui me vient à l'esprit : « Tu sembles être aussi enthousiaste que si tu allais passer sur le billard. » Je comprends alors qu'il me faudra plus d'une journée pour faire revenir Max à « notre » réalité et décide de changer de stratégie en me concentrant davantage sur Courtney.

— Et Courtney, où en es-tu avec James ?, lui fais-je, une fois nos entrées servies. Tu étais tout excitée par ce mec qui était à tomber, si je me souviens bien de ce que tu m'as dit. Vous ne deviez pas avoir votre troisième rendez-vous la semaine dernière ?

Je refuse de regarder Max, de crainte d'apercevoir de la jalousie dans ses yeux. Mais j'espère que cela lui fera comprendre que Courtney ne reste pas tranquillement chez elle tous les vendredis soir à faire du point de croix. Qu'elle voit activement d'autres hommes.

— Ce mec ? (Elle rit tout en jouant avec les feuilles de menthe au fond de son verre désormais vide.) Je m'étais vraiment trompée à son sujet ; j'ai découvert qu'il voyait, genre trois autres filles, alors qu'il m'avait dit vouloir une relation exclusive.

— Cela a dû te blesser. Être trahie comme ça..., dis-je tout en me demandant si elle percevra l'ironie de mes propos.

— Pas vraiment... Je ne le connaissais pas depuis longtemps. Il m'a rendu service en réalité ; c'en est fini pour moi de sortir avec des types que je rencontre au club de gym, dans un bar ou... (elle fronce le nez) sur les sites de rencontres. Ils sont tous pareils. J'ai décidé de me focaliser uniquement sur le travail. Ne dit-on pas qu'on trouve le bon quand on s'y attend le moins ?

Elle ricane et je ravale les mots au fond de ma gorge, ceux que j'aimerais lui – leur – crier à la figure. *Max n'est pas le bon pour toi. C'est le bon pour moi !* Mais, avant même que je n'aie le temps de secouer la tête, elle se penche en avant et questionne Max à propos d'une acquisition sur laquelle son entreprise travaille d'arrache-pied. J'ai soudain l'impression d'être la cinquième roue du carrosse en écoutant mon fiancé lui parler de l'endoprothèse dont ils cherchent à obtenir la licence auprès d'une petite société allemande. Courtney hoche vivement la tête tandis que Max explique que ce minuscule dispositif maillé, qui sert à soigner les artères rétrécies, s'est révélé très prometteur durant la troisième phase de tests et risque de révolutionner les angioplasties.

— Cela pourrait être un gros coup pour nous, déclare-t-il, avant de prendre un autre verre. Le prix de notre action pourrait exploser !

Je me rappelle vaguement les détails de la première fois où j'ai vécu ce moment, ayant décroché dès que Max avait commencé à décrire le processus étape par étape de la formation de la plaque artérielle, pour prêter davantage attention à mon compte Instagram. Cette fois-ci cependant, je m'efforce de garder les yeux ouverts avec curiosité, d'ignorer la sonnerie de mon téléphone et de tenter de faire jeu égal avec Courtney qui, à mon grand désarroi, paraît sincèrement intéressée.

Ce n'est pas que je juge le travail de Max ennuyeux, loin de là. Son esprit d'analyse est l'une des choses qui m'a séduite dès le début. Mais il y a trop de données médicales pour moi et Max plaisante souvent sur le fait que je préfère de loin débattre de *Pékin Express* et du joker que l'équipe des basketteurs aurait dû ou non utiliser pour stopper celle des divorcées. Lui ai-je donné le sentiment que son travail n'était pas important ? Que ses anecdotes n'étaient plus intéressantes ? Est-ce là où j'ai failli ?

Le reste de la soirée ressemble à un combat de boxe, avec Courtney et moi sur le ring, chacune essayant de remporter un round de « qui peut retenir le plus longtemps l'attention de Max ? ». S'il y avait eu un arbitre, je crois qu'il aurait déclaré Courtney vainqueur. Lorsque nous demandons l'addition deux heures plus tard, je suis tellement épuisée que j'ai l'impression d'avoir monté et descendu au pas de course les trois cent cinquante-quatre marches de la statue de la Liberté une bonne demi-douzaine de fois. Je m'effondre sur le lit aussitôt que nous rentrons à la maison et les trois mojitos que j'ai bus me plongent dans un sommeil rapide, mais agité.

Quand je me réveille quelques heures plus tard au beau milieu de la nuit, une question me tourmente toujours : sont-ils déjà amoureux ? Je ne parviens pas à déterminer si j'ai imaginé des choses au dîner parce que je suis au courant, ou si les différences subtiles de leur comportement sont bel et bien réelles. J'aperçois le téléphone portable de Max sur la commode, à côté de son portefeuille et de ses clés de voiture. Je pourrais le consulter, pour voir s'ils échangent des SMS ou des e-mails à propos d'autre chose que le dernier album de Hootie and the Blowfish.

Je me glisse hors du lit, marche sur la pointe des pieds et attrape le téléphone, me figeant sur place lorsque Max se retourne dans le lit. Une fois certaine qu'il dort toujours, je referme derrière moi la porte de la salle de bains, sans faire de bruit, toute tremblante.

Je pose prudemment le portable près du lavabo. Avant toute cette histoire, je n'aurais pas même jeté un coup d'œil à une seule ligne d'un e-mail qu'il aurait laissé ouvert sur son ordinateur, et me voilà maintenant prête à fouiller dans son téléphone. Cela ne me ressemble pas. Mais étant donné ce que je sais aujourd'hui, il est plus difficile de m'en dissuader que de ne pas ouvrir un deuxième paquet d'After Eight.

Alors que je suis sur le point de céder à la tentation, une femme avec laquelle Liam est brièvement sorti l'an passé me revient à l'esprit : elle avait de sérieux problèmes de jalousie et l'accusait constamment de voir d'autres femmes dans son dos (ce qui était vrai, mais, pour sa défense, il ne lui avait jamais dit que leur relation était exclusive). Dès qu'il parlait d'elle, il imitait la musique de la scène de la douche de *Psychose*. Quand je lui avais demandé pourquoi il restait avec cette femme, il m'avait répondu que le sexe était génial, même s'il se réjouissait de ne pas avoir de lapin qu'elle aurait pu passer à la marmite, comme dans le film *Liaison Fatale*. Leur relation avait brusquement pris fin quand elle s'était emparée de son téléphone. Bien qu'il ait veillé à tout supprimer, y compris les textos avec Julia et moi, elle avait utilisé la fonctionnalité de recherche pour accéder aux messages effacés. Un soir autour d'un verre, Liam nous avait raconté comment elle l'avait accusé d'avoir des plans à trois avec nous – ce que nous avions tous jugé extrêmement dégoûtant et incroyablement hilarant.

Je soupire et m'appuie contre la porte de la salle de bains. Je devrais simplement reposer le téléphone là où je l'ai trouvé et m'y prendre de manière classique : en me fiant à mon instinct plutôt que de la jouer *Liaison fatale*. Cependant, je sais uniquement comment cette histoire se termine, et non à quel chapitre nous en sommes. Avant que je ne puisse changer d'avis, j'active le mode recherche et tape le nom de Courtney. Le seul échange de textos entre eux date de ce soir, après notre départ du restaurant.

Courtney
Tu vas bien ? Tu ne m'as pas paru très en forme ce soir.

Max
Je vais bien.

Courtney
Ok. Je serai toujours là pour toi, ne l'oublie pas.

Max
Merci. Je pense simplement à beaucoup de choses en ce moment. Ça va aller.

Courtney
J'espère que Kate est consciente de la chance qu'elle a de t'avoir.

Je cherche une réponse de Max, mais il n'y en a pas. La colère me monte à la gorge et j'essaie de chasser de mon esprit l'image de Glenn Close brandissant un couteau de cuisine. Je réfléchis longuement : ai-je déjà donné l'impression à Courtney que Max faisait partie des meubles ? Qu'il n'était pas ma priorité absolue ? Mais, plus important encore, lui ai-je aussi donné cette impression à lui ?

— Il faut que je réagisse, me dis-je tout bas, avant de rouvrir la porte, de replacer le téléphone de Max sur la commode et d'attraper le mien. Tout de suite.

Je retourne me coucher, réconfortée par le bruit de la respiration de Max, me persuadant que j'agis pour notre bien à tous les deux. Il faut détourner l'attention de Courtney. Et j'en ai le pouvoir.

Je ravale mes larmes lorsque j'ouvre Facebook. J'ai toujours cru que Courtney était une véritable amie, en qui je pouvais avoir confiance pour tout. Désormais, je me dis qu'elle n'aurait jamais dû pouvoir accéder de la sorte à mes pensées intimes. À ma vie. À mon fiancé. Je ne peux pas la laisser faire un pas de plus vers la ligne qu'elle finira par franchir avec Max.

Je repense à cette soirée, à sa façon de me couper la parole quand j'avais voulu répéter une plaisanterie que m'avait racontée notre *wedding planner*, à sa façon de regarder Max à la dérobée, pensant que je ne la verrais pas. Puis, je me souviens d'une remarque qu'elle avait prononcée lorsque, il y a quelques mois, Max m'avait fait livrer au bureau des fraises enrobées de chocolat, avec le mot « Pour le plaisir » :

— Comment as-tu fait pour trouver un mec aussi génial ? (Elle avait soupiré en glissant la carte dans l'enveloppe.) J'espère que tu te rends compte de la chance que tu as !

Depuis quand complotait-elle pour me voler Max ?

Je rédige enfin un statut et mon index s'attarde au-dessus du bouton « Publier ». Puis, je ferme les yeux et appuie fermement dessus. Même si je suis quelque peu soulagée que Courtney ne lise jamais ce statut, puisqu'il disparaîtra comme tous les autres, mon cœur bat à tout rompre, car je viens de souhaiter ce qu'elle et moi redoutons le plus :

« Quel dommage que, malgré tous ses efforts, Courtney reste dans le collimateur de Magda. »

Chapitre 9

Le lendemain matin, je sens les draps encore chauds après que Max est parti courir, et je prie en silence pour que notre lit soit le seul dans lequel il se recouchera. Une centaine de fois au moins, j'ai envisagé de faire le vœu que Max soit éperdument amoureux de moi, qu'il ne doute pas le moindre instant que nous passerons le reste de notre vie ensemble, mais je refuse d'utiliser mon pouvoir pour le forcer à éprouver ce sentiment. Je veux que ce soit son cœur qui le guide sur cette voie. Si ce n'est pas sa décision, je m'interrogerai sans cesse : s'il avait eu le choix, aurais-je été l'élue ? Avec une douleur lancinante à la tête à cause des mojitos de la veille et de la découverte des messages échangés entre Courtney et lui, j'attrape mon ordinateur portable et me dirige vers la cuisine pour m'occuper des quelques tâches que j'ai délaissées depuis mon retour dans le passé. En quelques clics, je souhaite que la haute pile de vêtements à côté du lave-linge soit lavée, séchée, pliée et rangée ; que les habits qui nous attendent au pressing depuis une semaine soient récupérés ; que le duvet au-dessus de ma lèvre soit épilé (sans douleur et sans la rougeur embarrassante qui teinte ma peau claire des heures durant et qui hurle au monde entier : « Oui, je viens de me faire épiler la moustache, comment allez-vous ? »).

Alors que je déballe les chemises et pantalons de Max fraîchement repassés, à présent suspendus au dossier de la chaise à côté de moi, je me demande, ou plutôt je prends conscience que je suis trop frivole avec mes vœux et devrais sans doute aider mon prochain, et pas seulement Julia et moi. Je pourrais entendre ma mère me sermonner : « Pourquoi n'as-tu pas demandé un remède pour une maladie ou mis un terme à la faim dans le tiers-monde ? » Elle aurait raison. Pourquoi ne l'ai-je pas fait ?

Je songe à Noël dernier, quand cela m'avait procuré tant de joie de parrainer une famille dans le besoin, de passer des heures à choisir minutieusement leurs cadeaux et de les emballer joliment avec les plus beaux rubans que j'avais trouvés. Ou encore à cette fois où j'avais renoncé à assister au final en direct de *Koh-Lanta* pour rester à la maison et m'occuper de Max qui s'était bloqué le dos en jouant au football. Certes, il m'est arrivé d'oublier de remettre du papier toilette à plus d'une reprise, mais, sans conteste, j'ai toujours voulu bien agir envers autrui.

Comme en ce moment même. Tout excitée, je tape « Je n'en reviens pas qu'un remède contre le cancer ait été découvert. » Je me rends sur le site de CNN et m'attends à ce que cette nouvelle inonde la page d'accueil. Rien. Je fais un nouvel essai. Cette fois, je demande que plus personne ne meure de faim dans le monde. Mais là encore, rien. J'efface rapidement ces deux statuts avant d'être assaillie de questions. Je ne comprends pas. Je peux offrir un ventre plat à Julia et m'amuser avec les cheveux de Courtney, mais je ne peux pas empêcher la famine d'enfants en Afrique ? Pourquoi certains vœux se réalisent-ils et pas d'autres ?

Le bruit de la porte d'entrée me fait sursauter. J'entends Max entrer et je cache rapidement les vêtements du pressing dans le placard, n'étant pas prête à lui donner des explications mensongères. C'est pour cette même raison que je ne fais pas le vœu de gagner au Loto ou d'avoir une nouvelle voiture. Quand Max m'avait interrogée sur mon brushing instantané, j'avais compris combien il me serait difficile d'expliquer même la plus insignifiante des choses, d'autant plus que je n'ai jamais su très bien mentir.

— Comment tu vas ?, me demande-t-il avant de m'embrasser sur la joue et de sortir une brique de jus d'orange du réfrigérateur.

Il s'en verse un verre, puis s'appuie contre le mur pour le boire, ses quadriceps témoignant de la dizaine de marathons auxquels il a participé. C'est lui qui m'a initiée à la course à pied, bien que cela ne m'ait jamais autant passionnée que lui. Je ne cours qu'occasionnellement, d'ailleurs l'année dernière j'avais peiné à boucler la course de cinq kilomètres à laquelle je m'étais inscrite. Peut-être devrais-je être plus régulière ? Lui proposer de me coacher ?

— Ça va, et toi ? Tu as bien couru ?

— Très bien, me répond-il, tout en rinçant son verre dans l'évier avant de le placer dans le lave-vaisselle.

Tandis que j'observe Max mettre une pastille et lancer la machine, le texto de Courtney me traverse l'esprit pour la millième fois.

> « J'espère que Kate est consciente de la chance qu'elle a de t'avoir. »

Je dois le prouver à Max. Je dois lui montrer que je me soucie de son opinion et de ce qui est important à ses yeux. Peut-être est-ce cela qui le rapproche de Courtney ? Je repense aux questions précises qu'elle lui avait posées au sujet de son travail – des remarques pertinentes qui ne me seraient jamais venues à l'idée. Magda prétend toujours que Courtney et moi formons une bonne équipe, car Courtney a des troubles obsessionnels compulsifs et moi des troubles du déficit de l'attention. Curieusement, j'ai toujours eu une dynamique similaire avec Max : nos différences semblent gommer les défauts de l'autre. Mais je me demande à présent s'il désire quelqu'un qui lui ressemble davantage.

— Dis-moi, je pensais, à propos du mariage…

— Oh ? (Max sourit d'un air guogenard.) Je connais ce regard, déclare-t-il, tout en s'approchant de moi. Qu'y a-t-il ? Tu veux encore modifier la couleur des fleurs ?

— Non ! J'ai vraiment l'impression d'être frivole quand tu dis cela, lui réponds-je dans l'espoir qu'il me contredise.

Au lieu de cela, il sort un pot de fromage blanc du réfrigérateur et s'en verse dans un bol. Je passe outre son approbation implicite et poursuis :

— Enfin bref, je ne pensais pas aux gerberas, patate ! Je pensais à toi. J'ai le sentiment d'avoir préparé tout cela sans toi, alors que c'est quelque chose que nous devrions faire ensemble. Je veux que ce soit *notre* journée, et pas uniquement la mienne.

Max m'adresse un petit sourire.

— Mais c'est notre journée. Et cela me convient que tu aies pris les rênes. Tu sais ce dont tu as envie et je veux que tu l'obtiennes. Je veux que tu sois heureuse.

— Très bien. Alors tu sais ce qui me rendrait heureuse ? (Je continue avant qu'il n'ait le temps de répondre.) Appelons Stella pour lui dire de tout oublier et repartons de zéro. Préparons cette fête à deux.

— Est-ce que tu te sens bien ? L'autre jour, tu fais ce rêve insensé et, maintenant, tu veux abandonner tout ce que tu as imaginé depuis un an pour tout recommencer ? Alors qu'il ne reste que… (il consulte son téléphone) vingt-sept jours ? D'ailleurs, est-ce encore possible ?

Oui, tout est possible quand le reste de ma vie en dépend.

— Ne t'en fais pas. Décris-moi simplement comment tu verrais les choses si tout ne tenait qu'à toi. (Je m'approche de lui et l'embrasse dans le cou.) Parce que vos désirs sont des ordres, lui dis-je tout en souriant, Max ne soupçonnant aucunement à quel point cette phrase est vraie.

— Tu veux réellement savoir ?, m'interroge-t-il en fronçant légèrement les sourcils et en étudiant mon visage.

— Oui.

L'excitation monte en moi devant son regard qui s'anime.

— Très bien. Alors voilà : je ne veux pas porter de costume. Ni que mes témoins en portent d'ailleurs. C'est trop guindé pour Hawaï. Soyons décontractés. Nous pourrions même être en tongs.

Oh, catastrophe !

— D'accord, lui fais-je, tout en me forçant à hocher la tête.

— Laissons tomber aussi le dîner pompeux la veille sur le toit ; faisons plutôt griller un cochon autour de quelques jongleurs de feu. Ce sera beaucoup mieux en plus pour le porte-monnaie de mes parents.

Je me rappelle maintenant pourquoi je ne lui ai pas demandé de s'investir davantage.

— Super, lui dis-je avec le sourire.

— Sérieusement ?, s'étonne-t-il en plissant les yeux.

— Sérieusement, réponds-je d'un ton ferme.

Si acheter des pantalons en lin et faire griller un cochon me permet de récupérer mon homme, alors qu'il en soit ainsi !

***

Plus tard dans la matinée, je quitte à toute hâte mon appartement, craignant d'arriver en retard à mon rendez-vous avec Magda. Alors que je cherche mes lunettes de soleil dans le fouillis de mon sac, je manque de heurter la livreuse d'UPS. Je me penche pour ramasser les colis tombés à terre et aperçois le nom d'une enseigne d'ameublement. *Nos cadeaux de mariage arrivent !* Je croise le regard de la livreuse en me redressant. J'ai l'impression de la connaître, ses boucles caramel chatoyantes dans la lumière du matin m'évoquent quelqu'un. Je suis toutefois certaine qu'elle ne nous a jamais rien livré.

— Tom est malade ?, lui dis-je tout en tentant de la resituer.

Je coince maladroitement un colis particulièrement lourd contre ma poitrine. *S'agirait-il de la sorbetière que je suis impatiente de tester ?*

— En quelque sorte, me répond-elle de manière énigmatique, alors qu'elle replace les colis dans ses bras.

— Attendez ! Je sais. Vous travaillez chez *Starbucks*, non ? Vous vous souvenez de moi ?

Elle lève le menton en ma direction.

— Comment pourrais-je oublier votre long soupir, Kate ? (Quelque chose dans sa façon de prononcer mon prénom me saisit.) En réalité, ajoute-t-elle, non seulement je vous ai préparé un délicieux café-crème, mais je vous ai aussi offert le pouvoir de changer votre vie.

Je fais un pas en arrière et trébuche contre un colis que je n'avais pas remarqué à mes pieds. Cette inconnue me rattrape par le coude.

— Co... Comment..., dis-je en balbutiant. Comment savez-vous cela ?

Je parle tout bas et jette un coup d'œil vers ma porte d'entrée, pour m'assurer que Max ne nous entend pas. Je serais incapable d'inventer une histoire plausible pour justifier ma conversation animée avec la livreuse UPS.

Elle me sourit, révélant ainsi ses dents du bonheur.

— Vous tombez sur la personne qui détient la clé de toutes vos interrogations, et c'est cela que vous voulez savoir ?

Elle penche la tête en arrière et éclate de rire, avant de regarder sa montre et de se rediriger vers sa camionnette.

— Attendez !, lui dis-je en criant. J'ai une meilleure question. Pourquoi moi ?

— Vous aviez besoin d'aide, me répond-elle simplement alors qu'elle saute dans l'habitacle. (Elle attrape la ceinture de sécurité tout en me tendant un PDA.) Je vais avoir besoin de votre signature, juste ici, me demande-t-elle avec un clin d'œil.

Je griffonne ma signature.

— Pourquoi certains vœux sont-ils exaucés et pas d'autres ?

Elle me sourit gentiment.

— Vous voulez instaurer la paix dans le monde ? (J'acquiesce d'un hochement de tête.) Il y a une chose que vous devez comprendre, Kate. Tous vos vœux doivent avoir un rapport avec vous et votre voyage dans le temps. Inutile par conséquent de souhaiter un remède contre le cancer ou la fin de la pauvreté, quand bien même cela serait merveilleux, m'explique-t-elle, avant de démarrer bruyamment le moteur. Rappelez-vous que chacun de vos choix a des conséquences, hurle-t-elle par-dessus le bruit de la camionnette. Donc soyez prudente.

— Que voulez-vous dire ?

— Vous verrez, me rétorque-t-elle mystérieusement, tout en donnant une tape sur sa montre. Je dois filer. Ces colis ne vont pas se livrer tout seuls !

— Attendez ! (Je désire à tout prix qu'elle reste quelques minutes de plus.) Comment vous appelez-vous ? Et comment puis-je vous retrouver ?

— Je m'appelle Ruby. Ne vous inquiétez pas, c'est moi qui vous retrouverai, déclare-t-elle avant de s'engager dans la rue, les gaz d'échappement me faisant tousser alors qu'elle s'éloigne rapidement.

***

— Entrez et fermez la porte derrière vous, m'ordonne Magda dès que j'arrive au bureau, encore désarçonnée par ma rencontre avec Ruby.

— Bonjour, lui dis-je avec le sourire. J'adore votre collier.

Mensonge : les breloques sont bien trop grosses pour son cou frêle. Mais la flatterie fait son petit effet sur Magda.

— Merci, me répond-elle brusquement, puis elle m'indique d'un geste de la main un fauteuil en cuir blanc devant son bureau. Asseyez-vous.

— Qu'y a-t-il ?, fais-je d'un ton désinvolte, tout en essuyant mes mains moites sur le fauteuil.

Je me demande pourquoi elle m'a appelée chez moi pour me convoquer et je prie pour qu'elle s'emporte, comme à son habitude, parce que je n'ai pas utilisé la bonne police dans une publicité ou qu'elle n'a pas aimé la tenue du mannequin dans les épreuves qu'elle a contrôlées.

— J'ai de gros soucis avec Courtney, m'annonce Magda sans détour.

Je retiens ma respiration pendant qu'elle m'énumère toute une série d'erreurs commises, d'après elle, par Courtney. Elle m'explique qu'à son réveil ce matin, le souci du détail et la conscience professionnelle de Courtney lui sont apparus sous un tout autre jour. Tout ce que décrit Magda ne ressemble en rien à la Courtney qui est ma collègue depuis cinq ans ; c'est peut-être le genre de femme à vous voler votre fiancé, mais au travail, elle respecte toujours les règles. Elle se démène pour que tout soit parfait.

Mon premier réflexe est de prendre sa défense, puis je me rappelle que c'est moi qui ai souhaité cela. Peut-être que faire face à des difficultés professionnelles est tout bonnement ce dont Courtney a besoin. Elle a passé bien trop de temps à se focaliser sur Max ; il faut qu'elle s'investisse davantage dans son travail. Et s'il y avait bien une chose qui retiendrait toute l'attention de Courtney, ce serait de satisfaire Magda.

Je hoche la tête pendant que Magda m'explique qu'après notre rendez-vous, elle fera part à Courtney de sa déception et modifiera ses responsabilités le temps qu'elle fasse à nouveau ses preuves pour gérer un client important.

— Cela veut dire que vous m'en informez avant elle ? Pourquoi ?

— Parce que je veux que vous repreniez le dossier Calvin Klein.

Ma gorge se noue. Courtney avait travaillé pendant presque un an pour décrocher ce contrat. Elle avait séduit ces clients potentiels à force de somptueux dîners au restaurant. Cela allait l'anéantir ; eux aussi sans doute. Ils l'adorent. La partie de moi qui sait combien ce métier est difficile, qui connaît l'importance d'un client tel que Calvin Klein sur un CV veut protester. Puis, je pense à Max, à Courtney qui a fait semblant d'être mon amie jusqu'au bout, m'envoyant même un texto la veille de mon mariage pour me confier qu'elle était impatiente de me voir. Alors qu'elle savait très bien ce qui m'attendait. Non, elle ne mérite pas ma sympathie. Peut-être est-il temps pour elle aussi de perdre quelque chose qui lui est cher.

Chapitre 10

« Oups, j'ai encore fait une bêtise. #Récidiviste »

Je me précipite dans mon bureau et ferme la porte derrière moi, craignant de croiser Courtney, car je ne saurais pas quoi lui dire. « Euh, désolée, j'ai fait le vœu que tu sois rétrogradée » ne ferait sans doute pas l'affaire. Je me déteste pour m'être abaissée à son niveau. Julia ne cesse de me citer le proverbe « Œil pour œil, dent pour dent », mais cela n'a jamais été ma vision des choses. Je préfère écouter le conseil de ma grand-mère : toujours emprunter la voie de la sagesse. Enfin, jusqu'à maintenant. À l'heure qu'il est, je m'engouffre à deux cent cinquante kilomètres par heure sur la voie de la bassesse.

J'ôte mes escarpins qui me font déjà souffrir (note pour plus tard : souhaiter de magnifiques talons aiguilles de dix centimètres qui ne font jamais mal... Cela n'a rien de frivole de désirer des chaussures à la fois confortables et sexy). Tandis que je me plonge dans la montagne de dossiers empilés sur mon bureau, une notification m'indique que j'ai reçu un e-mail de ma mère. Je grimace en apercevant son nom : que peut-elle bien vouloir après la discussion marathon que nous avons eue ce matin ? Même si, pour sa défense, elle peut prétexter que je n'ai écouté que d'une oreille (une avalanche de questions fusait dans mon esprit concernant la seule personne qui semblait détenir la clé du mystère autour de mes vœux).

Ma mère m'avait téléphoné alors que j'étais en route pour le bureau et j'avais décroché sans réfléchir. Mes épaules s'étaient immédiatement contractées au son de sa voix. Non pas que je n'avais pas envie de lui parler, mais je n'étais pas prête pour cette conversation ce matin. Elle m'avait déjà laissé une demi-douzaine de messages en moins de deux jours et, avant même que je ne puisse prononcer les mots « Comment vas-tu ? », elle s'était lancée dans une tirade sur à peu près tout, depuis son refus de loger à l'hôtel au même étage que mon père et « sa bourgeoise », jusqu'au cadeau de mariage qu'ils m'offriraient (elle espérait qu'ils ne s'écarteraient pas de la liste, ce serait « elle tout craché »).

Je suis consciente que, si ma mère radote ainsi, c'est simplement afin d'évacuer le stress que cela représente pour elle de passer plusieurs jours en compagnie des personnes mêmes qu'elle évite depuis des années. Je sais bien que les mariages génèrent souvent autant de drames familiaux que de bonheur, mais j'ai besoin qu'elle arrête. Car plus je l'écoute discourir, plus je m'inquiète pour mon avenir avec Max. Même si je parvenais à redresser la barre avec lui, finirait-il malgré tout par me quitter comme mon père avait quitté ma mère ? Serais-je alors pleine de ressentiment des années durant, pour ne pas avoir accepté qu'il ait des doutes au sujet de notre couple ?

À mon grand soulagement, ma mère m'envoie en réalité des liens vers plusieurs tenues qu'elle a repérées pour elle pour le mariage ; je les consulte rapidement et sélectionne ma préférée, avant de lui proposer de nous retrouver prochainement autour d'un petit déjeuner. Bien résolue à aborder délicatement avec elle le sujet des hommes. *Elle a besoin d'un homme.*

Une heure plus tard, j'ai à peine progressé dans la pile de communiqués de presse à valider lorsque je reçois un message de Liam sur mon portable.

« Un thaï ce soir ? »

Je lui réponds sans hésitation :

« Carrément ! »

Puis, je lui envoie aussitôt un autre message :

« À notre adresse habituelle ?
— Oui ! 18 h ?
— Parfait ! J'ai hâte de savourer un bouillon épicé et d'entendre l'Elvis thaï ! »

Je ris dans ma barbe lorsque j'envoie ce dernier texto, en songeant au sosie d'Elvis qui se produit dans notre restaurant thaï préféré. Je sais que je peux compter sur son irréprochable interprétation de *Hound Dog* pour insuffler un peu de légèreté à ma journée.

Alors que je fredonne l'air, je me raidis quand on frappe à ma porte, car je sais déjà que c'est elle.

— Entrez.

— Salut, me lance Courtney en ouvrant la porte, les yeux inondés de larmes.

— Salut, lui réponds-je en tentant de poser ma voix chevrotante.

— J'imagine que tout cela est à toi maintenant.

Elle porte un grand carton qu'elle dépose devant mon bureau. Je tressaille quand il heurte le sol.

— Je ne sais pas quoi dire…

— Sais-tu, toi, pourquoi elle me fait cela ?, me demande-t-elle en s'affalant dans mon canapé. Cela paraît tellement inattendu. D'après elle, je n'ai pas été à la hauteur et j'aurais commis des erreurs ; quand je lui ai demandé des exemples, elle m'en a cité des dizaines. Mais, Kate, je ne me rappelle pas avoir fait une seule de ces choses !

Ses yeux s'embuent à nouveau de larmes.

— Tu sais bien que, quand Magda a une idée en tête, c'est difficile de lui faire changer d'avis. Cela lui passera, lui dis-je, tout en cherchant à m'en tenir à des affirmations véridiques – je déteste devoir mentir encore plus que je ne l'ai déjà fait.

— Tu te sens capable au moins de gérer tout cela avec le mariage qui approche ? Il reste beaucoup à faire avec Calvin Klein.

Fort heureusement, j'ai déjà vécu ce mois. Je connais la coquille embarrassante qui nous a échappée dans le communiqué de presse du domaine viticole ; j'ai une solution pour rattraper l'énorme impair commis auprès des dirigeants d'une chaîne de supermarchés, et je nous épargnerai la colère de Magda en ne nous laissant pas saboter comme la dernière fois notre présentation pour la marque de vodka prometteuse.

J'acquiesce d'un signe de tête.

— Que vas-tu faire maintenant ?

— De l'archivage, des photocopies et répondre au téléphone ! Elle me traite comme une stagiaire. Pourquoi ne me vire-t-elle pas, tout simplement ?

Parce que je n'ai pas eu le cran de le souhaiter.

— Un retour aux bases n'est peut-être pas une si mauvaise chose ?

Parce que je veux que tu passes du temps à la reprographie, et non avec mon fiancé.

— Peut-être.

Elle ne va pas jusqu'au bout de sa pensée et j'aperçois cette lueur familière dans son regard, signe qu'elle envisage un point de vue différent du sien. Cette qualité lui a permis de conquérir plus d'un client, consentant des compromis sans pour autant perdre l'ascendant. Je lui envie ce trait de caractère ; je peux souvent être obstinée et ne pas envisager le long terme.

— Je pourrais en profiter pour faire une pause, ajoute-t-elle. J'ai pensé à beaucoup de choses ces derniers temps.

— Ah bon ? Est-ce que tu as envie d'en parler ?, lui dis-je d'un ton léger.

— Non, je te remercie.

Elle fronce les sourcils et se dirige à grands pas vers la porte, sa nouvelle coupe de cheveux la faisant paraître plus grande et plus fine encore.

— Tu sais que *je serai toujours là pour toi* si tu as besoin, lui fais-je, tout en me demandant si elle remarquera que ce sont précisément les mots qu'elle a écrits à Max.

***

J'entre chez *Palms Thaï* peu avant dix-huit heures et repère aussitôt Liam installé à l'une des grandes tables en bois au fond du restaurant. Il brandit une bouteille de Singha et m'adresse un sourire. Je traverse la salle pratiquement au pas de course, à la fois excitée de le retrouver et impatiente de boire un verre après ce qui m'a semblé être la journée la plus longue de ma vie. Je me glisse sur une chaise à côté de lui sans dire un mot et pose ma tête contre son épaule, tandis qu'il passe son bras autour de moi.

— Salut, dit-il en m'embrassant dans les cheveux.

— Salut, lui réponds-je avant de boire d'un trait la moitié de sa bière.

— Dure journée ?, me demande-t-il en souriant, puis il fait signe à la serveuse de nous apporter deux autres bières.

— Tu n'as pas idée, lui fais-je en soupirant.

— Que se passe-t-il ? Tu as une tête de déterrée !

— Merci… (Je ris et m'empare du menu, Liam m'observant d'un air amusé.) Tu ne me croirais pas.

— Raconte toujours, réplique-t-il en se penchant en avant.

— Il va me falloir avant cela une bière et des raviolis frits, dis-je au moment même où un serveur passe avec un plateau rempli de poulet rôti et de *pad thaï*, dont l'odeur prononcée fait gargouiller mon estomac.

Une fois nos entrées commandées, Liam m'annonce qu'il vient de rencontrer une fille, « brune avec des jambes de rêve », la décrit-il tout en ouvrant les bras, et je revois la femme qui l'accompagnait à mon mariage.

— Des lèvres pulpeuses, un teint de porcelaine et une taille de guêpe ?

— Comment le sais-tu ? Tu ne la connais pas.

Il plisse le front.

— Si... Angie, c'est ça ? Sympa, mais pas très bavarde. Tu es venue avec elle à mon mariage.

— Qu'est-ce que tu racontes ? Tu n'es pas encore mariée.

— Oui, tu as en partie raison. En réalité, je ne me marie pas du tout. Enfin, pas du premier coup en tout cas.

La serveuse nous apporte nos bières et nos raviolis. J'en plonge un dans la sauce aigre-douce, tandis que Liam me fixe, les sourcils froncés.

— Ok, il va falloir que tu parles un peu plus lentement pour le crétin que je suis, car je ne te suis pas du tout, me suggère-t-il en imitant un accent campagnard.

— Cela fait partie de l'histoire que tu ne croiras jamais.

Je bois une gorgée de bière.

— D'accord. Cela devient bizarre. Explique-toi, m'ordonne-t-il en pointant du doigt ma bouche pendant que j'avale une autre bouchée.

Je lui raconte toute mon histoire et il me dévisage une minute entière, sans prononcer un mot.

— Tu me fais marcher ?, me demande-t-il enfin.

— Non et, crois-moi, je préférerais.

Le sosie d'Elvis se pavane sur scène dans une combinaison-pantalon blanche, moulante et incrustée de strass.

— Est-ce que Julia est au courant ? (Je lui réponds oui d'un signe de tête.) Et ?

— Elle me croit. (Je fourre le dernier ravioli dans ma bouche.) Elle était certes un peu sceptique au départ, mais je lui ai souhaité un relooking et... L'as-tu vue récemment ?

— Mais Julia n'a pas du tout besoin d'un relooking, s'indigne Liam d'un ton protecteur.

— Je suis d'accord ! Ce n'était trois fois rien. Mais il y a certaines choses qui ont besoin d'être un peu raffermies après une grossesse, dis-je en souriant.

— Je ne veux rien entendre ! Je la considère comme ma sœur et je refuse de penser à elle toute nue !, s'exclame-t-il en fermant les yeux comme pour chasser l'image qui lui vient à l'esprit.

Je repense à une soirée à l'université où Liam et moi étions rentrés d'une fête en titubant. Il m'avait raccompagnée jusqu'à ma cité universitaire et j'avais trébuché. Il avait alors tenté de me rattraper par le bras et nous avions failli tomber ensemble dans un parterre de rosiers. Lors de cette scène digne d'une comédie romantique, nous nous étions regardés avec ivresse, les yeux dans les yeux, puis il s'était penché pour m'embrasser.

— Stop ! Tu es comme un frère pour moi, espèce d'idiot !, avais-je protesté, en lui donnant une tape affectueuse sur le torse.

— Je sais comment tu peux me convaincre !, me lance Liam, qui n'a quasiment pas changé depuis l'université, avec ses cheveux châtains touffus qui auraient toujours besoin d'une coupe. Seules quelques rides supplémentaires cernent ses yeux. Et si tu me donnais les chiffres du Loto de demain ? Ou mieux encore, le vainqueur de la finale de la NBA ? Je miserai un peu d'argent dessus.

Face à l'expression dubitative de Liam, je me sens un peu désemparée et voûte le dos. C'est un sceptique invétéré qui est toujours le premier à chercher la faille d'une histoire. Il ne sera pas aussi facile à convaincre que Julia.

— Oublie. Je te laisserai juger par toi-même quand il me quittera la veille du mariage.

Mes joues sont humides à cause des larmes qui attendaient de couler sans que je ne m'en rende compte. Je les essuie d'un revers de main, mais elles ne cessent de revenir.

— Hé, ne pleure pas. C'est bon. Jure-le sur la tête de l'Elvis thaï et je te croirai.

Ses lèvres commencent à esquisser un sourire et je sais que nous pensons tous les deux à notre dernière venue ici, lorsqu'Elvis m'avait fait monter sur scène pour chanter quelques paroles de *Jailhouse Rock*. Liam avait tellement ri qu'il en avait recraché sa bière.

— Tu es dur. (Je lève la main droite.) Très bien, je le jure sur sa banane.

Liam me prend dans ses bras.

— Je n'en reviens pas que Max s'apprête à faire cela. Quel connard !

— C'est exactement ce que tu as dit, juste après. Tu étais super en colère contre lui ! (Il me regarde comme s'il voulait en dire plus, mais s'abstient.) Donc tu me crois vraiment ?

Il pousse un long soupir.

— Je crois ce que, toi, tu crois, me répond-il prudemment, en m'étreignant toujours fermement.

Je décolle ma tête de son torse.

— Je peux te le prouver.

— C'est bon, déclare Liam en secouant la tête, tu n'as pas besoin de me prouver quoi que ce soit.

Mais j'y tiens. Liam a toujours été mon roc ; il m'a toujours comprise sans aucune explication ou justification. Je serai incapable de revivre ce mois s'il se plie à mes caprices, hoche la tête quand j'ai besoin de son soutien, mais lève les yeux au ciel dès que j'ai le dos tourné. Je veux qu'il soit pleinement convaincu, comme Julia. Je sors mon téléphone de mon sac à main.

— Alors, cette nouvelle copine, Angie ? Elle te plaît ?

Il marque une pause avant de répondre.

— Ça va. Pour l'instant, précise-t-il avant de se pencher en avant. Mais elle n'apprécie pas les « bons restaurants » comme celui-ci, ajoute-t-il d'un ton sarcastique, en faisant tinter sa bouteille de bière contre la mienne. Et cela pourrait être un motif de rupture.

Je secoue la tête. Du Liam tout craché. Il trouve toujours un petit défaut aux filles qu'il fréquente pour les quitter. Il y a eu Andrea qui aimait les chats, mais pas les chiens. Puis Emily, qui aimait les chiens, mais pas les chats. Et comment oublier Hailey, qui était allergique aux deux ? J'en suis arrivée à croire que c'est Liam qui est allergique aux relations sérieuses. Je m'interroge souvent sur sa réticence à se laisser aller à l'amour.

— Que penses-tu de Nikki Day ?

Je fais allusion à l'actrice dont Liam s'était entiché depuis qu'ils avaient tourné ensemble une publicité pour des flocons d'avoine. Ils jouaient le rôle des parents d'un petit garçon qui piquait une crise s'il ne mangeait pas de céréales très sucrées au petit déjeuner. Enfin, jusqu'à ce qu'il goûte Flocomômes et « oublie » son addiction au fructose. Nikki, qui venait de décrocher le rôle d'une blonde intelligente dans une sitcom décrite comme le nouveau *Big Bang Theory*, avait récemment figuré dans la liste d'un magazine répertoriant les « trente moins de trente à suivre ». La veille de mon mariage, j'avais dû arracher la revue des mains de Liam à la piscine, tout en agitant mon index sous son nez, pendant qu'Angie somnolait à ses côtés.

Liam porte sa main à son cœur avec emphase.

— Eh bien, quoi Nikki ?

— Ça te plairait que je joue les entremetteuses ?, lui dis-je, un sourire aux lèvres.

— Tu sous-entends que tu pourrais faire le vœu qu'elle sorte avec moi ? Arrête ! Son dernier petit ami faisait partie de l'équipe olympique de natation ! Après ce genre de type, elle sortirait avec moi ? Je sais que je suis un apollon, mais elle m'a à peine dit bonjour lors du tournage de cette pub. Et maintenant, ce serait ma petite amie ?

— Pas ta petite amie, mais ton rencard. Mon vœu, ce serait qu'elle accepte un rendez-vous avec toi ; ensuite, à toi de jouer pour que le « charme Liam » opère, lui dis-je, convaincue qu'il n'est pas juste de forcer les sentiments de qui que ce soit. (Liam lève les yeux au ciel.) Écoute, je sais que je passe pour une foldingue, mais crois-tu réellement que je pourrais inventer toute cette histoire ? Et si oui, dans quel but ?

— Tu es dans la pub, ce n'est pas ce à quoi se résume ton métier ?, raille-t-il.

— Tu veux avoir une chance avec Nikki Day ou pas ?

— D'accord. Vas-y.

J'ouvre Facebook sur mon téléphone et tape :

> « J'hallucine ! Êtes-vous au courant que Liam a un rendez-vous avec Nikki Day ? »

Je me tourne pour qu'il voie l'écran.

— Tu te sens capable de gérer cette situation ?

Je prie pour que ma requête soit prise en considération, même si, techniquement, elle ne m'est pas destinée. Cela a fonctionné pour Julia et j'ai un fort pressentiment qu'on m'accordera celle-là également ; il s'agit de mes meilleurs amis et ce qu'ils vivent a aussi un impact sur moi.

Liam me prend le téléphone des mains.

— Donc, tu dis que cela va se produire ? (Il montre du doigt le statut que je viens de rédiger.) Dès que tu publies le message, hop, je sors avec l'actrice la plus sexy de la planète ?

Il a un petit rire nerveux.

— Si tu penses que je raconte n'importe quoi, alors qu'as-tu à perdre ?

Liam me fixe durant une minute, puis finit par cliquer sur « Publier ».

— Pourquoi pas après tout ? Testons ce machin, déclare-t-il, au moment même où l'Elvis thaï entonne à tue-tête *Love Me Tender*.

Chapitre 11

— Je préfère le vert, dis-je tout en déployant en éventail sur la table de conférence l'assortiment de slips fluo pour hommes de Calvin Klein.

Je tente de ne pas prêter attention à Courtney – le nez collé à son téléphone portable –, dont les lèvres brillantes font la moue. Elle n'écoute que d'une oreille Magda et moi qui débattons de la couleur de sous-vêtements que le mannequin devrait porter pour les affiches publicitaires. D'après Magda, le rose ressortirait mieux sur le fond noir et blanc, tandis que je lui fais remarquer qu'une autre marque vient de choisir une couleur similaire pour des encarts. Les assistants et les stagiaires nous observent échanger nos arguments comme s'il s'agissait d'un match de tennis. Pendant que Magda explique à grands cris que le rose est tendance cette année, je ne parviens pas à détourner le regard de Courtney, dont l'insubordination me surprend. Si Magda m'avait rétrogradée, je ferais tout mon possible pour reconquérir ses faveurs, y compris les tâches dignes d'un assistant qu'elle lui a confiées. J'aurais cru que la réaction de Courtney aurait été de se jeter à corps perdu dans son travail et de se démener pour retrouver sa place. Au lieu de cela, elle semble avoir renoncé, se comportant comme une élève de terminale qui s'imagine déjà très loin sur un campus universitaire.

Le portable de Courtney vibre et un sourire espiègle naît sur ses lèvres lorsqu'elle lit le message. Ses joues s'empourprent et je sens une brûlure dans ma poitrine : *échange-t-elle des textos avec Max ?*

— Courtney, qu'en penses-tu ?, lui fais-je soudainement, tout en attrapant les slips pour les lui agiter sous le nez.

Le silence s'abat sur la salle de réunion. Tous les collaborateurs tournent rapidement la tête, curieux sans doute de sa réponse, puisque l'annonce de sa « réaffectation » s'était très vite propagée dans l'entreprise et une foule de rumeurs circulait sur ce qui s'était réellement passé entre Magda et Courtney (ma préférée étant celle d'une liaison secrète lesbienne).

Courtney me dévisage un instant et jette à peine un coup d'œil aux sous-vêtements.

— Peu importe, finit-elle par répondre, ignorant le regard noir de Magda de l'autre côté de la table. C'est toi qui es aux commandes à présent. Fais ce que tu veux.

Elle plisse les yeux et ajoute à voix basse :

— Chef.

— Très bien, alors, dis-je en bredouillant. Proposons au client de réaliser quelques prises d'essai avant de prendre une décision définitive.

Magda se pince les lèvres, puis esquisse un petit et rapide hochement de tête (ce qui a valeur d'un oui chez elle), au moment même où Courtney étouffe un rire après une nouvelle vibration de son téléphone. Alors que tout le monde se lève pour quitter la salle, des idées me traversent l'esprit avec frénésie. J'imagine les textos que Max et elle pourraient échanger. Ils plaisanteraient sur le concert de Soul Asylum auxquels ils assisteront ce soir à la salle *El Portal*, dans le quartier de North Hollywood. Ils s'enverraient tour à tour des messages comme :

> « Tu crois qu'ils vont jouer *Somebody to shove* ?
> — Je n'en sais rien, mais je les sifflerai s'ils ne le font pas ! ☺ »

Un frisson involontaire parcourt mon bras lorsque je me rappelle les doutes que j'avais eus à leur sujet un soir où Max était venu se coucher en titubant, ivre – ce sentiment que j'avais enfoui et qui, à présent, cherchait à rejaillir avec la puissance d'un geyser. Même après cet accès de jalousie, je n'avais jamais pensé que Courtney puisse être attirée par Max. Bien qu'il soit en toute objectivité séduisant, il ne ressemble en rien aux hommes qu'elle fréquente, avec leurs abdominaux sculptés et leurs allures de jeune premier. Max est davantage un Monsieur Tout-le-monde mignon qu'un beau gosse de cinéma. En outre, elle a toujours juré que pour rien au monde, elle ne sortirait avec un homme de moins d'un mètre quatre-vingts, alors que Max mesure tout juste un mètre soixante-quinze. Jamais je n'aurais cru, même dans mes rêves les plus fous, qu'il se retrouverait sur son radar.

Hier soir, après que Max s'était endormi, j'étais restée éveillée tard, à parcourir de vieilles photographies et des souvenirs de moments passés ensemble. En fouillant dans la boîte en plastique, j'étais tombée sur des billets de concerts auxquels nous avions assisté. J'avais caressé du doigt un billet des Jesus Jones, qui m'avait rappelé l'un de nos premiers rendez-vous. Pendant que nous nous régalions de calamars, j'avais demandé à Max de me raconter quelque chose sur lui que je ne savais pas.

— C'est facile ! Je suis un très grand fan des vieux groupes, en particulier ceux des années 1990. J'adore aller les voir en concert.

— Comme Pearl Jam ?

— Oui. Enfin, ils ne font pas partie de mes dix groupes préférés, mais c'est l'idée.

Pas dans ses dix groupes préférés ? Qui y était alors ?, m'étais-je interrogée.

J'ai toujours soutenu qu'il était bon pour notre couple d'avoir des centres d'intérêt distincts. Je suis une grande lectrice et j'adore me rendre à des séances de dédicaces. Un jour, Max m'avait accompagnée. Il avait patiemment fait la queue avec moi durant trois quarts d'heure pour que je fasse signer mon exemplaire tout écorné. Il ne s'était même pas plaint d'être le seul être humain de la salle avec un chromosome Y. Néanmoins, j'avais bien remarqué son sourire forcé quand je lui avais demandé s'il passait un bon moment, ainsi que ses coups d'œil peu discrets vers le site d'informations sportives ouvert sur son téléphone pendant que l'écrivain lisait un extrait de son roman.

***

Je prends les billets pour le concert de Soul Asylum – j'avais « souhaité » sur Facebook, un peu plus tôt, des places pour le premier rang. Je souris, convaincue que cette soirée sera décisive. Ruby avait fait une brève apparition au restaurant thaï l'autre soir, pour débarrasser notre table, lorsque Liam s'était absenté aux toilettes. Tout en posant nos assiettes et bouteilles de bière vides sur son plateau, elle m'avait avertie d'un ton sévère que mes vœux n'étaient pas illimités. Elle avait fait un signe de tête en direction de Liam qui revenait vers nous.

— Faites attention à vos vœux à partir de maintenant, car vous n'en aurez bientôt plus.

— Quand ?, lui avais-je crié, mais elle s'était éclipsée dans les cuisines sans même se retourner.

Malgré le nombre limité de mes souhaits, j'avais décidé que cette soirée serait cruciale pour que Max et moi nous retrouvions – à cause notamment du sourire mièvre accroché à son visage quand il était rentré du dernier concert où il s'était rendu avec Courtney. De plus, la musique étant l'une de ses grandes passions, c'est moi qui devrais la partager avec lui. J'espère donc que je regagnerai ce soir ma place à ses côtés devant la scène, mais aussi dans son cœur.

Alors que je glisse les billets dans mon fourre-tout, je pousse un soupir victorieux en me remémorant l'expression de Courtney lorsque je lui avais annoncé nonchalamment, en sortant de la réunion Calvin Klein, que je viendrais avec Max et elle au concert.

— On serait ravi que tu nous accompagnes, m'avait-elle répondu, avec un sourire gentil. Mais il n'y a plus de places. La prochaine fois peut-être ?

C'est cela, oui ! Parce que tu espères qu'il n'y aura pas de prochaine fois, que d'ici là tu seras sa partenaire attitrée.

— J'ai dégotté cinq places au premier rang, m'étais-je exclamée (j'avais supplié Julia et Liam de venir en renfort et tous deux m'avaient répondu que je leur devrais une fière chandelle).

En une fraction de seconde, Courtney avait réprimé son froncement de sourcils pour se forcer à sourire.

— Génial !, avait-elle déclaré lentement. Mais je croyais que tu détestais Soul Asylum. Qu'est-ce que tu as dit, déjà, quand tu as appris que Max et moi allions les voir ? Que cela t'écorcherait les oreilles si tu te trouvais dans un rayon de moins de quinze kilomètres autour de la salle ?

J'avais haussé les épaules.

— Disons que j'ai changé d'avis.

Elle m'avait regardée d'un air sceptique.

— D'accord, seulement tu n'as pas intérêt à demander à Max de partir avant la fin de tous les rappels !, s'était-elle esclaffée, mais j'avais perçu le sarcasme dans sa voix.

— Oh, ne t'en fais pas, lui avais-je lancé tout en entrant dans mon bureau, avant de refermer la porte et de m'y appuyer. Je serai là pour lui jusqu'au bout, avais-je murmuré et j'avais prié pour que l'on me donne raison.

***

Quelques heures plus tard, je serre fortement la main de Max lorsqu'il m'aide à descendre de la limousine Escalade aux lignes épurées que j'ai réservée – et non « souhaitée ». Une fois sur le trottoir, j'aperçois mon reflet dans la vitre. J'avais minutieusement passé deux heures devant le miroir, en visionnant simultanément des tutoriels sur YouTube pour appliquer fard à paupières, mascara et blush. J'étais à moitié satisfaite du résultat. J'avais résisté à mon réflexe tout nouveau de souhaiter une nouvelle tenue. À la place, j'avais choisi ma petite robe noire préférée, en espérant que cela suffise. J'avais ressenti un grand soulagement quand Max m'avait sifflée à ma sortie de la salle de bains.

— Ne le prends pas mal, tu es toujours belle, mais je te trouve particulièrement sexy ces temps-ci. (Il m'avait attirée vers lui pour m'embrasser.) Que se passe-t-il ?

— Je veux simplement te rendre heureux.

La véracité de mes propos avait fait monter mes larmes. J'avais fermement plissé les paupières pour les réprimer. *Ressaisis-toi, Kate.* Avant que Max n'ait le temps de répondre, la sonnette avait retenti, signalant l'arrivée de la limousine. Il s'était précipité pour ouvrir.

— Est-ce que je te rends heureux, Max ?, avais-je susurré avant de le suivre, doutant désormais de la réponse.

***

— Jolie voiture, s'exclame Courtney en s'avançant vers nous, tandis que Max ferme la portière de la limousine. Et vous ne pouviez pas passer me prendre parce que… ?, demande-t-elle d'un ton léger, mais avec une accusation perceptible.

J'avais remarqué la confusion dans son regard, cette semaine, quand je lui répondais de manière laconique ou l'ignorais à la machine à café au travail ; elle avait certainement mis cela sur le compte du stress lié au mariage. Elle était loin de se douter que c'était *elle* la cause de mon stress.

Je passe mon bras autour de la taille de Max de manière possessive.

— Nous avions besoin d'un peu de temps rien que pour nous deux, lui dis-je avec un clin d'œil, espérant qu'elle imagine des choses coquines.

En vérité, Max avait reçu un appel de son patron et passé une grande partie du trajet à discuter de résultats de tests ; pendant ce temps, j'avais posté sur Instagram des photographies de la limousine.

— On entre ?, nous propose Max, en me tirant par le bras tandis que Courtney nous emboîte le pas.

— Attendez, Liam devrait arriver d'une minute à l'autre. (Mon téléphone sonne dans ma poche.) Ce doit être lui.

En réalité, c'est un message de Julia, le troisième en moins d'une minute. Elle se confond en excuses de devoir annuler. Elle a envie de botter les fesses de sa baby-sitter qui a osé choper une angine – même si elle est à peu près certaine que c'est Ellie qui l'a contaminée… Et les fesses de Ben aussi, pour être tout le temps en déplacement. Je lui réponds aussitôt. Leur dispute résonne encore dans ma tête et j'aimerais pouvoir l'aider à s'amuser un peu ou faire en sorte que Ben rentre pour la retrouver.

> « Ce n'est pas grave ! Je voudrais vraiment te "souhaiter" une autre baby-sitter, mais je dois faire attention, car je ne sais pas combien de vœux il me reste. »

Tandis que j'attends sa réponse, je me mordille la lèvre quand je réalise – et je déteste cette idée – qu'elle ne sera pas à mes côtés ce soir. J'avais besoin qu'elle me dise que tel sourire ou tel regard entre Courtney et Max était le fruit de mon imagination. J'aurais voulu qu'elle jette à Courtney ce regard glacial qu'elle a quand on lui fait une queue de poisson ou qu'elle estime avoir perdu un temps précieux à regarder un mauvais épisode de *Nashville*.

> « Je comprends. Liam sera là, lui. Je lui ai proposé de prendre ma place et il m'a répondu qu'il venait avec une fille ! Je veux le scoop ! »

Je regarde autour de moi. Liam et son rencard mystérieux sont en retard. Si lui aussi se décommande, je ne sais pas comment je m'en sortirai. Je me retourne et aperçois Courtney et Max qui patientent à côté de l'entrée ; l'expression sur leur visage m'indique que je gâche totalement leur plaisir d'avant-concert.

— Désolée ! Encore une minute, leur dis-je, l'index levé.

Je refuse de leur suggérer d'entrer sans moi. Je guette les gens qui arrivent du parking. *Allez, Liam.*

Quelques instants plus tard, il apparaît au coin de la rue, ses larges épaules masquant la femme derrière lui, un sourire stupide suspendu à ses lèvres. Une fois à ma hauteur, il se penche vers moi pour chuchoter :

— Cela a fonctionné, Kate. Merde alors, tu as vu avec qui je suis !

Je regarde derrière Liam, où une foule s'est déjà formée autour de Nikki Day. Elle sourit et signe un autographe sur le bras d'un homme, tout en lançant à Liam un regard implorant.

— Tu ferais mieux d'aller l'aider, lui fais-je en riant, avant de sortir les billets de mon sac à main.

Une fois à nos places, Liam fait les présentations. Je grimace lorsque Nikki complimente Courtney sur sa coupe de cheveux et explique qu'elle aurait aimé avoir la même, mais que les producteurs de sa nouvelle série l'en ont empêchée.

— C'est fantastique, répète-t-elle, tout en tendant le bras pour toucher les cheveux de Courtney, qui rougit modestement.

Alors que je suis intercalée entre les deux couples, une bière à la main, il m'est difficile de ne pas me sentir comme la cinquième roue du carrosse : Liam arrive à peine à quitter Nikki des yeux ; quant à Courtney et Max, ils se chamaillent à propos du dernier rappel de Soul Asylum : joueront-ils *Without a Trace* ou *Runaway Train* ?

— Cette soirée va être un désastre, me dis-je, me demandant bien ce que je fais là.

Je me suis pomponnée, j'ai manifesté de l'intérêt pour une passion de Max, j'ai même sorti le grand jeu avec notre arrivée en limousine. Cependant, malgré tous mes efforts, je ne parviens toujours pas à détourner son attention de Courtney.

Quant à Liam, il semble avoir fort commodément oublié qu'il est là pour m'aider, et non pour boire chaque parole de Nikki comme s'il était son petit toutou. Je lui lance un regard noir et il articule en silence un « Désolé », avant de pivoter aussitôt vers moi.

— Alors Max, déclare-t-il en haussant le ton pour couvrir la musique de fond, hâte d'être au mariage, mon pote ? (Il lui donne une tape assez forte sur le dos et Max écarquille les yeux de surprise.) Plus que trois semaines et demie avant que tu n'épouses la fille de tes rêves. (Liam soutient son regard en prononçant ces derniers mots, défiant pratiquement Max de baisser les yeux.) Sacré veinard !

— Oui, ça va être génial, répond Max en souriant et en posant sa main sur mon genou.

Je gratifie Liam d'un sourire, mais je regrette que ses paroles ne m'aient pas davantage réconfortée, qu'elles ne m'aient pas convaincue que Max se sent réellement chanceux de m'avoir. La seule certitude que j'ai à présent, c'est de n'avoir aucune idée de ce qui se passe dans sa tête.

— Courtney, tu as vu ces places que Kate a dénichées ! C'est top, non ?, s'exclame Liam, tandis qu'elle regarde droit devant elle, impatiente que le groupe monte sur scène, les yeux rivés sur les micros et la sono, comme un faucon qui observe sa proie.

— Elles sont géniales, répond-elle franchement et nos regards se croisent.

Le temps d'une fraction de seconde, elle me manque. Car je vois la Courtney que je pensais connaître, celle que je croyais sincère et absolument honnête. Celle qui jugeait déloyal de forcer le trait lorsque nous essayions de séduire un nouveau client pour notre entreprise. Celle qui se contentait de sourire quand Magda lui demandait si elle aimait son nouveau tailleur-pantalon deux tailles trop grand.

Courtney se lève d'un bond lorsque le groupe fait son entrée, Max la suit aussitôt, et tous deux dodelinent de la tête au rythme des premiers accords. Ma nostalgie s'évanouit instantanément.

— Ouah, ils commencent par *Misery*. Je n'en reviens pas, tu avais raison !, s'écrie Courtney, tout en donnant une tape à Max sur le bras.

Alors que les paroles « Fais-moi oublier mon malheur » emplissent la salle, je ne peux que les approuver.

Liam m'attrape par le poignet pour que je me lève.

— Bouge-toi, me gronde-t-il à l'oreille. Ton fiancé se comporte comme s'il sortait avec une autre nana, et toi tu restes assise là comme un zombie !

Je m'efforce de sourire et me cale entre Max et Courtney qui dansent, les mains en l'air, et se chantent mutuellement les paroles. Je les imite en levant les bras et en remuant les lèvres, comme si je connaissais les paroles de chansons que je n'ai jamais entendues.

J'enroule mon bras autour de la taille de Max, pour l'embrasser à la fin de chaque chanson et m'accrocher à lui, au sens propre comme au figuré. Tout cela en essayant d'ignorer Liam, qui traite Nikki comme un mirage susceptible de disparaître d'un instant à l'autre. Elle s'est montrée assez sympathique durant toute la soirée, pourtant quelque chose me dérange chez elle, sans que je puisse réellement le définir. Peut-être est-ce son côté célébrité, mais je n'en suis pas certaine. Toutefois, Liam semble heureux ; en réalité, je ne l'ai jamais vu se comporter ainsi avec ses autres petites amies. Sans parler du fait qu'il me croit désormais à propos de mon voyage dans le temps. Je décide donc de ne pas tenir compte de mes sentiments à l'égard de Nikki et de me concentrer sur ma mission.

Je me mordille la lèvre durant les trois rappels (trois !) et tente de dissimuler mon mépris lorsque Max dit à Courtney qu'il a deviné le bon ordre des chansons et qu'elle lui doit par conséquent une bière. *Comme j'ai été aveugle !*

Une fois de retour dans la limousine, j'appuie ma tête contre l'épaule de Max, épuisée d'avoir fait semblant toute la soirée. Semblant d'apprécier Soul Asylum, semblant de ne pas remarquer les regards que Courtney jetait à Max à la dérobée, semblant d'avoir toujours la certitude de pouvoir sauver mon couple. Peut-être avait-ce été une erreur de revenir en arrière, de vouloir réécrire le destin. Mais, d'après Ruby, on m'avait offert ce pouvoir car j'en avais besoin. Pour quelle raison en aurais-je besoin si ce n'était pas pour arranger la situation avec Max ?

Je doute sérieusement que l'univers se soucie de ma coiffure ou du ventre plat de Julia.

— Ça t'a plu ?, me demande Max lorsque la voiture démarre.

— C'était génial !, lui mens-je avec un ton enthousiaste.

Max penche légèrement la tête :

— Vraiment ? Je n'en étais pas sûr.

Je me redresse un peu pour le regarder dans les yeux.

— Tu plaisantes ? J'ai dansé toute la soirée. Je ne me suis pas assise une seule fois !

Qu'aurais-je dû faire pour le lui prouver ? Me jeter sur scène ? Danser dans la fosse ? Me faire tatouer « Soul Asylum » sur la poitrine ?

— Je sais bien, se reprend-il. Je ne veux pas que tu interprètes mal ce que je vais dire, je suis très content que tu sois venue, que tu aies eu ces super places, la limousine…

Sa voix s'étrangle.

— Mais ?

— C'est juste que… Je ne sais pas. Laisse tomber. J'ai trop bu. (Il rit et m'embrasse.) Oublie ce que j'ai dit.

Il n'a pas besoin de terminer sa phrase. Je sais déjà ce qu'il redoute d'exprimer : même si j'avais affiché un sourire toute la soirée, il avait deviné que le cœur n'y était pas. Ma gorge se noue lorsque je comprends qu'il a vu clair en moi.

— Je suis désolée.

Max se redresse et m'attire vers lui.

— Ne le sois pas ! C'était une super soirée. Kate ?

— Quoi ?

— Tu n'as pas besoin de faire semblant d'aimer Soul Asylum pour moi. Sois toi-même.

J'ai déjà essayé et cela n'a pas fonctionné.

— Qu'est-ce qui m'a trahie ?, lui fais-je d'un air penaud.

— Disons simplement que, manifestement, tu avais déjà entendu, quoi… au moins une de leurs chansons ?! Et, pardon de dire ça, mais je ne crois pas que tu puisses faire carrière dans le play-back.

Il rit et m'embrasse plus intensément, sa main se faufilant sous ma robe pendant qu'il relève la vitre entre le chauffeur et nous.

— Mais j'adore les efforts que tu as faits, me souffle-t-il entre deux baisers.

Tandis qu'il me prend là même, comme si nous étions un couple de rock stars rentrant des Grammy Awards, j'entrevois une lueur d'espoir. Peut-être n'avais-je pas donné le meilleur spectacle de moi-même, mais cela lui plaisait que j'aie au moins essayé. Je devrais m'en contenter pour le moment.

Chapitre 12

— Vous voulez faire quoi ?, s'étrangle au téléphone Stella, ma *wedding planner*, en poussant un gloussement très aigu.

— Faire quelques changements.

Stella lâche un long soupir et je l'imagine en train de tirer sur l'une de ses mèches mi-longues et bouclées, les joues cramoisies, pendant qu'elle réfléchit à ce que je viens de lui annoncer : je souhaite revoir tout ce que nous avions prévu (le dîner de la veille, la cérémonie et la réception).

— Vous ne suggérez pas simplement de remplacer les gerberas par des roses, Kate. J'ai noté (elle s'interrompt et je l'entends compter à voix basse) au moins vingt modifications.

Lorsque Max avait gentiment employé le mot « guindé » pour décrire l'événement que je préparais depuis presque un an, cela m'avait fait l'effet d'un coup de poing dans le ventre. Bien que ce soit moi qui lui ai demandé de détailler sincèrement ce qu'il changerait, j'avais été frappée par ses idées très précises, tellement différentes des miennes. En réalité, elles n'auraient pas pu être plus opposées. Je n'avais pas insisté pour qu'il s'implique, uniquement parce que je nous croyais sur la même longueur d'ondes. Ou peut-être m'en étais-je convaincue, m'embarquant dans les préparatifs comme un cheval qui s'enfuit au galop de son enclos, sans jamais regarder en arrière. Jusqu'à ce qu'il soit trop tard. Ou presque.

Peut-être m'étais-je emballée avec des choses sans importance, comme la statue de glace, la fontaine de chocolat et les menus personnalisés. En vérité, cela n'aurait pas été la fin du monde si nous avions opté pour un mariage un peu plus décontracté ou plus fidèle à la culture hawaïenne. À ce stade, j'aurais pu accepter que l'Elvis thaï nous marie à la mairie, si c'était ce que Max désirait, si cela le rendait heureux.

— Un cochon grillé, vraiment ?

La question de Stella me ramène à la réalité.

— Oui, un cochon grillé, lui réponds-je plus sèchement que je ne l'aurais voulu, à l'instant même où Courtney passe devant mon bureau, avec un regard perplexe.

Stella poursuit :

— Euh, les fêtes luaus sont très populaires ici, c'est une évidence. Les danseurs de hula, les cracheurs de feu et toutes ces traditions hawaïennes que vous voulez à présent sont demandés par beaucoup de gens. Mais cela ne vous ressemble pas du tout…

— Écoutez, je peux aimer les boules de feu autant que n'importe qui, d'accord ?, lui dis-je d'un ton cassant.

— Bien entendu, je n'en doute pas. Laissez-moi réfléchir à tout cela et voir ce que je peux faire. Je vous rappelle d'ici demain avec une proposition. D'accord ?

— Oui, merci. Excusez-moi de m'être emportée.

— Oh, ce n'est rien, ricane Stella. Sur une échelle de un à dix des caprices de mariée, je vous donnerais un petit cinq ! Vous auriez dû voir celle qui hurlait comme un putois parce que la cage des colombes refusait de s'ouvrir et qu'elles n'ont pas pu s'envoler à la fin de la cérémonie ! Ou encore celle qui a balancé un plateau de fraises à travers la pièce car, selon elle, elle m'avait demandé de les faire enrober de chocolat noir, et non blanc. (Elle rit à nouveau.) Les caprices font partie de mon métier. C'est pourquoi mes tarifs sont si élevés !

— Et comment calmez-vous ces mariées ?, lui dis-je en secouant la tête, alors que j'imagine les scènes qu'elle vient de me décrire – je me rends compte que mon histoire de fermeture Éclair n'était rien en comparaison. On dirait que vous pourriez encore augmenter vos tarifs, fais-je en riant. Enfin, après mon mariage !

Elle rit.

— Peut-être bien. Disons simplement qu'un verre de tequila et une part du gâteau de mariage viennent toujours à bout des problèmes.

Note pour la veille du mariage : donner à Max de la tequila, et non du champagne.

Après avoir raccroché, j'appuie ma tête contre le dossier de ma chaise et espère que Stella pourra sortir un miracle de son chapeau pour réorganiser mon mariage à trois semaines de l'échéance. Je décide de ne pas intervenir, après tout c'est son métier, et si j'en crois ses histoires de mariées hystériques, elle est de toute évidence capable de gérer cette situation. Je commence même à penser que, si elle le voulait, Stella pourrait sans doute organiser la cérémonie au sommet d'un volcan en activité. Je prie pour que ce ne soit pas la prochaine requête de Max.

— Toc toc ! (Courtney hésite sur le pas de ma porte.) On s'est bien amusé hier soir, hein ?, demande-t-elle sans conviction.

Mouais, autant que pour une coloscopie.

Je lui adresse un petit hochement de tête car, *stricto sensu*, je me suis amusée, mais uniquement à l'arrière de la limousine lors du retour.

— Qu'est-ce que tu veux ?, lui dis-je en remuant des papiers sur mon bureau. J'ai une réunion avec l'entreprise de vodka dans vingt minutes.

— Je fais seulement ma curieuse… Je t'ai bien entendue parler de cochon grillé ?

— Oui, pourquoi ?

— Oh… C'est pour votre mariage ?

— Oui, on fait quelques modifications.

Pourquoi est-ce que je lui raconte tout cela ?

Courtney sourit comme si un souvenir lui revenait.

— Pourquoi cette question ?

— Je trouve l'idée géniale ! J'ai toujours voulu me marier sur la plage, en tongs, ou alors même pieds nus. Faire ensuite la fête sur le sable, un luau et tout le tralala. Avec des cracheurs de feu, des danseurs de hula et un cochon grillé. Ça doit vraiment être génial, une fête très décontractée avec ses amis les plus chers. Sans tous ces trucs guindés...

— Pourquoi tu utilises ce mot ?

— Quel mot ?, demande Courtney, les yeux écarquillés.

— Guin-dé, dis-je en traînant exagérément sur chaque syllabe, sans la quitter du regard.

A-t-elle discuté de cela avec Max ?

— Je ne sais pas. C'est la vision que j'ai de la plupart des mariages, c'est tout... Excuse-moi, je t'ai vexée ?

— Ce mot t'est venu comme ça à l'esprit ? Tu ne l'as pas entendu quelque part ?

Dans la bouche de mon fiancé, par exemple ?

— Non... Je te le promets. (Courtney me regarde d'un air perplexe.) C'est la première fois que j'entends parler de changements pour votre mariage. La dernière fois que nous en avons discuté, tu hésitais pour la fondue au chocolat durant la réception.

Je la fixe un instant, cherchant sur son visage des signes de sa trahison, puis je ris quasiment aux éclats. Comment diable savoir si elle dit la vérité ? Elle est déjà tombée sous le charme de mon fiancé sous mon nez, alors pourquoi ne serait-elle pas en train de me mentir ? Cependant, il y a quelque chose dans sa réaction de si franc et spontané que j'ai envie de la croire. Elle désire réellement porter un soutien-gorge en noix de coco le jour de son mariage. Ainsi, elle a « par hasard » la même vision que Max... Encore un point commun entre eux. Les mariages sans fioritures et les groupes de série Z des années 1990. Qu'y aura-t-il ensuite ? Je ne veux pas le savoir.

— Je te jure, Kate, tu agis très bizarrement ces jours-ci. Tu es de bonne humeur et, la seconde d'après, tu fais la tête. Est-ce que tu vas bien ?

Non, je ne vais pas bien ! Et c'est à cause de toi !

Je réprime l'envie pressante de l'accuser de nourrir des sentiments pour Max. De lui demander pourquoi, alors qu'il y a des milliards d'hommes sur la planète, elle choisit le mien. Pourquoi elle détruit ce que je croyais être une amitié solide. Mais je ne peux pas. Il me faut plus de temps. Car la dernière chose dont j'ai envie, c'est que mes accusations les rapprochent davantage.

— Je me pose simplement des questions sur le déroulement du mariage et ça me fait flipper.

C'est la seule réponse qui ne soit pas un mensonge qui me vient à l'esprit.

***

Je lance mes clés au voiturier du centre commercial et me précipite pour retrouver Julia au moment même où le soleil se couche. Avec vingt minutes de retard, j'ouvre la porte de la boutique de vêtements hawaïens et la trouve lovée dans un fauteuil en osier, les bras croisés sur la poitrine.

— C'est exactement la soirée dont je rêvais : mater des sexagénaires essayant des chemises hawaïennes et des sandales en cuir devant leur femme. (Elle m'indique d'un signe de tête un homme qui se plaint de ne pas avoir besoin d'un deuxième pantalon à pinces en soie et sa femme qui lève les yeux au ciel.) Et non t'aider à trouver une tenue de mariage pour Max et ses témoins.

— Désolée pour le retard. Ça roulait très mal.

— Tu aurais pu résoudre ce problème en quelques clics, me rétorque-t-elle d'un ton détaché.

— Non, je ne peux pas, parce que comme je te l'ai dit dans mon texto l'autre soir, je dois être plus modérée avec mon… (Je baisse la voix au passage d'un vendeur.) Avec mon pouvoir.

Je lui raconte ma rencontre avec Ruby au restaurant thaï et elle me regarde d'un air sceptique.

— Alors pourquoi as-tu souhaité à Liam une nouvelle copine canon ?

— Elle n'est pas si canon que cela !

— Oui, si on excepte sa taille de guêpe et son magnifique visage à la Angelina Jolie.

— Bref, dis-je en commençant à inspecter une pile de bermudas en lin. J'ai fait ce souhait pour Liam juste avant que Ruby ne m'explique que mes vœux étaient limités. Je ne sais pas du tout combien il m'en reste ; elle s'est montrée mystérieuse.

— Mais tu as toujours ce pouvoir ?, me demande Julia, le regard perdu dans le vague.

— Pourquoi te comportes-tu comme si j'étais une dealeuse et que tu avais besoin d'un peu de crack ?, lui fais-je, tout en me glissant dans le fauteuil à côté du sien. Qu'est-ce qui t'arrive ? Le relooking ne suffit pas ? Tu es superbe.

— Merci. Je ne veux pas paraître ingrate. J'imaginais seulement que je me sentirais mieux que ça après... Que Ben le remarquerait davantage.

— Comment a-t-il réagi ?

— Il m'a dit que j'étais sexy. Je me suis empressée de monter à l'étage pour éteindre les lumières des enfants, mais quand je suis revenue, il s'était endormi, grommelle-t-elle. Et, ce matin, il est reparti à Orlando, ou bien à Omaha, je ne sais plus.

— Bon, quand il rentrera, envoie les enfants au lit de bonne heure, attends-le dans votre chambre et fais en sorte d'attirer son attention. Les enfants peuvent bien dormir avec la lumière !

— Ce n'est pas aussi simple. Il est tout le temps épuisé.

Elle détourne le regard, puis ajoute à voix basse :

— Moi aussi, je suis fatiguée.

— Oh, allez ! Ne me dis pas que vous ne pouvez pas prendre un Red Bull un soir pour recréer la magie ?, fais-je en plaisantant, avant de m'interrompre lorsque je remarque les yeux humides de Julia. Qu'y a-t-il ? Que se passe-t-il ?

— Rien, ça va. Tu as raison, il faut que je fasse plus d'efforts.

— Pardonne-moi, je ne voulais pas dire que tu ne faisais pas d'efforts. Qu'est-ce que j'en sais de toute façon ? Je n'ai jamais su garder un poisson rouge en vie, je saurais encore moins mener de front une carrière et l'éducation de deux enfants.

Julia sourit et sèche ses larmes.

— C'est vrai. Tu ne tiendrais pas une semaine, réplique-t-elle d'un air amusé.

Je pose ma main sur son bras.

— Pourquoi ne ferions-nous pas les magasins une autre fois ? Si nous allions plutôt discuter autour d'un verre ?

Le visage de Julia se ferme.

— Non ! Ton mariage est proche et tu changes tout de A à Z. Cette séance de shopping est plus urgente. Trouvons du lin pour ces messieurs !

Elle se dirige d'un pas décidé vers un portant et commence à examiner les chemises une à une.

— Julia, lui dis-je doucement. Raconte-moi ce qui se passe. Le reste peut bien attendre.

Elle se retourne rapidement et secoue la tête, avec dans la main une chemise rouge à manches courtes, sur laquelle sont brodées des fleurs blanches.

— Ne t'en fais pas. Je me sens dépassée, c'est tout.

Ses mots paraissent forcés.

— Tu en es certaine ?

Je me demande si je devrais lui avouer que je l'ai entendue se disputer avec Ben, que je me fais du souci pour eux.

— Oui ! Mais j'ai une question très importante à te poser. Réponds-moi franchement.

— Promis.

Je me penche vers elle et un sourire se dessine sur ses lèvres.

— Cela ne te dérange vraiment pas tout ce délire hawaïen ?

— C'est ce que Max veut.

Je souris de manière affectée.

— Je l'ai bien compris. Mais, toi, qu'est-ce que tu veux ?

— Je veux Max.

— Je le sais, déclare-t-elle lentement, d'un ton semblable à celui qu'elle avait adopté pour m'annoncer que mon jogging en velours préféré n'était plus à la mode. Mais je me pose une question : pourquoi dois-tu, pour le récupérer, le laisser s'habiller comme Magnum ? Le jour de votre mariage en plus !

— Il ne veut pas une chemise hawaïenne de ce genre. D'ailleurs, je pense que mon père a la même ! (Je ris.) Il désire seulement un mariage décontracté sur la plage, et il n'y a que ce magasin qui me soit venu à l'esprit.

— Ce n'est pas ce que je veux dire, affirme Julia tout en tirant sur la soie de la chemise. Ce qui m'inquiète, c'est que tu t'oublies un peu dans l'histoire…

— Pourquoi je ne le laisserais pas faire ce dont il a envie pour une fois ?, l'interromps-je. Notre relation ne tourne-t-elle pas toujours autour de moi ? Est-ce que ce n'est pas là le problème ?

— Tu es trop dure envers toi-même, Kate. Ce n'est pas comme si tu le tenais à la gorge. Je suis sûre qu'il s'est déjà fait passer en premier à de nombreuses reprises. Comme quand il défend sa mère lorsqu'elle s'en prend à toi, avant de s'excuser en prétextant que c'est plus simple ainsi que de lui tenir tête. Et quand il a refusé cette promotion sans même te demander ton avis. C'est facile de regarder le passé et de ne se souvenir que des bons moments, mais tu dois tout prendre en compte, tout, même les mauvais moments. Parce que, crois-moi, lui n'hésite pas à le faire.

— Touchée.

— Pardonne-moi. Je me suis mal exprimée. Tu sais que j'aime Max, mais c'est toi ma meilleure amie et cela m'insupporte que tu te jettes la pierre pour tout ce qui est arrivé.

— Je veux faire ça pour lui, d'accord ? Peux-tu simplement m'aider à choisir un pantalon et une chemise, s'il te plaît ?, lui dis-je d'un ton suppliant, les yeux humides, appuyée contre un étal de chapeaux de paille. Je me fiche des vêtements qu'il portera, tant qu'il a quelque chose sur le dos quand il me dira : « Je le veux. »

Julia lâche des mains la chemise qu'elle tenait et s'avance vers moi.

— Je comprends. Je comprends sincèrement. Mais le concert, ces tenues hawaïennes... Je pense que tu te trompes peut-être de stratégie.

J'attrape une tong en cuir sur une étagère et cela me fait penser à Courtney et à son envie de mariage décontracté comme Max. Elle ne me mentait peut-être pas. Mais elle ne le connaît pas comme moi. Elle n'a pas pris soin de lui quand il a eu la grippe intestinale, ni n'a pleuré à ses côtés au décès de son grand-père. Max et moi ne sommes pas fiancés sans raison. Et jusque-là, mes lacunes au sujet des Smashing Pumpkins et autres groupes de rock des années 1990 ne lui étaient pas apparues comme rédhibitoires. Courtney s'est simplement trouvée là au bon moment, quand Max s'interrogeait sur notre avenir, et elle l'avait dérouté. Il faut que j'éloigne Max de ces diversions inutiles, comme elle, pour que nous nous accordions mutuellement toute notre attention. D'ailleurs, à quand remonte la dernière fois où nous l'avons fait ?

— Très bien, je sais sur quoi je vais me concentrer, fais-je lentement et Julia hausse les sourcils. Je vais l'emmener en week-end à Big Bear, là où nous nous sommes dit « je t'aime » pour la première fois.

— Et si cela ne fonctionne pas ?, rétorque prudemment Julia, son regard en disant bien plus long.

— Dans ce cas, je ferai le vœu que Courtney soit envoyée sur une île déserte, lui réponds-je d'un ton convaincu, même si je sais que je ne le ferai jamais, car cela ne résoudrait rien.

J'attrape la main de Julia et nous rions ensemble, un rire qui dissimule notre inquiétude commune : il est peut-être déjà trop tard.

Chapitre 13

« L'orange n'est pas tendance #JeDisÇaJeDisRien »

— L'avez-vous en orange ?, dis-je à la vendeuse.

Je m'efforce de ne pas grimacer en touchant le tissu délicat de l'édredon. Celui-là même que Max avait pointé du doigt la veille, quand il avait jeté un coup d'œil par-dessus mon épaule au catalogue d'ameublement et déclaré qu'il avait toujours pensé que cette couleur s'accorderait bien avec les tons neutres de notre chambre. Bouche bée, je m'étais exclamée :

— Depuis quand te soucies-tu de décoration intérieure ? Ai-je bien en face de moi l'homme qui ne savait pas ce qu'était un édredon quand nous avons emménagé ensemble ?

— Quoi ? C'est toi qui me forces toujours à regarder la chaîne de déco avec toi. J'ai vu cet édredon dans un épisode de *Chasseurs d'appart*, m'avait-il expliqué, le visage écarlate. Je l'ai trouvé très sympa.

— Vraiment ? La chaîne de déco ?, lui avais-je demandé, en veillant à garder un ton neutre.

Depuis que je l'ai poussé à me faire part de ses envies pour le mariage, c'est comme si j'avais lâché la bride. Soudain, il me donne son opinion sur tout, même sur le type de fromage blanc que nous devrions acheter (de campagne !). Il m'a aussi avoué en avoir assez de la téléréalité et vouloir que je regarde davantage le sport avec lui. Bien que je sois contente de connaître enfin le fond de sa pensée, je suis une fois de plus interloquée de constater combien ses idées s'avèrent différentes des miennes.

La veille au soir, j'avais mis du temps à m'endormir, le sommeil étant chaque jour plus difficile à trouver. J'avais attendu patiemment la respiration régulière de Max pour me redresser et contempler les traits de son visage. Je m'étais alors demandé une nouvelle fois comment nous en étions arrivés là. J'avais repensé à la remarque de Julia au magasin de vêtements : était-ce encore une victoire de reconquérir Max, si cela impliquait autant de sacrifices de ma part ?

La vendeuse acquiesce avant de disparaître en arrière-boutique, puis revient avec l'édredon orange sous plastique.

— Vous êtes sûre de vous ?, m'interroge-t-elle en apercevant mon visage.

À mon grand désespoir, la teinte orange sanguine ne paraît pas du tout mieux en vrai que sur les pages glacées du catalogue. Quel dommage ! Le tissu froissé est léger et aérien. D'ailleurs, je m'étais extasiée devant le modèle écru en rayon, m'imaginant bien l'associer à nos oreillers rouge vif et sable. Mais ce que je veux, c'est me réveiller chaque matin dans les bras de Max. Ainsi, je tends à la caissière ma carte de crédit et me répète que ce sont les personnes sous l'édredon qui importent, et non l'édredon en soi.

En retournant au travail, je me sens plus légère devant ce nouveau virage que prend ma relation avec Max. Certes, je devrais peut-être mieux accepter les changements, mais au moins, je connaîtrais enfin le véritable Max – son avis, ses sentiments, tout. Peut-être cela finirait-il par être la meilleure chose qui me soit – nous soit – jamais arrivée.

Avec l'édredon sous le bras (j'avais prévu d'utiliser FaceTime pour le montrer à Julia, croisant les doigts pour qu'elle ne me dise pas que la couleur rappelle la tenue des prisonniers), j'ouvre la porte de mon entreprise d'un coup de hanche et tombe nez à nez avec Courtney. Elle tient en un équilibre précaire un grand carton et son fourre-tout à rayures encore plus grand. Je retiens ma respiration quand j'aperçois sa photographie préférée (le pont de Brooklyn au crépuscule) qui dépasse du carton. *A-t-elle été licenciée ?*

— Que se passe-t-il ?

— Je démissionne, me répond-elle simplement.

— Euh, quoi ?, balbutié-je.

Un millier d'émotions me parcourent ; je me sens tout à la fois ravie, coupable et méchante. Ravie qu'elle parte et soit sans doute bientôt absorbée par une intense recherche d'emploi ; coupable pour le rôle que j'ai joué en faisant le vœu qu'elle soit prise en grippe par Magda ; méchante parce que mon plan fonctionnait.

— Pourquoi tu ne m'as rien dit ?

— Ce n'était pas prévu. Magda m'a retiré la boisson énergisante PumpedUP et j'ai craqué. Tu te rappelles tout ce que j'ai fait pour décrocher ce contrat ? Tous les efforts que j'ai fournis ?

Je revois Courtney défiant le P-DG de cette entreprise à un jeu à boire : si elle l'emportait, il nous engageait. Il avait accepté avec joie, estimant impossible qu'une fille de cinquante kilos en leggings noirs puisse mieux tenir l'alcool que lui. Mais elle y était parvenue, suscitant notre admiration à tous.

— Bref, reprend-elle. J'ai eu un déclic en fixant son rouge à lèvres vraiment affreux et son visage de moineau. Je lui ai dit d'aller se faire voir !

— Tu as fait quoi ?

Je souris malgré moi, m'étant moi-même à plusieurs occasions imaginée avoir cette réaction. Quand Magda s'attribue les mérites de ce que nous avons accompli, quand elle nous hurle dessus pour des choses qui ne sont pas de notre ressort, quand elle refuse de reconnaître que nous avons raison et pas elle.

— Eh oui ! Cela fait un bien fou, Kate. Tu devrais essayer un jour.

Courtney m'adresse un grand sourire et, un instant, j'en oublie presque qu'elle est mon ennemie. Que Max est son dernier défi en date. Une pointe de regret me lancine. À présent, je vais devoir gérer Magda toute seule.

— Peut-être, dis-je à voix basse, en regardant autour de moi pour vérifier que Magda ou sa cafteuse d'assistante ne peuvent pas nous entendre. Que vas-tu faire maintenant ?

— Prendre un cocktail !

Un sourire insouciant illumine son visage. Le même qu'elle avait destiné à Max à plusieurs reprises durant le concert, ce large sourire qui m'avait retourné l'estomac, surtout lorsque j'avais vu celui qu'il lui offrait en retour.

— Tu veux te joindre à moi ?, me demande-t-elle pleine d'espoir, avant d'ajouter rapidement : Cela fait un bail que nous ne sommes pas sorties, tu sais, rien que nous deux.

— Je ne peux pas. Je suis sûre que Magda m'attend, dis-je en soulevant l'édredon pour indiquer que je me suis déjà absentée trop longtemps du bureau.

— Je comprends, réplique Courtney d'un ton sincère tout en regardant l'édredon. Oh, mon Dieu ! Tu viens de l'acheter ?

— Ah, ça ? (Je colle le sac contre ma poitrine, gênée.) Je sais, c'est…

— Absolument superbe !, termine-t-elle ma phrase, puis elle pose son carton et sort l'édredon du sac comme si c'était une grosse somme d'argent. Il paraît que l'orange est tendance. Il n'y avait que cela à la *Fashion Week* !

— Vraiment ?, fais-je mollement, une boule d'angoisse dans la gorge.

Comment se fait-il que Max et elle soient encore une fois sur la même longueur d'ondes – pour quelque chose d'aussi banal, en outre ?

— C'est pour notre chambre.

J'insiste délibérément sur ces deux derniers mots tout en étudiant sa réaction. Elle grimace légèrement, puis se penche pour reprendre son carton.

— J'imagine que c'est un au revoir, déclare-t-elle en se relevant, avec un regard que je ne parviens pas à interpréter. Pour le moment du moins. Je t'appelle plus tard, d'accord ?

— Bien sûr, lui dis-je en la regardant s'avancer vers l'ascenseur, ses pieds effleurant à peine le sol.

***

Comme je m'y attendais, Magda est d'une humeur massacrante tout le reste de la journée. Le fait que sa protégée se soit insurgée et ait par la même occasion démissionné lui reste de toute évidence en travers de la gorge. Même si j'ai souhaité que Courtney soit dans le collimateur de Magda, en vérité elle a toujours été sa préférée et je savais que, malgré mon intervention, elle retrouverait un jour ou l'autre sa place dans le cœur de notre directrice. Mais elle a démissionné, envoyant tout balader. Je suis sérieuse et compétente, mais Courtney a un petit quelque chose en plus. Elle a ces traits de génie qui lui permettent d'amadouer notre directeur artistique grincheux afin que nous puissions rendre nos projets dans les délais, ou encore de trouver une idée originale après des heures de *brainstorming*. En dépit du « jugement » de Magda sur le travail de Courtney, il ne fait aucun doute que son absence va laisser un vide immense dans l'entreprise.

Magda fulmine contre une erreur sans conséquence commise par un assistant, me demande de vérifier les détails d'une campagne que nous avions déjà longuement revus et me reproche d'avoir oublié une petite coquille dans une note qu'elle m'a elle-même envoyée. Alors que la journée s'éternise, je ressens une colère envers Courtney me brûler lentement la poitrine, ne cessant de la revoir se diriger d'un pas sautillant vers l'ascenseur. Furieuse qu'une fois de plus, je doive gérer le désordre qu'elle a provoqué. Certes, je suis peut-être celle qui a tout déclenché, mais tout de même... Il semble que, jusque-là, mes vœux m'apportent plus de problèmes que de solutions.

***

— Salut, fais-je en entrant dans notre séjour et je remarque immédiatement la silhouette de Max sur le canapé. (Il regarde un match de base-ball, le son coupé.) Tu ne devineras jamais ce qui s'est passé aujourd'hui.

Je jette mon sac à main sur la table et me glisse au creux de son épaule.

— Moi aussi, j'ai une nouvelle incroyable. Toi d'abord.

— Courtney a démissionné, lui dis-je, en m'efforçant au maximum de garder une expression mi-sérieuse, mi-pensive. J'espère que tout ira bien pour elle.

Max esquisse un large sourire.

— Tout ira parfaitement pour elle !

Son ton est plus assuré que lorsqu'il avait cherché à me convaincre que le saut à l'élastique serait une idée géniale pour mon trente-troisième anniversaire. La panique commence à me gagner.

— Que veux-tu dire ? Comment le sais-tu ? (Je jette un coup d'œil à ma montre.) Cela ne fait même pas six heures qu'elle est au chômage.

— Elle ne l'est plus, affirme Max avec une intonation mystérieuse.

Je ferme les yeux, je redoute ce qui va suivre tout en étant néanmoins curieuse.

— Comment ça ?, lui dis-je, tentant en vain de contrôler le ton sec de ma voix.

— Eh bien, c'est une coïncidence incroyable. (Son regard pétille d'excitation.) Mais pour faire court, mon entreprise l'a engagée, au service marketing. Elle va être chef de projet !

— Sérieux ?

— Oui, c'est fou !, s'exclame Max, qui voit dans ma surprise de la joie plutôt que de la frustration.

— Ah oui, fais-je, en cherchant à reprendre mon souffle. Comment cela s'est-il passé ?

Max me raconte comment il était tombé sur Courtney lors de sa pause déjeuner. Il était en compagnie du chef de projet en charge d'un implant auditif que leur entreprise venait d'acquérir ; il déplorait de n'avoir toujours pas trouvé, après deux sessions d'entretiens, de candidat compétent pour le poste vacant du service marketing. Le hasard avait voulu que Courtney prenne place au bar pour siroter une vodka-soda avec une tranche de citron (un détail que Max me fournit, bien que je doute de sa pertinence). Quand la serveuse l'avait conduit à sa table, elle avait fait tomber les menus, Max avait alors trébuché et était littéralement rentré dans Courtney. Comme celle-ci semblait anéantie, il l'avait invitée à se joindre à eux et, avant que les crèmes brûlées ne soient servies, un poste lui avait déjà été offert sur un plateau d'argent.

— Elle commence demain !, conclut Max.

Ben voyons.

Je hoche la tête et me mordille la lèvre pendant que Max m'explique que ce devait être écrit qu'ils tombent l'un sur l'autre. Que c'était le destin.

C'est bien ce qui m'inquiète.

— Écoute, lui dis-je à la fin du dîner, durant lequel nous étions encore revenus sur la chance incroyable de Courtney, sur leur chance à eux de la compter dans leur équipe, sur le fait qu'elle ait beaucoup plu au chef de produit. Je sais que je m'y prends tard, mais je crois que nous devrions essayer de partir une dernière fois avant de nous marier.

Max hausse les sourcils.

— Mais nous allons partir pour le mariage.

— Oui, lui réponds-je patiemment. Mais nous ne serons pas tout seuls là-bas. Je voudrais que nous passions un peu de temps tous les deux. (Je lui prends la main et plante mes yeux dans les siens.) J'ai l'impression que nous nous éloignons l'un de l'autre.

Max détourne le regard une fraction de seconde, puis s'efforce de me fixer à nouveau.

— OK.

— Tu te rappelles, je t'ai parlé de Big Bear l'autre jour ?, lui dis-je tout en observant attentivement son visage.

— Ah… (Il sourit et dépose doucement un baiser sur mes lèvres.) Là où tout a commencé.

— Oui, lui réponds-je, soulagée. Alors, qu'en penses-tu ? On partirait vendredi après-midi. J'ai déjà appelé pour réserver, à condition bien sûr que tu sois d'accord.

Comme nous sommes hors saison, j'ai réussi à louer le même chalet que celui où nous avions séjourné au début de notre histoire, quand Max m'avait dit qu'il m'aimait, tandis que nous sirotions des grogs, blottis à côté du feu qui crépitait. Il me faudra travailler jusqu'à minuit tous les soirs d'ici notre départ afin de m'occuper de tous mes dossiers, mais je suis convaincue que cela en vaut la peine.

— Ça me paraît bien, me dit Max, au moment où son téléphone vibre sur la table ; le nom de Courtney apparaît sur l'écran.

Il prend un air coupable, puis s'empresse de préciser :

— Elle se renseigne seulement pour demain.

— Je comprends.

Je comprends qu'elle profite de cette occasion pour se rapprocher de toi. Courtney n'a même pas pris la peine de m'envoyer un message pour m'annoncer la bonne nouvelle. Est-ce parce que je l'ai ignorée ? Ou ne m'en a-t-elle pas informée car, maintenant qu'elle travaille avec Max, elle n'a plus besoin de moi ?

J'émets un petit bruit entre le grognement et le rire, en attrapant un magazine pour détourner mon attention de leurs échanges de textos.

— Elle a beaucoup de questions, se justifie-t-il tandis que ses doigts courent sur son téléphone.

— Je n'en doute pas.

Je passe ma colère sur le magazine, en tournant violemment les pages jusqu'à ce qu'une photographie m'arrête net. C'est Liam et Nikki Day, dans les bras l'un de l'autre devant un restaurant de West Hollywood. La légende indique : « Le nouveau beau gosse de Nikki Day ! »

Je ne peux détacher mon regard du cliché, les bras de Liam fermement enlacés autour de la taille de Barbie de Nikki, qui lui caresse les cheveux pendant qu'ils s'embrassent. Max finit par lever les yeux de son téléphone et s'empare du magazine.

— C'est Liam ? J'hallucine !

— C'est clair !

Je lui reprends des mains le tabloïd pour observer à nouveau la photographie d'une demi-page et lire le texte relatant les détails de leur rencontre. À quel point cette histoire de coup de foudre est vraie ? Je m'interroge. Nikki aurait expliqué à ses amis que Liam était si différent – dans le bon sens du terme – de tous les autres hommes qu'elle avait fréquentés.

— Il a l'air plutôt bien. Il est peut-être enfin prêt à se caser.

— Peut-être, fais-je, prise de lassitude.

Pourquoi tout le monde autour de moi semble aller de l'avant quand, moi, je stagne ? Courtney a réussi à tourner le dos à Magda sans une égratignure, Liam a enfin trouvé une femme qui le rend heureux et Max semble me glisser entre les doigts, malgré tous mes efforts pour le retenir.

— Je crois que je vais aller me coucher, dis-je en me levant. Tu viens ?

— Un peu plus tard, mon amour, me répond Max, et je pose involontairement le regard sur son téléphone.

Voulait-il veiller afin de continuer à écrire à Courtney ? Mes pieds me paraissent lourds lorsque je grimpe l'escalier. Je retiens mes larmes tout en faisant notre lit avec le nouvel édredon orange, puis je m'allonge et m'enroule dedans, la couleur clinquante continuant à m'agresser malgré mes paupières closes.

Chapitre 14

Le lendemain matin, en sortant de la salle de bains, je trouve Max en train de se débattre avec sa cravate.

— Tu veux que je t'aide ?

Je noue la soie avant qu'il n'ait le temps de répondre. Mon regard passe de sa cravate gris foncé à ses yeux, nos poitrines quasiment collées l'une contre l'autre pendant que j'ajuste le nœud. Je tente de rassembler mon courage pour lui poser la question qui hante mes nuits agitées, mais dont je ne suis pas tout à fait certaine de vouloir connaître la réponse.

— Merci, marmonne-t-il tout en vérifiant quelque chose sur son téléphone. Je suis pressé… Je dois partir au travail, c'est un jour important.

Parce que c'est la première journée de Courtney ?

Je hausse un sourcil, mais laisse couler.

— En parlant de jour important…

Je m'interromps et observe Max passer sa plus jolie veste de costume bleu marine, celle qui assombrit le vert de ses yeux. L'a-t-il choisie pour elle ?

— As-tu vu mes clés ?

Max sort en toute hâte de la chambre à leur recherche, les yeux toujours rivés sur son téléphone.

— Max, avant que tu ne partes, j'aurais voulu te demander quelque chose.

Je descends l'escalier quatre à quatre derrière lui, mes chaussons roses pelucheux couinant à chaque marche.

— Oui ?, me crie-t-il alors que je l'entends fouiller dans un tiroir de la cuisine et jurer dans sa barbe.

— Où étaient-elles la dernière fois que tu les as vues ?

Il ne perd jamais rien, cela ne lui ressemble pas du tout.

— Sur le contact quand je suis rentré à la maison hier soir, répond-il brusquement. (Il cesse soudain de retourner le tiroir fourre-tout et me jette un regard peiné.) Désolé, mais peux-tu me déposer en chemin ?, me demande-t-il d'un ton plus doux.

— Prends ma voiture plutôt, lui réponds-je sans réfléchir.

J'agite mes clés devant lui et le stress disparaît de son visage dès qu'il attrape le trousseau.

— Comment iras-tu au bureau ?

— Tes clés doivent bien être quelque part. Je vais les chercher et je prendrai ta voiture. Je sais que tu es pressé, mais avant que tu ne partes, j'ai une petite question.

— Vas-y.

Il se dirige à grands pas vers la porte d'entrée. Je le suis comme un chiot qui attend sa friandise.

— Quand tu as parlé de « jour important », j'ai pensé, tu sais, au nôtre et à ces vœux que l'on doit écrire. Je voulais seulement te demander où tu en étais...

Je joins mes mains dans le dos en attendant sa réponse.

— Ils sont terminés !, répond-il fièrement. Depuis un petit moment même.

Il les avait écrits ? Il avait trouvé quelque chose à dire ? Peut-être ne l'ai-je pas encore perdu.

— Ouah, je suis impressionnée !

Je souris jusqu'aux oreilles de manière incontrôlable, la balance rebasculant du côté de l'espoir. J'embrasse légèrement ses lèvres et sens son dentifrice à la menthe poivrée.

— Tu sembles étonnée, remarque-t-il tout en attrapant sa besace, qu'il passe en bandoulière.

J'écarte une mèche de cheveux de son front.

— Non... Euh, si... Mais simplement parce que je n'ai pas encore commencé les miens.

— Tu me connais ? Et tu te connais ?

Il rit et, un instant, j'ai le sentiment de retrouver le couple que nous formions.

— Bien entendu que j'ai terminé et pas toi, madame la perfectionniste !

Il a raison. Je suis souvent paralysée. À cause de ma furieuse envie de tout faire parfaitement et d'envisager toutes les options possibles, je prends du retard. Max, en revanche, est toujours en avance ; il est du genre à remplir sa déclaration d'impôts dès qu'il la reçoit.

— J'ai hâte de les entendre !, dis-je rapidement avant d'avoir le temps de ravaler ces mots.

Je cherche sur son visage un signe me révélant que je n'en aurai peut-être jamais l'occasion. Mais son expression est impénétrable.

— Interdiction de regarder !, m'ordonne-t-il simplement en franchissant la porte d'entrée.

— Bien sûr que non, mens-je et, aussitôt la porte refermée, je me dirige vers son carnet de notes.

Je passe mes mains sur le cahier en cuir brun qui renferme les pensées intimes de Max ; je le tourne dans tous les sens, hésitant à l'ouvrir, à lire ce qu'il a écrit. Bien que ces vœux me soient destinés, cela ne me paraît pas juste. Toutefois, ce pourrait être mon unique chance de découvrir ce que Max a sur le cœur avant le mariage, et cela l'emporte sur la culpabilité. J'ouvre le carnet et mes yeux tombent sur cette écriture arrondie et familière. Quand j'avais vu sa signature pour la première fois, la forme même de ses lettres m'avait rappelé les listes de mots que l'on devait recopier à l'école pour apprendre à écrire.

— Tu as une écriture de fille !, m'étais-je exclamée tout en gloussant, avant de m'empresser de cacher ma bouche avec ma main.

Il avait souri, le regard pétillant, puis avait attrapé un feutre sur son bureau, une feuille dans son imprimante et écrit tout en courbes « Je t'aime, Katie ». J'ai toujours ce mot.

Kate,

Tout m'a toujours paru si simple avec toi. Dès le soir de notre rencontre, j'ai su que notre relation avait quelque chose de spécial, que tu étais différente. Quand je te regarde dans les yeux, j'ai la conviction que nous avons tout ce qu'il faut pour surmonter l'épreuve du temps, que nous irons aussi loin dans la vie que nous le désirons, qu'ensemble, nous serons capables de faire n'importe quoi. C'est réconfortant de savoir que je peux compter sur toi, sur nous. Que nous pouvons tenir la distance, que nous sommes faits pour durer.

Les mots ne suffisent pas pour te dire combien je t'aime.

Je repose le carnet dans le dernier tiroir de son bureau. Même si je ne savais pas véritablement à quoi m'attendre, ses vœux me brisent le cœur. Max n'a jamais été très romantique ; lors des grandes occasions, il laisse toujours le texte imprimé à l'intérieur des cartes de vœux parler pour lui, ajoutant simplement sa signature. Ce qu'il a écrit n'est pas nul, ce n'est pas ça ; j'ai seulement l'impression de lire l'une de ces cartes de vœux avec tous les mots justes inscrits, mais qui ne sont pas les siens. J'ai toujours eu l'assurance qu'il m'aimait et ai fini par accepter que, comme beaucoup d'hommes, il ait des difficultés à coucher ses émotions sur le papier. Je regrette seulement que, pour ses vœux, il ne se soit pas donné un peu plus de mal, qu'il n'ait pas tenté d'apporter une touche personnelle, quelque chose qui ne soit pas si passe-partout. À moins qu'il ne s'agisse là du mieux qu'il puisse faire : dire qu'il se sent à l'aise et que nous sommes faits pour durer, me décrire davantage comme une Subaru que comme sa future épouse.

***

Les vœux de Max gravés dans ma tête tel un message écrit dans le ciel, j'ai tenté de me concentrer pour retrouver ses clés. J'ai retourné les coussins du canapé, fouillé dans la panière à linge sale et même regardé dans le congélateur, mais impossible de mettre la main dessus. J'ai fini par renoncer et appeler un taxi. Je sais que les clés sont sans doute quelque part sous mes yeux, mais je suis trop préoccupée. Non seulement ses vœux semblent guindés, mais je ne suis pas certaine non plus de pouvoir faire mieux. Max ne l'avait pas su, mais à la veille du mariage, je n'avais toujours pas rédigé mes vœux. J'avais passé des mois à y réfléchir et n'étais pas parvenue à écrire les phrases qui refléteraient parfaitement notre couple. À présent, je me demande si une raison plus profonde se cachait derrière mon manque d'inspiration. Peut-être n'avais-je pas trouvé la bonne harmonie de mots simplement parce que notre couple n'était pas harmonieux ?

Le taxi jaune s'arrête et je prends place sur la banquette arrière. La chauffeuse tourne la tête et me sourit, pour me révéler ces dents du bonheur familières.

— Où allons-nous, Kate ?

— C'est vous !, dis-je alors que l'une des boucles caramel de Ruby s'échappe de sa casquette en tweed. (Je me remets rapidement de ma surprise de la trouver là.) J'ai rendez-vous avec ma mère pour le petit déjeuner chez *Grub*, sur Seward Street.

— Très bien, déclare-t-elle avant de faire demi-tour.

— Je suis vraiment contente de vous voir ; j'ai un million de questions à vous poser !

— Vous pouvez m'en poser une.

— Une seule ?, fais-je d'un ton pleurnicheur. (Je croise le regard de Ruby dans le rétroviseur et elle plisse les yeux.) Bon d'accord, finis-je par concéder.

Je rassemble mes idées pendant plusieurs minutes, tout en fixant par la fenêtre l'autoroute 10, et je me rends compte qu'une seule chose me tracasse.

— Pourquoi mes vœux rapprochent-ils sans cesse Max et Courtney, au lieu de les éloigner ?

Mon cœur tambourine dans ma poitrine tandis que j'attends la réponse de Ruby. J'ai plusieurs théories, mais je prie pour qu'aucune d'elles ne soit juste.

Ruby arrête le taxi devant le café *Grub* et se tourne vers moi.

— Le destin ressemble beaucoup à Dame Nature. Parfois, on ne peut tout simplement pas jouer avec lui.

— Vous êtes en train de me dire que je ne peux pas utiliser ce pouvoir pour récupérer Max… Pour retrouver ma vie d'avant ?

— C'est une autre question, conclut Ruby d'un air compatissant.

— S'il vous plaît, lui dis-je en agrippant le dossier de son siège. Je ne peux pas continuer à me battre si je sais que cela ne changera rien.

Elle soutient mon regard durant une minute avant de me répondre, ignorant la femme vêtue d'une robe portefeuille de couleur vive qui s'impatiente à côté de ma portière.

— Vous avez le pouvoir de changer les choses, mais tout n'est pas aussi simple que vous le souhaiteriez. Ne perdez pas confiance. (Elle tend le bras pour poser sa main sur la mienne.) Maintenant, s'il vous plaît, sortez avant que cette dame ne devienne folle, me demande-t-elle en riant tandis que la femme lève les bras de colère.

Encore hébétée par les paroles sibyllines de Ruby, je trouve ma mère installée à une petite table dans le fond du café. Elle a le visage lumineux suite à sa journée passée au spa la veille. J'avais grimacé devant son statut sur Facebook :

> « Mon masseur n'en revient pas de mon âge. J'ai dû lui montrer ma carte d'identité ! Quel massage délicieux ! ;-) ;-) »

Elle avait posté une photographie d'elle vêtue uniquement d'une serviette de coton blanc, avec son bras autour de l'homme qui venait de la masser.

— Salut, lui dis-je en m'asseyant sur la chaise en face d'elle.

— Ma puce, cela me fait plaisir de te voir enfin ! Je me suis permis de commander pour toi.

Je jette un coup d'œil à mon téléphone. Je suis là depuis à peine dix secondes et elle essaie déjà de me faire culpabiliser. Ce doit être un record.

— Je sais, excuse-moi, cela fait un moment. Ces derniers temps ont été très mouvementés…

— À cause des préparatifs du mariage ? As-tu besoin d'aide ?

Plus que tu ne l'imagines.

Je secoue la tête.

— Non, Stella s'occupe de tout, dis-je alors que je l'imagine se démener pour trouver la troupe de danseurs de couteaux enflammés que Max vient d'ajouter à la liste.

J'aperçois du soulagement sur le visage de ma mère.

— J'ai vu sur Facebook que vous aviez reçu vos premiers cadeaux de mariage. Et cette photo amusante de toi où tu demandes aux gens de deviner le contenu d'un paquet. Je suis sûre que c'est un robot aspirateur !, s'exclame-t-elle en frappant dans ses mains.

Je repense au cliché que j'ai publié hier, avec la furieuse envie de vivre ma vie comme si je ne savais pas ce qui m'attendait. La première fois, j'avais soulevé le paquet, pris un air béat et souri de manière espiègle, tout en essayant d'imaginer ce qu'il y avait à l'intérieur, impatiente de connaître l'avis de mes amis. Mais cette fois-ci, cela semblait forcé.

Alors que ma mère rit à sa propre hypothèse, ses yeux bleu clair se ferment légèrement, laissant apparaître quelques ridules. Je trouve qu'elles rehaussent sa beauté ; elle envisage toutefois de les faire corriger. Quand elle m'avait fait part de son intention, j'avais essayé de la convaincre que le collagène qu'elle s'était déjà fait injecter dans les pommettes et le front n'était pas nécessaire. Je crains qu'une opération de chirurgie esthétique ne mène à une autre et que ma mère finisse par ressembler à ces femmes accros au Botox.

Je ne peux cependant pas le lui dire ; elle est persuadée que mon père a épousé Leslie pour s'exhiber fièrement avec une poupée Barbie au bras.

Cela me fait penser à Courtney. Je dis toujours à Julia combien le déni de ma mère en ce qui concerne mon père est profond. Je me demande si je ne vais pas suivre ses pas, en réclamant à cor et à cri quelque chose qui a disparu sous mes yeux.

— Puis-je te poser une question ? (Ma mère me fait oui de la tête, tout en sirotant son café.) Qu'est-ce qui t'a plu chez Papa ? Pourquoi as-tu eu envie de l'épouser ?

— Il avait absolument tout, réplique-t-elle sans réfléchir.

— Que veux-tu dire ?

— Il avait tout ce que j'avais toujours souhaité, toutes les qualités réunies chez une seule personne. (Elle sourit, mais son visage se rembrunit rapidement.) Enfin, avant qu'il ne rencontre cette femme.

Je me demande souvent si ma mère a des souvenirs fidèles de son mariage, ou bien si elle est devenue une révisionniste refusant d'accepter que l'amour de mon père pour une autre puisse être plus fort que celui qu'il avait éprouvé pour elle.

— Pourquoi cette question ?

Ma mère me lance un regard méfiant pendant que le serveur dépose devant elle une assiette de fruits et une autre d'œufs brouillés pour moi. Je me tourne vers les cuisines, comme si le reste de mes plats allait arriver – le bacon et les galettes de pomme de terre que j'aurais commandées –, mais c'est peine perdue.

Ma mère a un appétit de moineau et voudrait que je sois comme elle.

— Je suis tombée sur les vœux de Max et… Je ne sais pas, je n'ai ressenti aucune émotion particulière en les lisant.

Il avait décrit notre couple comme « confortable », à l'image de mes chaussons pelucheux roses que j'ai depuis l'université et que je porte à longueur d'année. A-t-il raison ? Si oui, est-ce une mauvaise chose ? Qu'y a-t-il de mal à ce qu'une relation soit simple et paisible ?

— Aucune émotion ?, ricane ma mère.

— Oui, je pensais que ses vœux montreraient qu'il me comprend.

— Te comprend ?, répète-t-elle, en penchant la tête sur le côté d'un air confus, comme si je m'étais exprimée en chinois.

— Je m'attendais seulement à ce que ce soit plus personnel… Qu'il rirait, peut-être même pleurerait en lisant son texte, parce que ses mots saisiraient toutes ces nuances que nous seuls pourrions comprendre… Les petites plaisanteries entre nous, tu vois ?

— Qu'a-t-il écrit d'autre ?, m'interroge ma mère tout en se penchant vers moi.

Je marque une pause et visualise les mots griffonnés dans le carnet de Max.

— Que nous sommes « faits pour durer ».

Le soulagement se lit sur son visage.

— C'est vrai ! Max et toi êtes solides comme un roc. Il t'aime et prendra soin de toi, ce qui est bien plus important que tu ne l'imagines. Je crois, ma chérie, que tu accordes trop de crédit à tout cela. Il n'y a pas de règles pour écrire des vœux. On exprime simplement ce que l'on ressent. Quoi que tu aies lu, c'est ce que lui a dans le cœur.

Peut-être est-ce là le problème. Il ne semble pas y avoir grand-chose.

— Mais n'est-il pas censé formuler une promesse ? Il n'en fait aucune.

— Comme quoi ? De t'aimer malgré la maladie ? (Elle rit et bascule la tête en arrière, comme si elle venait de raconter une plaisanterie hilarante.) Je me suis occupée de toi quand tu as eu ton intoxication alimentaire, tu n'as rien d'une patiente modèle !

Je lève les yeux au ciel.

— Changeons de sujet, dis-je, en me vengeant avec ma fourchette sur mes œufs et en ignorant le regard de ma mère lorsque je les sale. Parle-moi de toi.

— De moi ?

Elle fourre une myrtille dans sa bouche.

— Penses-tu un jour ressortir avec quelqu'un ?

— Je t'en prie. (Elle secoue énergiquement la tête.) Je suis très bien toute seule.

Elle hausse un sourcil, mais sa dernière injection de Botox empêche son front de se plisser.

— Vraiment ?, fais-je avec insistance et je l'observe gesticuler sur sa chaise.

Elle n'a jamais été du genre à approfondir les sujets intimes, préférant que la conversation reste superficielle, à l'image de son profil Facebook. « C'est merveilleux ! Regardez-moi ! Je suis si heureuse ! »

Cependant, je peux facilement percevoir chez elle une tristesse latente qui frise souvent l'amertume.

— Veux-tu arrêter ? Évidemment que je suis bien comme ça ! Je suis à la retraite et plutôt à l'aise financièrement, grâce à de judicieux investissements en Bourse. Merci Google ! (Elle rit.) Sans parler du fait que je ne me suis jamais sentie aussi en forme de ma vie. As-tu vu ces bras ? (Elle contracte l'un de ses biceps.) Mais par-dessus tout, je t'ai toi. Que demander de plus ?

De l'amour ? Un bonheur réel qui ne soit pas fabriqué de toutes pièces ?

— Et si tu rencontrais l'homme idéal ? Serais-tu prête à envisager une relation ?

Les yeux de ma mère s'embuent de larmes et elle détourne rapidement le regard. Quand elle repose les yeux sur moi, elle s'est ressaisie.

— J'ai tellement eu le cœur brisé que je préfère que mon bonheur ne dépende pas d'autrui.

— Je ne parle pas de te remarier, Maman, ni même de tomber amoureuse. N'as-tu pas au moins envie d'aller prendre un café avec quelqu'un ?

Je pourrais faire le vœu qu'elle rencontre un homme sympathique ; je pourrais lui offrir ce qu'elle est trop effrayée de faire d'elle-même.

— C'est toujours pour plus qu'un café, ma chérie, réplique-t-elle en secouant la tête. Revenons à toi. Max et toi partagez quelque chose de fort ; des milliers de femmes donneraient tout pour être avec un homme tel que lui. L'idylle, l'étincelle, toutes ces choses dont tu aurais voulu qu'il parle dans ses vœux, rien de tout cela ne te garantit que vous finirez vos jours ensemble. Ce n'est pas parce qu'il n'écrit pas comme T.S. Eliot qu'il n'est pas l'homme qu'il te faut. Apprends de mes erreurs, Kate. Ne pense jamais que ton couple va de soi, car Max pourrait un jour partir. Pire encore, il pourrait finir dans les bras d'une autre.

La vérité de ses paroles me frappe durement. Je pense à Courtney et à son « grand jour » dans l'entreprise de Max. À son nouveau poste dont je suis indirectement – ou directement – responsable, malgré tous mes efforts pour l'éloigner de Max. Ma mère a raison, je dois m'accrocher à lui. Je ne parviens toutefois pas à oublier le mot employé par Ruby : le « destin ». J'ai besoin de savoir par-dessus tout pourquoi il m'a été permis de remonter le temps, et il n'y a qu'un seul moyen de le découvrir. Je dois cesser d'avoir recours à la magie et laisser le destin suivre son cours, quelle qu'en soit l'issue.

Chapitre 15

— C'est quoi ce délire ?, fais-je lorsque Liam se gare le long du trottoir à bord d'un cabriolet Porsche noir.

— Quoi ?, répond-il avec un large sourire tandis que je prends place sur le siège passager. Ce n'est qu'une voiture.

— Qu'est-il arrivé à Frank ?, lui dis-je, faisant allusion à la Ford Explorer blanche que je l'avais aidé à choisir et à surnommer, il y a presque dix ans.

« Frank Ford » avait toujours tenu une place particulière dans mon cœur, ne pétaradant même pas lorsque j'avais vomi sur toute la banquette arrière après la fête pour mes vingt et un ans à Venice Beach.

— Ne t'inquiète pas, Frankie va bien. Il se repose confortablement dans mon garage. Cette petite merveille n'est qu'un prêt.

— Laisse-moi deviner : de Nikki ?

Je blêmis en prononçant son nom. A-t-elle fait comprendre à Liam que ce n'est pas bien d'être aperçu avec Frank Ford ? Je me sens offensée pour Frank. Pour Liam aussi.

Celui-ci me regarde en coin alors qu'il s'engage dans la circulation, coupant la route à un gros 4 x 4, avant d'accélérer sur la voie de gauche pour s'insérer sur l'autoroute. Je lui avais demandé s'il pouvait me ramener chez moi, puisque Max avait pris ma voiture ce matin. J'avais espéré que Max m'appellerait pour savoir si j'avais retrouvé ses clés, mais je n'avais pas eu de ses nouvelles de toute la journée. Mon esprit s'était emballé à imaginer ce qui pouvait se passer entre Courtney et lui à son travail. Des images d'eux en train de flirter passaient en boucle. Je voyais Max effleurer « accidentellement » le bras de Courtney et ressentir une décharge électrique dans tout le corps, tandis qu'il l'accompagnait dans le couloir étroit menant à la salle de réunion, où elle devait rencontrer les autres membres de l'équipe créative. J'imaginais Courtney s'excuser de venir le déranger dans son bureau pour savoir où elle pouvait trouver agrafeuses et perforatrices. J'avais même envisagé Max s'attarder sur le seuil de sa porte, puis l'inviter nonchalamment à l'accompagner pour le déjeuner dans son bistrot préféré situé au coin de la rue. À la fin, ne pouvant plus supporter toutes ces images, j'avais fermé la porte de mon bureau, clos mes paupières jusqu'à ce que l'obscurité s'empare de moi et hurlé à pleins poumons : « Stop ! »

— Je pensais que tu serais contente. Si je me souviens bien, c'est toi qui es à l'origine de cette liaison, lance Liam, d'une voix forte pour couvrir le bruit de la circulation.

J'attrape mes cheveux et les tresse pour éviter qu'ils ne s'emmêlent au vent.

— Excuse-moi, dis-je en poussant la voix comme lui. Je suis contente pour toi. C'est juste que je ne voudrais pas qu'elle te change.

— Qu'elle m'échange ?, demande-t-il avec une expression incrédule. Pourquoi m'échangerait-elle ?

— Qu'elle te change !, crié-je, alors que nous doublons un semi-remorque, dont les gaz d'échappement me piquent les narines. Comme cela ! (J'écarte grand les bras.) Rouler à toute allure sur l'autoroute dans une voiture de sport tape-à-l'œil ? Se crier dessus pour couvrir le bruit des motos et des camions ? Cela ne te ressemble pas ! D'habitude, tu refuses même de t'asseoir en terrasse de café à cause des voitures !

Liam reste silencieux pendant qu'il sort de l'autoroute, se gare dans une petite rue et appuie sur un bouton pour remettre la capote.

— Penses-tu réellement que conduire une Porsche pendant quelques jours va me changer, Kate ? Tu me crois superficiel à ce point ?

— Non, bien sûr que non, lui réponds-je, la tête baissée. C'est juste que… Regarde-toi : des lunettes de soleil Gucci à quatre cents dollars et, attends, n'est-ce pas une chemise Chanel ? (Je me souviens qu'à mon travail, un mannequin de Calvin Klein en portait une similaire.) Et je t'ai vu sur Facebook aujourd'hui : sur la page d'un magazine *people* ! Avec comme question : « Que pensez-vous du nouveau

Roméo de Nikki ? » ! Comment peux-tu affirmer que cette liaison, comme tu l'appelles, ne te change pas ?

Je revois mes collègues féminines se pâmer devant la photographie de Liam sur Facebook, et j'avais secoué la tête en étudiant les commentaires des internautes plutôt que la montagne de dossiers qui s'étaient amoncelés depuis le départ de Courtney, chaque remarque d'ordre sexuel sur sa beauté me mettant encore plus mal à l'aise que la précédente. Quand j'avais fait ce vœu pour Liam, je n'avais pas réfléchi à son impact éventuel sur sa vie ou notre amitié. Je ne l'aurais peut-être pas fait autrement.

Liam redémarre et prend un virage serré à droite, en direction de mon appartement.

— Écoute, je sais que les apparences laissent croire le contraire, mais ce n'est pas moi qui change.

Il me lance un regard qui en dit long.

— Que sous-entends-tu ?

— Tu le sais parfaitement.

— Je ne change pas tant que cela !

— Ah oui, vraiment ? Alors, parle-moi, s'il te plaît, de cette tenue affreuse qui est arrivée chez moi hier et que je suis censé porter à ton mariage ? La Kate que je connais ne demanderait même pas à son pire ennemi de porter du lin !

Il avait raison ; j'avais fait livrer la nouvelle tenue de témoin de Liam chez lui, car j'étais incapable de lui faire face. J'avais écrit sur un Post-it jaune : « Porte ceci sans discuter et je considère que nous sommes quittes pour t'avoir arrangé le coup avec Nikki », mais je savais qu'il y aurait un revers.

— Ce n'est qu'un pantalon et une chemise. J'essaie seulement de montrer à Max que je fais des efforts. Que je me soucie de lui.

Liam gare la voiture devant mon immeuble et se tourne vers moi, le regard tout à coup adouci.

— Je sais combien tu désires ce mariage, donc je ne vais pas insister. Mais, s'il te plaît, rappelle-toi une chose…

— Quoi ?, dis-je, surprise d'apercevoir deux silhouettes à travers les voilages de mon appartement.

— S'il ne veut pas de toi telle que tu es, en vaut-il réellement la peine ?

— *Dixit* l'homme à la chemise Chanel à deux mille dollars.

Je ris doucement, mais Liam ne m'imite pas.

— Je suis sérieux, Kate. Ce n'est pas un jeu. C'est du restant de tes jours dont il est question.

— Message reçu. (Je me penche vers lui pour lui faire la bise.) Merci. Pour le conseil et pour m'avoir ramenée.

— Il n'y a pas de quoi. Au fait, pour ta gouverne, Julia et moi ne modifions rien du tout pour ton enterrement de vie de jeune fille le week-end prochain. Et nous ne te ferons pas porter un de ces horribles accoutrements hawaïens – même si c'est très, très tentant !

Il rit avant d'ajouter :

— À moins qu'on n'opte pour un mini-pagne ? Hmm… On devrait peut-être envisager cette option !

Il m'adresse un clin d'œil.

— Jamais de la vie !, lui réponds-je en souriant.

J'ai été si absorbée par les changements concernant le mariage que j'avais complètement oublié mon enterrement de vie de jeune fille prévu dans une semaine. Nous nous étions beaucoup amusés lors du premier. Je m'étais sentie si heureuse : Julia, Courtney, Liam et moi avions dansé toute la nuit, le voile kitsch dont ils m'avaient attifée tournoyant autour de moi tel le ruban d'une gymnaste. Je m'efforce de ne pas songer à quoi ressemblera cette fois la célébration d'un événement qui pourrait ne pas avoir lieu, en compagnie de la personne qui veut me priver de tout ce bonheur.

Je sors de la voiture et salue Liam de la main, qui démarre en trombe afin de retrouver Nikki pour le dîner – épisode qui sera sans doute relaté sur le site internet de TMZ dès ce soir. Avant de repartir, il m'a invitée à une fête organisée par le magazine *Los Angeles* en l'honneur de Nikki, la semaine précédant le mariage.

— Je viendrai si tu me promets de porter une chemise qui coûte moins cher que ma robe de mariée, ai-je plaisanté, en lui soufflant un baiser tandis qu'il jouait avec la pédale d'accélérateur.

J'ouvre la porte sans bruit, m'interrogeant toujours sur la personne qui tient compagnie à Max. J'ai le souffle coupé en l'apercevant retirer le muselet d'une bouteille de champagne dans la cuisine aux côtés de Courtney, puis la secouer en sa direction, comme s'il allait lui faire sauter le bouchon au visage. Je connais bien cette farce. Il m'avait fait la même le soir de nos fiançailles.

Je laisse tomber mon sac sur la table pour les avertir de ma présence et tous deux lèvent les yeux simultanément. Je cherche sur leur visage de la déception, de la culpabilité, le moindre indice qui m'indiquerait ce qui se passe réellement entre eux, mais je ne décèle rien. Max ne s'éloigne pas d'elle d'un bond comme s'il agissait mal ; quant à Courtney, elle soutient mon regard tout en s'approchant de moi, me serre mollement dans ses bras et me dit que j'arrive juste à temps pour trinquer avec eux.

— À quoi buvons-nous ?, fais-je les dents serrées, me rappelant soudain la dernière fois où Courtney est venue chez nous, quelques jours seulement avant le mariage.

Je l'avais invitée – quelle ironie ! – pour fêter le nouveau contrat que nous venions de décrocher. J'avais pour l'occasion acheté une bonne bouteille de vin et nous l'avions bue tout en discutant pendant des heures dans le patio. En y repensant, je m'étonne que Courtney n'ait jamais semblé absente, comme si son esprit était ailleurs. Max, qui rentrait de son footing, était venu la saluer, torse nu et en sueur, au moment même où elle allait partir.

— La nuit est plutôt sombre, laisse-moi te raccompagner, lui avait-il proposé et je m'étais sentie fière d'être fiancée à un homme si prévenant.

J'avais fortement étreint Courtney et lui avais souri quand ils avaient tous deux franchi la porte d'entrée. En me préparant à aller me coucher, je savourais ma chance d'avoir une si bonne amie et un merveilleux fiancé… Avaient-ils pendant ce temps planifié leur avenir ?

— À la première journée de Courtney, qui s'est très bien passée !, me répond Max et je comprends soudain pourquoi je n'ai pas eu de ses nouvelles de la journée : il était trop occupé à choisir le champagne chez le caviste avec Courtney. Elle a même plu à Ernie !, s'esclaffe-t-il, en référence à leur P-DG qui a la réputation d'être soupe au lait.

— Génial, dis-je du bout des lèvres, tandis que Max sert une autre flûte qu'il me tend. Où étaient tes clés ?, fais-je en pointant du doigt le trousseau posé sur le bar.

— Oh, je suis vraiment idiot. En fait, elles étaient dans ma besace !

Il regarde Courtney et ils éclatent de rire, comme s'il s'agissait d'une plaisanterie entre eux. Je l'imagine alors lui raconter cette histoire à la machine à café, Courtney battant des paupières et gloussant devant son étourderie.

— Pardon, ma chérie, ajoute-t-il, un peu comme une réflexion après coup.

— Pas de souci, lui réponds-je mollement. Liam m'a ramenée à la maison, dis-je en ne m'adressant à personne en particulier.

— Ah, très bien, conclut Max d'un ton jovial, avant de faire tinter son verre contre celui de Courtney, puis le mien.

Je m'assois au bar et les écoute me régaler de toutes leurs anecdotes de la journée, depuis le nom de Cathy que le nouveau supérieur de Courtney n'a cessé de lui donner, jusqu'au restaurateur ambulant qui s'est installé devant leur entreprise et qui prépare les mini-hamburgers les plus « appétissants » au monde. Je hoche la tête de temps à autre et m'efforce de ne pas suffoquer. J'ai provoqué tout cela. J'ai essayé de les éloigner l'un de l'autre et, au lieu de cela, je les ai davantage rapprochés. Plus je cherche à m'accrocher à Max, plus il semble se détacher, comme un tissu qui s'effilocherait inexorablement. Tandis que j'observe Courtney et Max rire à propos d'une réunion pénible sur la réglementation, il me paraît de plus en plus difficile de croire qu'ils ne finiront pas ensemble. Peut-être est-ce pour cette raison que les gens ne veulent pas connaître la date de leur mort : comment vivre pleinement quand on sait la fin proche ?

Plusieurs verres de champagne plus tard, Courtney finit par rentrer chez elle, mais pas avant que Max ne lui propose de passer la prendre le lendemain pour aller ensemble au bureau.

— Super, dis-je en moi-même, pendant qu'ils se chamaillent pour décider s'ils écouteront l'iPod de Courtney ou celui de Max.

Plus tard dans la soirée, lorsque nous montons dans notre chambre, je pose à Max cette question évidente :

— Alors, es-tu content d'avoir Courtney comme collègue ?

— Bien entendu, répond-il innocemment. Tu le sais mieux que quiconque. C'est bien toi qui disais qu'elle seule rendait ton travail supportable ?

Oui. C'était vrai. Mais c'était avant qu'elle ne brise ma vie et ne t'enlève à moi.

— Oh oui, elle est géniale !, dis-je en essayant de retenir le sarcasme qui avait cherché à poindre toute la soirée.

— Qu'y a-t-il ? (Max s'assoit sur le lit.) On dirait que tu es fâchée. Est-ce parce que je ne suis pas venu te chercher au travail ?

Je viens à côté de lui et lui attrape la main.

— Non, même si cela aurait été sympa.

— Excuse-moi. Je crois que je ne me fais jamais de souci pour toi de ce point de vue-là.

— Que veux-tu dire ?

— Tu es sans doute la fille la plus indépendante que je connaisse, m'explique-t-il. Parfois, je me demande même si tu as besoin de moi.

Il rit, mais ses yeux sont pleins d'interrogations. Mon pouls s'accélère. Ai-je donné à Max l'impression de ne pas me reposer sur lui ? Je lui serre la main plus fermement.

— Mais j'ai besoin de toi. Plus que tu ne le crois.

Une larme s'échappe de mon œil quand je me rappelle la détermination avec laquelle il avait voulu me quitter. Max essuie cette larme sur ma joue.

— Tu sais, tu aurais très bien pu me demander de venir te chercher. Je ne sous-entendais rien par cette histoire d'indépendance. Je voulais simplement dire que je savais que tu trouverais une solution pour rentrer. C'est tout.

— Tu es sûr ? Parce que je veux que tu saches que tu peux tout me dire. Même si tu penses que cela me blessera. Il vaut mieux que nous ayons une discussion franche maintenant, avant le mariage.

Max reste silencieux et je vois quasiment les rouages tourner dans sa tête. J'imagine qu'il prend conscience de ses sentiments naissants pour Courtney, mais qu'il se convainc que cela ne signifie rien. Il secoue lentement la tête, étouffant sans doute le petit pincement au cœur qu'il éprouve en sa présence et décidant que cela ne vaut pas la peine de gâcher tout ce que nous avons – pas encore.

— Peut-être que cette escapade à Big Bear ce week-end nous fera du bien ?, lui dis-je pleine d'espoir.

J'ai sur le bout de la langue « J'ai l'impression de te perdre », toutefois je crains trop de prononcer cette phrase de vive voix. Me voilà assise à côté de l'homme que j'aime, celui que je suis censée épouser, le reste de ma vie en suspens, et je suis incapable d'articuler ces quelques mots, trop effrayée de demander à Max à quel point il s'est déjà éloigné de moi. De découvrir s'il a envie même que je le retienne. Au lieu de cela, j'enfouis ma tête dans son cou et espère qu'il entendra dans mon cœur les mots que je ne parviens pas à exprimer.

— Oui, finit-il par déclarer. Cela nous fera du bien.

Chapitre 16

En préparant mes valises pour Big Bear, je caresse du pouce le tissu en lycra de mon bikini jaune poussin. Surgit alors un souvenir du jour de notre départ pour Hawaï. Max venait de rentrer de son footing matinal et j'avais rouvert ma valise pour y mettre ce maillot de bain, ainsi qu'un paréo assorti et un chapeau de paille démesuré. Il m'avait surprise à califourchon sur le sac à roulettes noir et rouge, pesant dessus de tout mon poids pour tenter de faire glisser la fermeture Éclair. J'avais levé les yeux et l'avais découvert appuyé contre le montant de la porte, les joues blêmes, et non rouges comme elles le sont habituellement après ses dix kilomètres de course.

— Qu'est-ce qui ne va pas ?

Je m'étais dressée d'un bond, le sac se rouvrant brusquement pour laisser apparaître le chapeau de paille aplati. Dépitée, je l'avais sorti du sac.

— Je te regarde, c'est tout, m'avait-il répondu, puis il avait bu longuement à sa bouteille d'eau.

— Ah ?, avais-je fait en continuant de le dévisager, une expression insondable dans ses yeux.

— Tu es belle, tu sais ? Et tu es une femme bien.

— Merci. Tu n'es pas mal dans ton genre non plus, ma foi !

— Kate, je t'aime.

— Moi aussi, je t'aime, lui avais-je répondu, déconcertée par son ton solennel.

Je m'étais penchée pour l'embrasser, mais avais manqué ses lèvres car il m'avait attrapée et serrée fort dans ses bras. Je m'étais libérée de son étreinte en me tortillant. La sueur sur sa poitrine avait formé une énorme tache sur ma robe d'été.

— Qu'est-ce qui te prend ? Tu sais que nous allons être en retard si tu ne files pas sous la douche. En plus maintenant, il faut que je me change ! (J'avais secoué la tête en le regardant.) Nous avons cinq heures et demie de vol pour nous câliner !

— Tu as raison, m'avait-il répondu en souriant.

Cependant, en me retournant vers le sac d'où s'était échappée une paire d'espadrilles, j'avais du coin de l'œil aperçu l'expression de Max : il semblait triste.

Cela constituait un signe supplémentaire que j'avais de toute évidence refusé de voir. À tel point que je l'avais refoulé jusqu'à présent… Le bikini avait exhumé ce souvenir. Je mets ce maillot de bain de côté et lui préfère un une-pièce noir classique ; je n'ai pas envie de revivre cet instant, celui où Max aurait pu m'annoncer qu'il ne pouvait pas aller à Hawaï parce que je n'avais pas prêté suffisamment d'attention à tous ces détails. Si l'écouter avait été plus important que le nombre de chaussures que je pouvais caser dans ma valise.

À la première heure demain, nous emprunterons cette route sinueuse vers le village de montagne où nous nous sommes révélé notre amour, avec les grands sapins verts qui se dresseront autour de nous, les larges vallées qui nous donneront le vertige et le silence dans la voiture qui, je l'espère, ne sera pas assourdissant. Ces derniers jours, nos conversations ont été limitées ; nous sommes comme deux étrangers sous le même toit, nos emplois du temps professionnels devenant de plus en plus exigeants afin que nous puissions prendre deux semaines de congés pour le mariage et la lune de miel. L'implication de Max pour son travail ne m'inquiète pas ; la fois précédente, il avait passé autant d'heures à son bureau, alors que Courtney ne s'y trouvait pas. Même si elle est à présent sa collègue, j'ai le sentiment qu'elle est en formation la plupart du temps et qu'ils ne se croisent qu'occasionnellement, dans les couloirs ou sur le parking. Mon imagination a peut-être été trop débordante. En revanche, je m'inquiète en constatant combien mes rares échanges avec lui semblent manquer de naturel (quand nous mangeons en silence dans la cuisine des plats à emporter, par exemple, ou quand nous nous croisons dans la salle de bains). Je me sens tenue à l'écart de sa vie et regrette qu'il ne me donne pas plus de détails sur ses journées, sur ce qu'il ressent. Lorsque je m'étais plainte car Magda m'avait demandé de chercher un remplaçant à Courtney, il avait dodeliné de la tête comme s'il écoutait, mais n'avait rien dit du tout. Garde-t-il tout pour lui, comme s'il redoutait que le moindre mot trahisse ses pensées ? Y compris ses doutes à mon sujet. Je ne l'ai donc pas encouragé à s'exprimer, espérant que notre escapade à Big Bear nous inciterait naturellement à discuter comme autrefois – et lui rappellerait peut-être le couple que nous formions.

***

— Kate, quand aurez-vous des candidats à me présenter ?

La voix perçante de Magda gronde dans mon téléphone plus tard dans la journée alors que je suis blottie dans mon bureau, en pleine séance de relaxation grâce à mon iPod. J'éloigne le combiné de mon oreille pendant qu'elle m'explique en hurlant l'effet néfaste de cette absence dans l'équipe dirigeante sur notre image auprès des clients.

En vérité, je n'avais trouvé personne qui arrivait à la cheville de Courtney. Sa conscience professionnelle, la savante dose d'humour et de passion qu'elle insuffle à ses présentations, son don inné pour deviner les désirs des clients sont incomparables. Je déteste l'admettre, mais elle me manque. Pas la Courtney qui veut me prendre Max, mais celle qui me facilitait grandement la vie au travail. Je fixe la pile de CV sur mon bureau : une ribambelle de personnes tuerait pour décrocher ce poste, mais aucune d'elles n'égale son expérience ou son talent.

— Êtes-vous certaine de ne pas vouloir réengager Courtney ?, m'entends-je demander à Magda.

— Hors de question !, s'écrie-t-elle.

— Bon d'accord, fais-je calmement. Je vais continuer de chercher.

— Essayez LinkedIn, aboie-t-elle avant de raccrocher.

— Ouah ! Merci pour le tuyau, dis-je dans le vide.

Je regarde par la fenêtre et me demande à quoi ressemblerait ma vie si j'avais accepté que Max ne m'épouse pas. Il y a tant de choses que je ne saurai jamais. Travaillerais-je encore dans cette agence avec Courtney, ou l'une de nous deux aurait-elle démissionné à cause de la tension insurmontable entre nous ? Max et Courtney auraient-ils formé un couple solide ou auraient-ils rapidement découvert, une fois leurs sentiments clandestins dévoilés au grand jour, que l'excitation avait disparu ? Et comment savoir si j'aurais été malheureuse sans Max ou si, après avoir vécu seule quelque temps, je me serais rendu compte que j'étais mieux sans lui ? Je n'en saurai jamais rien car, pour une raison que j'ignore, une seconde chance m'a été accordée. Je m'accroche à cette lueur d'espoir, à ce minuscule rayon de soleil qui perce à travers la fissure et me rappelle que j'ai encore des raisons d'y croire. L'univers a commis une erreur et tente de se racheter.

Je reçois une notification de Callie Trenton sur mon téléphone. Cette amie de l'université a commenté ma photographie du cadeau de mariage de forme curieuse : « Sans aucun doute, un appareil à muffins. Ils font fureur ! » Je me rends sur son profil, où je découvre une série de clichés de ses dernières vacances en famille aux Bahamas. En parcourant son album, je me sens tiraillée par la jalousie, sentiment qui grandit lentement jusqu'à m'obliger à fermer complètement Facebook.

— Elle ne publie que les meilleurs aspects de sa vie, proteste catégoriquement Julia quand je lui décris au téléphone ces photographies, dont la dernière représentait le ventre légèrement arrondi de Callie, annonçant qu'elle attend son troisième enfant.

— Elle a beaucoup de « meilleurs aspects », lui fais-je remarquer.

— Quel âge ont ses enfants déjà ? Je ne me souviens plus.

— Je ne sais pas.

— Tu espionnes pratiquement le profil de cette nana et tu n'es même pas capable de leur donner à peu près un âge ? Allez !

— D'accord… Huit et dix ans peut-être ?

— Oh, ma belle, laisse-moi te dire quelque chose. C'est sans conteste un accident !

— Pourquoi dis-tu cela ?

Je revois les mains de Callie sur son petit ventre, le soleil couchant derrière elle lui donnait des airs d'ange et le message accompagnant la photographie, « Le paradis sur Terre », paraissait on ne peut plus approprié.

— Je suis sur son profil et je te garantis qu'il est impossible qu'au bout de huit ans, son mari et elle se soient tendrement regardés dans les yeux pour se dire : « Tu sais quoi ? Notre vie est un peu trop calme ces derniers temps. Nous dormons des nuits entières, les enfants sont propres et quasiment capables de se débrouiller tout seuls, donc revivons l'enfer d'avoir un bébé ! » C'était comme si Ben et moi décidions d'avoir un autre enfant. J'aime mes enfants. Mais trois ? Non merci ! Je n'imagine même pas prendre un animal ! Je ne peux pas être responsable d'un être vivant supplémentaire, pas même d'une fichue plante verte !

— Tu ne te trouves pas un petit peu dure avec toi ?, lui dis-je en riant, surprise par son ton.

— Je te fais simplement remarquer que, peu importe la véritable histoire derrière cette grossesse, Callie a les mêmes ennuis dans la vie que tout le monde. Mais elle ne publie rien à ce sujet. Comme toi et moi. Regarde ta mère. Nous savons toutes les deux qu'elle est aigrie la moitié du temps à cause de ce qui lui est arrivé il y a vingt ans, mais si tu te fies uniquement à son mur Facebook, personne n'est aussi bien dans sa peau qu'elle. (Julia ricane.) Comme son statut d'aujourd'hui...

Je soupire en me rappelant le dernier message posté par ma mère : l'épilation au laser serait la meilleure invention depuis le pain tranché.

— Alors, Big Bear demain ! Impatiente ?, me demande Julia.

Je suis ravie qu'elle change de sujet, même si celui-ci n'en est pas moins douloureux.

— Je suis nerveuse. J'ai l'impression que tout va se jouer là-bas. Que si je n'arrive pas à communiquer avec Max ce week-end, c'est terminé.

— Tu y arriveras. Vous avez seulement besoin d'un peu de temps pour vous deux, déclare-t-elle avant de s'interrompre, et ses mots paraissent en suspens dans l'air.

— Quoi ? Je sens que tu penses à quelque chose. Dis-moi ce qu'il y a.

Julia soupire avant de me répondre, comme si elle s'interrogeait sur ma capacité à supporter son monologue intérieur. Elle finit par briser le silence.

— Le mariage, c'est difficile, Kate. Mon mariage est difficile. Même quand tu pars du bon pied, tu ne dois jamais cesser de te battre. Dès que tu arrêtes, il commence à te glisser entre les doigts. Donc, si c'est cela que tu veux…

— Oui, c'est ce que je veux, l'interromps-je.

— Alors bats-toi comme une lionne et, quoi qu'il arrive au final, tu n'auras pas de regrets.

Je marque une pause pour méditer sur ses paroles et comprends qu'il n'est pas uniquement question de moi. Je sais à présent que son mariage présente des fêlures et je me demande depuis quand elles sont apparues. Peut-être que si j'avais été un peu plus attentive, si je n'avais pas été aussi égocentrique, j'aurais remarqué plus tôt que Julia n'allait pas bien.

— Julia, tu sais que tu peux me parler de tout.

— Tu es suffisamment occupée comme cela avec tes problèmes, poulette !

Elle rit, mais j'entends sa voix s'étrangler légèrement.

— C'est vrai. (Je ris avec elle.) Mais, sérieusement, Julia, j'étais tellement dans mon monde que je n'ai même pas remarqué que mon fiancé en pinçait pour l'une de mes amies les plus proches. Je t'annonce donc que j'ai officiellement arrêté de me regarder le nombril. Je ne veux pas passer à côté d'un problème important que pourrait connaître une personne que j'aime. Alors, je suis là pour toi. D'accord ?

Je marque une pause, espérant qu'elle comblera rapidement le silence en me racontant ce qu'elle traverse, qu'une fois les mots prononcés, elle sera soulagée et ne se sentira plus aussi seule. Que rien que le fait de me parler lui fera du bien. Je l'entends prendre une profonde inspiration.

— Ne t'inquiète pas, mes problèmes seront encore là une fois le tien résolu. On pourra s'en occuper à ce moment-là, d'accord ? Oh, merde !, s'écrie-t-elle.

— Qu'y a-t-il ?

— Je dois te laisser, mon soufflé au fromage est sur le point de retomber. Et je suis en retard pour la leçon de piano d'Evan. Ou est-ce son cours de foot ? Zut ! Bonne chance pour ce week-end ! Je t'aime !

— Moi aussi, je t'aime, lui dis-je, mais elle est déjà partie, et je souhaite que ce soufflé soit la seule chose qui s'écroule dans sa vie.

***

— Rien n'a changé, tout est exactement pareil, dis-je en laissant tomber mon petit sac de voyage sur le fauteuil côtelé acajou et en tirant les rideaux pour découvrir le bleu intense du lac Big Bear.

Le trajet en direction du village de montagne avait commencé lentement, mais, très vite, grâce aux recherches effrénées que j'avais menées sur Google la veille, j'avais assailli Max de questions mûrement pesées à propos du produit sur lequel travaille actuellement son entreprise.

Je sens les bras de Max s'enrouler autour de ma taille, puis son menton se poser sur mon épaule.

— C'est magnifique. Cela te tente d'aller faire du kayak ?, me propose-t-il en me tendant une brochure qu'il a dû trouver dans le hall d'entrée.

J'ai en tête une cinquantaine d'autres choses que je préférerais faire.

— Pourquoi pas… Mais j'avais bien envie d'ouvrir cette bouteille d'abord. (Je me dirige vers mon sac duquel je sors une bouteille de vin.) Et d'ouvrir cela ensuite, dis-je en attrapant Max par le jean.

Je l'entraîne vers le lit et jette le couvre-lit coloré sur le sol. Je m'efforce de ne pas chercher sur son visage le même désir que je ressens, de ne pas interpréter chacune de ses caresses. Mais, à mon soulagement, Max m'étreint avec une ardeur que je ne lui ai pas connue depuis des mois, ses dents effleurant mon oreille alors qu'il me pousse sur le lit ; il ne prend même pas la peine de me dévêtir, se contentant de retrousser ma jupe, puis il se glisse en moi. Nous crions quelques minutes plus tard lorsque nous jouissons ensemble, avant de nous effondrer, toujours enlacés dans les bras l'un de l'autre. Pour la première fois depuis que je possède ce pouvoir, j'ai oublié Courtney et ce qui s'est passé la veille de mon mariage. J'ai oublié de craindre que Max ne me fasse revivre tout cela. Durant ces brefs instants de bonheur, je me suis oubliée.

— Ne le prends pas mal, déclare Max en écartant une mèche de cheveux de mon visage. C'était génial ! Cela m'a semblé nouveau, comme avant, au début.

— Je suis on ne peut plus d'accord, dis-je en me blottissant contre lui.

— Et dire que je voulais faire du kayak à la place !

Il rit tout en me caressant la jambe, et des frissons d'excitation me font frémir de la tête au pied. Je m'appuie contre son torse qui se soulève et s'abaisse, et ma respiration s'accorde sur la sienne. *C'est nous. C'est ce que nous sommes : deux personnes imprévisibles, en harmonie parfaite*, me dis-je intérieurement tout en sombrant dans un sommeil profond.

Je me réveille quelques heures plus tard, au moment même où le soleil se couche. J'enfile la chemise de Max et contemple le lac par la fenêtre : un hors-bord passe et les vagues de son sillage viennent clapoter contre les rochers du rivage.

— Salut, me dit Max, la voix encore enrouée de sommeil.

— Salut.

— Je meurs de faim, déclarons-nous à l'unisson et nous nous sourions, les yeux dans les yeux.

Je sens alors ma bouche s'entrouvrir pour former les mots que j'ai besoin d'exprimer, afin que nous puissions réellement aller de l'avant. Pour lui demander pour Courtney. Je veux lui expliquer qu'elle pourrait le rendre heureux aujourd'hui – en cette période déroutante qu'il traverse –, mais que je suis la femme qui le rendra heureux toute la vie. Au lieu de cela, je déclare :

— J'ai réservé au même restaurant, faisant allusion à l'établissement où Max et moi avions dîné et vidé deux bouteilles de vin la première fois où nous étions venus ici. J'ai déjà l'eau à la bouche en repensant à la sauce au beurre qui nappait mon homard.

— Je prendrai le faux-filet, c'est certain ! (Max se redresse, se frotte le ventre, et mes yeux s'attardent sur son nombril.) Je peux t'aider ?, me taquine-t-il.

Sans lui répondre, je me déshabille et l'enfourche, l'embrasse longuement et langoureusement, jusqu'à ce qu'il soit de nouveau en moi, dévorée par le désir de me délecter de lui. Après avoir fait l'amour, je le serre fort, passe ma main dans ses cheveux, tentant de mémoriser la sensation de ses mèches entre mes doigts.

— Regarde-nous, on dirait un couple de jeunes mariés, dis-je sans réfléchir et aussitôt je panique, refusant de voir son visage se tordre à l'idée que nous allons nous marier.

— Mais c'est ce que nous serons bientôt !, me répond-il et il m'embrasse délicatement sur les lèvres. Cela ne me dérange pas que nous ayons pris un peu d'avance.

Alors qu'il se dirige vers la douche, je me rends compte que c'est la première fois, autant que je m'en souvienne, qu'il parle de « nous » après notre mariage. Je laisse le nœud dans mon estomac se défaire doucement en me remémorant les paroles de Julia. *Je suis en train de gagner le combat.*

***

La serveuse nous installe à une table près de la fenêtre qui donne sur une rue pittoresque du centre-ville. Max ne m'a pas paru aussi détendu depuis longtemps. Une fois le vin servi, il lève son verre à pied.

— J'aimerais que l'on trinque, déclare-t-il, les petites taches dorées de ses yeux luisant à la lumière des bougies.

Je brandis mon verre et attends qu'il poursuive.

— À nous deux, lance-t-il, en faisant tinter son verre contre le mien.

— À nous deux, dis-je en écho, avant d'ajouter : À ce que nous sommes.

— Kate, je veux… J'ai besoin de te parler de quelque chose, m'annonce-t-il posément, et je sens mon estomac se nouer à nouveau en voyant son visage se contracter.

Me serais-je complètement trompée ?

— D'accord, lui réponds-je prudemment, tout en espérant qu'il n'aperçoive pas la peur dans mon regard.

— Je sais que ces derniers temps, j'ai été un peu distant, enfin même très distant, et je te dois des explications.

— Bien, parviens-je seulement à dire.

— Aimeriez-vous connaître nos plats du jour ?, nous interrompt le serveur.

Nous devons tous les deux afficher la même expression qui hurle « non », car celui-ci opine de son chef dégarni et s'empresse de disparaître.

— Ce que je voulais te dire, Kate, c'est que j'étais perdu. Nous avons été si accaparés par toute cette histoire de mariage. J'ai commencé à avoir l'impression que… (Il regarde son verre.) Qu'il était davantage question du vin que nous allions servir que de notre vie à deux. Je me suis mis à avoir des doutes. Puis, euh… Il s'est passé quelque chose. Il me semble que tu devrais savoir.

Non. Je n'en reviens pas, cela se reproduit, encore. Et plus tôt cette fois-ci.

Le regard baissé sur la serviette en lin noir posée sur mes genoux, je tente de refouler mes larmes.

— Kate ? Tu vas bien ?

Je relève les yeux et lui réponds oui d'un signe de tête, trop effrayée d'ouvrir la bouche.

— Oh, mon Dieu ! Tu es déjà au courant ?

Il boit une grande gorgée de vin.

Oui, je suis déjà au courant, mais je resterai patiemment assise là pendant que tu me brises une nouvelle fois le cœur.

— Max, dis-moi simplement de quoi il s'agit, s'il te plaît, finis-je par lui demander, me préparant à la douleur cuisante de ses mots.

— Courtney m'a embrassé, déclare-t-il d'une voix à peine audible.

— Quoi ? Quand ?, fais-je en haussant le ton.

Je ferme la bouche pour m'empêcher de hurler.

— Mais je ne lui ai pas rendu son baiser, je te le jure, affirme-t-il catégoriquement.

Je le crois. Pourquoi m'annoncer cela et me mentir ensuite sur les détails ?

— Pourquoi t'a-t-elle embrassé ?, lui dis-je, bien que je connaisse déjà la réponse.

— Je lui ai peut-être donné une fausse impression. Non pas que je lui cherche des excuses, mais il y avait sans conteste un truc entre nous. J'ai senti que quelque chose dans notre amitié avait changé récemment. Je ne vais pas te mentir, c'était très déroutant. J'ai commencé à me poser des questions : est-ce que cela voulait dire qu'il y avait un problème entre nous deux ? J'ai pensé que si je me rapprochais aussi facilement d'une autre femme, c'était peut-être le signe que toi et moi n'étions pas faits l'un pour l'autre.

Il secoue la tête.

— Et que s'est-il passé ?

— Il y a deux ou trois jours, nous sommes tous les deux restés tard au travail et elle est venue dans mon bureau pour me poser une question sur la couverture santé que j'avais choisie. J'étais en train de lui expliquer pourquoi j'avais opté pour telle formule plutôt que telle autre quand, tout à coup, elle a posé ses lèvres sur les miennes. Je ne lui ai pas rendu son baiser. Elle était comme en état de choc, puis elle a bredouillé une excuse et est partie en courant, en larmes. (Il s'interrompt et me regarde, mais comme je demeure silencieuse, il poursuit.) Ensuite, je suis resté là un long moment. Un peu comme si le fait qu'elle m'ait embrassé avait dissipé ce brouillard épais qui m'enveloppait. Je croyais que je me sentais perdu à cause de Courtney et des sentiments que je pouvais éprouver pour elle, mais j'ai compris alors qu'il s'agissait de nous. Que nous nous étions éloignés l'un de l'autre ces derniers temps. Tu l'as remarqué toi aussi, non ? Je ne suis pas fou ?, m'interroge-t-il, le regard suppliant.

— Non, tu n'es pas fou, lui réponds-je doucement, en essayant d'assimiler ses paroles.

Courtney l'avait embrassé et c'est moi qu'il choisissait. C'est moi que Max veut.

— Je l'ai constaté également, dis-je, la chaleur dans ma poitrine me montant aux joues.

C'était ici, dans ce restaurant, que tout avait commencé entre nous. Comme ce serait ironique que cet endroit devienne aussi celui où nous aurons peut-être la chance de tout recommencer.

— Et puis, quelque chose a changé. Tu es si différente et nous sommes bien à nouveau ensemble. Et c'est ce que je veux. Je te veux, toi. Je nous veux, nous. (Il me regarde, inquiet de ma réponse.) Kate, veux-tu toujours de nous ?, finit-il par me demander.

J'imagine Courtney se pomponner dans le miroir des toilettes des femmes, se rendre ensuite dans le bureau de Max, son cœur battant la chamade tandis qu'elle déboutonne rapidement le haut de son chemisier, avant de franchir la porte. Elle parle un peu de choses et d'autres, pose sa prétendue question sur la couverture maladie, puis tend ses lèvres brillantes et se penche vers Max, convaincue qu'il lui rendra son baiser, que ce sera le début de leur conte de fées. La fois précédente, peut-être avait-elle eu son *happy end*. Mais cette fois-ci, c'est mon tour. Le destin m'a rendu Max.

— Oui, je le veux, dis-je enfin.

J'attrape la main de Max posée sur la table et décide de ne pas le laisser m'échapper. Plus jamais.

Chapitre 17

C'est intéressant de voir combien les gens réagissent différemment aux mauvaises nouvelles. Certains pleurent, certains sont quasiment en état de choc, d'autres rient. Le mécanisme par lequel notre esprit et notre corps nous protègent de la douleur m'a toujours paru fascinant. Par exemple, après le départ de mon père, je n'ai jamais vu ma mère pleurer, pas une seule fois. En réalité, lorsque la camionnette remplie de ses affaires avait démarré, nous étions toutes les deux derrière la fenêtre. Ma mère avait gloussé, puis elle avait frappé dans ses mains et suggéré que nous sortions acheter des glaces au chocolat. Ne sachant que penser de sa réaction, je l'avais simplement suivie, ravalant mes larmes, tandis que la camionnette – et, avec elle, mon espoir secret que mon père ne parte pas – disparaissait. À présent, après avoir appris une nouvelle fois la trahison de Courtney, même si j'ai le cœur tellement brisé que ma poitrine me semble vide, je ne veux pas que Max perçoive mon chagrin. Car je sais que, en dépit de la terrible douleur que je ressens en cet instant, je m'en sortirai. Et que nous finirons ensemble.

Le soulagement se lit sur le visage de Max, qui observe le mien.

— Je… Je ne m'attendais pas à ce que tu réagisses comme cela. J'étais convaincu que…

— Que je serais fâchée ?

L'ancienne Kate l'aurait été. L'ancienne Kate aurait voulu arracher les lèvres pulpeuses de Courtney de son joli minois, avant de flanquer une bonne fessée à Max. Il hoche la tête en buvant une grande gorgée d'eau ; ses joues pâles retrouvent lentement leur couleur. *Il désire réellement que cela fonctionne entre nous.*

— Eh bien, je ne saute pas non plus de joie… (Je m'interromps pour tenter de refouler l'image de Courtney appuyée contre le bureau de Max, attendant le moment propice pour passer à l'action.) Mais je suis contente que tu m'en aies parlé. Tu n'imagines pas à quel point ton honnêteté me touche.

Je souris, mes yeux plantés dans ceux de Max, et j'ai le sentiment pour la première fois depuis longtemps d'avoir en face de moi l'homme dont je suis tombée amoureuse. Je me rappelle comment, la veille encore, mes paroles n'avaient pu sortir, de peur de lui dévoiler les pensées qui tourbillonnaient dans ma tête.

— La leçon de cette histoire, je crois, c'est que nous devons mieux communiquer, conclus-je.

Max pose sa main sur la mienne.

— Je suis d'accord… Et je suis désolé.

— De quoi ? Tu lui as dit non. Tu l'as repoussée. (Max ouvre la bouche, puis la referme vivement, me faisant penser à une marionnette.) C'est à Courtney d'être désolée !, dis-je un peu trop fort, et un couple de personnes âgées à la table à côté nous lance un regard noir.

Nous prenons tous les deux un morceau de pain à l'ail chaud que le serveur vient de déposer sur notre table avant de s'enfuir à nouveau. Tout en mâchonnant, j'attends que Max approuve ce que je viens de dire. Il fronce fortement les sourcils, comme il a l'habitude de le faire quand il réfléchit sérieusement. Je sais qu'il veut bien peser les mots qu'il s'apprête à prononcer.

— Elle a dépassé les bornes, c'est certain. Mais on ne peut pas tout lui mettre sur le dos. Comme je te l'ai expliqué, les limites de notre amitié étaient brouillées. Je m'en veux de lui avoir peut-être donné de faux espoirs. Je me sens mal par rapport à toi, mais aussi par rapport à elle.

L'aveu de Max me donne des frissons et je me rends compte combien j'avais été aveugle la première fois. Il m'avait dit qu'il ne s'était rien passé entre eux avant le mariage et je l'avais cru. En réalité, je ne peux me défaire de cette impression tenace que le fait d'être au courant de leur « relation » semble avoir, d'une manière ou d'une autre, tout accéléré. Courtney l'a embrassé car elle a senti que je n'avais pas du tout l'intention de le laisser partir.

— Je veux que tu saches que, moi aussi, je suis désolée…

— Toi ? Mais pour quoi ?, s'étonne Max.

— Pour n'avoir pas fait de nous ma priorité. Pour avoir préparé le mariage plutôt que notre vie à deux.

— Merci, j'apprécie. Mais, franchement, je vais te dire quelque chose de bizarre et je ne veux pas que tu l'interprètes mal…

Il s'arrête, attendant mon approbation.

— Vas-y, je t'écoute.

— Je n'arrive pas à chasser ce sentiment étrange que cela devait arriver. Tu vois, pour que ça marche entre nous.

Je songe à Ruby qui m'avait expliqué que les choses n'étaient pas aussi simples que je le souhaitais. Peut-être est-ce cela qu'elle avait voulu dire : tout dans ma vie devait être confus afin que la situation finisse par s'améliorer.

— Je le pense aussi.

Max relâche ses épaules et baisse le regard pour examiner le menu, et je sens la tension dans ma nuque et mon dos se dissiper. Je patiente quelques minutes, en faisant semblant d'étudier les plats du jour (les raviolis au homard, les gnocchis à la sauge, le filet mignon et ses pommes de terre à l'ail), consciente de devoir aborder encore un autre sujet.

— Bon, fais-je doucement. Il nous faut prendre une décision à propos de Courtney. De toute évidence, nous devons changer certaines choses.

Max plisse le front, une expression désespérée s'abattant sur son visage.

— Kate, je ne peux pas la faire virer.

Je me mordille la lèvre en songeant au vœu que j'avais formulé : je comprends combien j'ai fait mauvais usage de mon pouvoir, me comportant comme une petite fille méchante dans la cour de récréation, qui abuse de son statut social pour rabaisser ses camarades de classe.

— Ce n'est pas à ça que je pense ! Elle a mérité ce poste et, d'après ce que tu m'as raconté, elle est très douée.

Max se pince les lèvres et hoche légèrement la tête, se gardant d'être trop élogieux envers Courtney, même si je devine qu'il le serait dans d'autres circonstances.

— Elle n'est plus mon amie, reprends-je.

Je me surprends un peu moi-même à rassembler mes souvenirs avec elle et à les archiver dans un carton dans un coin de ma tête : les soirées où nous allions prendre un verre dans un bar sordide sur Sunset Boulevard, afin d'oublier notre journée de travail ; nos fous rires si forts que j'avais peur de faire pipi dans ma culotte ; la fois où elle m'avait surprise en pleurs à mon bureau, alors que ma mère venait de me conseiller de trouver un homme au plus vite car l'horloge tournait… Elle avait refusé de partir tant que je ne lui avais pas promis une dizaine de fois que j'allais bien.

J'attends la réaction de Max, mais il ne m'offre rien de plus qu'un regard attentif.

— Pareil pour vous deux, d'accord ?

Il soupire bruyamment et passe une main dans ses cheveux.

— Comment je fais ? Elle travaille dans la même boîte que moi maintenant… (Il se frotte les tempes.) Rien que les deux derniers jours ont été délicats, je l'ai fuie comme la peste.

— Tu dois rester professionnel avec elle, mais plus de concert, plus de champagne dans notre cuisine, fais-je en haussant les sourcils.

— Bien sûr. Ce sera une relation strictement professionnelle.

— Et si elle te coince pour te demander des explications, dis-lui tout simplement que tu préfères que vous ne vous voyiez plus en dehors du travail. (Je marque une pause en songeant que c'est grâce à moi qu'elle a obtenu ce poste.) Ou propose-lui de m'appeler, si elle a des questions.

Max me lance un regard acerbe.

— Et toi ? Comment vas-tu te débrouiller pour gérer la situation avec elle ?

Je prends une seconde pour réfléchir. Je me suis tellement focalisée sur Max que je n'ai pas le moindre instant envisagé les conséquences sur mon amitié avec Courtney. La trahison que j'ai ressentie avant même qu'elle ne l'embrasse m'a brûlé le cœur à petit feu, mais je n'ai jamais pris le temps d'analyser la douleur qui l'accompagnait. Dire au revoir à Courtney implique non seulement de devoir l'affronter elle, mais aussi ce qu'elle a fait. Elle est mon amie depuis de nombreuses années et une partie de moi pleurera cette perte, un vide qui restera béant longtemps après que nos chemins se séparent.

— J'irai lui parler lundi. Je lui demanderai de ne pas venir à mon enterrement de vie de jeune fille, ni au mariage, dis-je catégoriquement, même si je redoute cette conversation. Maintenant, revenons à nous. Inutile de gâcher davantage notre week-end en parlant d'elle, tu ne crois pas ?

Max acquiesce, puis se met à secouer la tête.

— Quoi ?

— Dire que j'étais sur le point de tout gâcher, s'indigne-t-il en attrapant mon genou sous la table.

Je me contente de lui adresser un sourire désabusé et fourre un morceau de pain dans ma bouche, afin de ne pas lui révéler que je me réjouis que cela soit arrivé et qu'il ait pris, cette fois-ci, la bonne décision.

***

Le week-end s'écoule très vite, Max et moi entièrement absorbés l'un par l'autre, comme aux prémices de notre relation, nous promenant main dans la main, partageant une glace sur un banc en bois. Nous avons même fait une sortie en kayak sur le lac, sans que je me plaigne lorsqu'il s'est renversé, anéantissant par là même mon brushing. Pour la première fois depuis longtemps, nos conversations ont été naturelles. Il faut dire que j'ai veillé à choisir des sujets susceptibles d'intéresser Max et évité d'évoquer les préparatifs du mariage. Cela peut attendre.

Le premier soir, dès que Max s'est endormi, j'ai envoyé un texto à Julia et Liam pour leur annoncer que nous étions officiellement « de nouveau ensemble ». La réponse de Liam m'a peinée, reflétant son attitude depuis qu'il fréquente Nikki. Il a simplement écrit : « Super nouvelle ». J'ai fixé son message, en attendant plus, l'encourageant mentalement à ajouter quelque chose, à me répondre qu'il était heureux pour moi (comme il est censé l'être), à me dire n'importe quoi. Même s'il est avec Nikki depuis peu de temps, je sens que quelque chose a changé chez lui et, malgré tous mes efforts, je ne réussis pas à me défaire de ce sentiment, ni à l'expliquer.

Julia a réagi avec bien plus d'enthousiasme. Elle m'a envoyé une suite d'émoticônes représentant des flûtes de champagne et des applaudissements, puis m'a aussitôt demandé si je pouvais lui réserver mes vœux restants. J'ai ri et Max s'est retourné dans le lit. Tout en regardant ses paupières s'agiter, intriguée par les rêves qu'il pouvait faire, je me suis interrogée : comment allais-je utiliser mes vœux à présent ? Mon objectif était de récupérer Max et, maintenant que j'y étais parvenue, avais-je encore ce pouvoir de souhaiter des changements dans ma vie ? En avais-je même seulement envie ?

***

Le lundi matin, en me réveillant dans notre lit, chez nous, alors que je suis blottie contre le corps musclé de Max, son bras entourant ma taille d'un geste protecteur, je sens soudain une vague d'émotions me submerger. Une nuée de papillons danse dans mon ventre à la pensée de l'épouser à la fin du mois. Ma gorge ne se nouera plus de peur que ce mariage n'ait pas lieu, mais je suis néanmoins nerveuse et, à vrai dire, triste à cause de la conversation que je dois avoir avec Courtney. Je suis consciente qu'une partie de moi la regrettera. J'espère seulement que Max n'éprouve pas le même sentiment.

Je me gare devant l'entreprise de Max à dix-huit heures précises, heure à laquelle, selon lui, Courtney sortira de l'immeuble. Pour la première fois depuis longtemps, Max et moi nous sommes envoyé beaucoup de textos, plaisantant paradoxalement sur le temps qu'il consacrait à l'éviter. Il a avoué avoir passé la moitié de la journée terré dans son bureau, terrifié à l'idée de la rencontrer à la machine à café. Cela m'a fait plaisir d'échanger à nouveau ces messages badins avec lui (je l'ai taquiné sur la déveine de se retrouver en manque de caféine pour ne pas avoir à croiser Courtney). Malgré cela, je demeure anxieuse.

J'aperçois Courtney pousser la porte, la moue boudeuse quand elle jette un coup d'œil à son téléphone. Je peine à conserver mon calme. Mon cœur bat si vite que je dois prendre de grandes respirations rien que pour ouvrir la bouche et prononcer son nom. Je finis par l'interpeller. Elle marque un temps d'arrêt en me voyant. Elle hésite et regarde en direction du parking couvert, cherchant sans doute une échappatoire avant de se rendre compte qu'elle est piégée. Elle se force alors à sourire et s'approche d'un pas hésitant de ma vitre ouverte.

— Salut. Tu viens chercher Max ?, me demande-t-elle nonchalamment, mais je remarque une pointe de tristesse dans son regard, qu'elle dissimule aussitôt derrière ses lunettes de soleil.

— Non, lui réponds-je calmement. Je suis venue te parler.

Courtney consulte son téléphone, toujours fermement serré dans sa main.

— Ah ?, fait-elle, manifestement prise au dépourvu. J'aurais bien aimé, mais je dois vraiment être à...

Je lui coupe la parole.

— Je suis au courant de tout.

Elle cligne rapidement des paupières derrière les verres tintés de ses lunettes aviateur.

— Je peux tout t'expliquer.

— Très bien. (Je tends le bras pour ouvrir la portière passager.) J'ai hâte de t'entendre. Monte.

Elle s'assoit et relève ses lunettes sur sa tête, les yeux inondés de larmes. Celles-ci se mettent à couler lentement, tel le goutte-à-goutte d'un robinet, puis se déversent en torrent dès qu'elle prend la parole.

— S'il te plaît, Kate, il faut que tu me comprennes. Je n'aurais jamais fait cela si je n'avais pas pensé...

Elle s'interrompt brusquement comme si terminer sa phrase la briserait.

— Penser quoi, Courtney ?, lui fais-je avec mépris. Si tu n'avais pas pensé qu'il poserait ses lèvres sur les tiennes pour te donner le baiser le plus long et le plus enflammé de toute ta vie ?

— Non, proteste-t-elle entre deux sanglots. Enfin... Sincèrement, j'avais l'impression qu'il ressentait quelque chose... Qu'il y avait un truc entre nous. Du moins, je le croyais. Comme j'ai été idiote ! De toute évidence, je me suis complètement trompée. Et maintenant, j'ai gâché notre amitié.

— Cela allait arriver de toute manière, dis-je catégoriquement.

Son regard est empreint de confusion, puis de résignation à mesure qu'elle assimile mes paroles.

— Je sais que tu ne me croiras sans doute pas, mais rien de tout cela n'était prémédité. Je n'avais jamais vu Max de cette façon jusqu'à récemment. Je me disais que c'était un type sympa et qu'il était parfait pour toi.

— Il *est* toujours parfait pour moi ! Ce n'est pas parce que tu le désires qu'il ne me convient soudain plus. Cela fait simplement de toi une très mauvaise amie.

Elle cligne des yeux à plusieurs reprises, comme si je l'avais giflée.

— Je sais, concède-t-elle à voix basse, puis lâche : Mais…

— Mais quoi ?

— Mais il faut que tu saches que cela m'est tombé dessus sans crier gare. Je n'ai jamais voulu que ça arrive. Jamais je n'aurais cru avoir de tels sentiments pour lui.

Moi non plus.

— Puis, quand j'ai décroché ce poste dans son entreprise, ajoute-t-elle, j'y ai vu comme un signe.

Ses mots me frappent de plein fouet et j'ai l'impression qu'un étau me comprime la poitrine ; mes doutes quant à leur rapprochement incessant s'intensifient lorsque je comprends que Courtney l'avait également remarqué. Elle s'empresse de combler le silence.

— Je devais faire ce choix cornélien : l'amie qui avait toujours été là pour moi ou l'homme avec qui j'avais le sentiment de devoir passer le restant de mes jours.

— Quel dilemme !, dis-je avec sarcasme, les yeux baissés pour ne pas voir la sincérité dans son regard.

Quand je les relève, j'aperçois ses lèvres s'entrouvrir, mais elle reste muette.

— Parfois, j'ai l'impression de t'avoir offert Max. Je vous ai laissés aller à des concerts ensemble, pendant que je me plongeais bêtement dans un roman à l'eau de rose. Quand vous discutiez de vos points communs et vous trouviez des affinités, je m'amusais à regarder des photos de bébés et de chiens sur mon compte Instagram. J'étais si sûre de moi, si confiante. Quelle idiote !

— Non, ne dis pas cela.

— Que devrais-je dire alors ? Je t'ai présenté Max avant même de le présenter à ma mère ! Je voulais que tu fasses sa connaissance parce que ton avis comptait énormément pour moi. Je voulais que tu l'apprécies. Pas que tu tombes amoureuse de lui ! (Je tape du poing sur le volant, ce qui déclenche le klaxon et fait sursauter Courtney.) Et tu sais le pire dans cette histoire ?

— Parce qu'il y a pire ?, demande-t-elle tout bas.

— Il ne mesure qu'un mètre soixante-quatorze, merde ! Allez, peut-être un mètre soixante-quinze. Tu as toujours dit que, pour rien au monde, tu ne sortirais avec un mec aussi petit. Tu es sûrement plus grande que lui avec des talons, non ?

— Je ne mets pas de…

— C'était une question rhétorique, Courtney ! Je me fous royalement des chaussures que tu avais aux pieds quand tu as tenté de lui mettre le grappin dessus.

— Je suis désolée, s'excuse-t-elle, ruisselante de larmes.

— Moi aussi, fais-je à voix basse.

J'observe sa peau de porcelaine et ses yeux injectés de sang et déteste le fait qu'elle soit toujours aussi belle malgré ses pleurs quasi incessants. Je me rappelle alors la nuit où Max m'avait assuré que je n'avais pas de souci à me faire. Que sa relation avec Courtney était identique à la mienne avec Liam.

— Je vous perds tous les deux à présent, murmure Courtney, la voix si tremblante que j'ai envie de la prendre dans mes bras pour la réconforter. (Je me rapproche de ma portière pour instaurer plus de distance entre nous.) Je veux que tu saches, Kate, que mon amitié avec toi a toujours été sincère. Même si tu penses sûrement le contraire à l'heure actuelle.

Elle s'essuie le nez avec le dos de la main et j'attrape un paquet de mouchoirs dans le vide-poches central.

— Tiens, dis-je en fourrant le paquet dans sa main.

— Merci.

Elle en sort un mouchoir et se mouche. Je fixe mon volant et laisse mes doigts parcourir l'emblème en son centre.

— Même si tu étais sincère, cela n'a plus d'importance. Ce qui est fait est fait. On ne peut pas revenir en arrière, mens-je et je me demande ce que Courtney ferait différemment si elle avait le pouvoir de modifier le passé.

— Il refuse de me parler, tu sais. Toi au moins, tu me donnes une chance de m'expliquer.

— Ce n'est pas pour ça que je suis ici. Je n'ai pas besoin de tes explications, dis-je d'une voix sèche qui fait légèrement tressaillir Courtney. (Elle demeure silencieuse et ses larmes se sont apaisées.) Je voulais simplement te dire que, bien entendu, tu ne peux plus venir au mariage, ni à tous les autres événements qui y sont liés…

Je m'interromps lorsque j'aperçois le regard de Courtney : elle s'apitoie sur son sort. Je me souviens tout à coup avoir déjà vu ce regard. Lorsque je l'avais trouvée en compagnie de Max sur le balcon, la veille de mon mariage, et lui avais naïvement demandé de prendre une photographie de nous. Je n'avais pas alors été capable d'interpréter l'émotion dans son regard. À présent, je comprends que c'était de la pitié. Elle n'était pas triste pour ce que Max et elle allaient me faire endurer, elle avait eu pitié de moi. Elle savait que Max me quitterait quelques instants plus tard pour elle, et elle nous avait froidement photographiés, avant de disparaître dans la nuit et fuir le rôle qu'elle jouait dans cette histoire.

— Mais, par-dessus tout, reprends-je, tu ne peux plus être notre amie. C'est irrévocable.

Le visage blême, Courtney acquiesce simplement. Elle est consciente que ce qu'il y avait entre nous est brisé. Sans prononcer le moindre mot, elle ouvre la portière et sort de la voiture. En la regardant s'éloigner, je m'étonne de ne pas me sentir plus victorieuse.

Chapitre 18

« L'amitié est une joyeuse responsabilité, qu'il ne faut jamais voir comme un tremplin. #LaVérité »

— Je m'oppose aux sucettes-pénis !, dis-je en riant au téléphone, alors que Julia discourt sur les accessoires qu'elle va acheter pour mon enterrement de vie de jeune fille.

Je peux l'entendre farfouiller dans les rayons du magasin *Tout sauf sage*, son ricanement aigu interrompant notre conversation toutes les deux minutes quand elle tombe sur une babiole obscène hilarante.

— Oh, ma belle, tu ferais mieux de jouer le jeu, c'est un enterrement de vie de jeune fille ! Tu devrais voir ce que j'ai en ce moment même dans les mains ! Un jeu de quilles avec des bites phosphorescentes ! Oh là là, je ne savais même pas que ça existait. Les choses ont bien évolué depuis les pailles en forme de pénis que nous avions à mon enterrement de vie de jeune fille !

Nous éclatons de rire au souvenir de Julia dansant sur le bar tout en sirotant son « queue-ktail », comme elle l'appelait ; elle avait failli tomber du bar en tentant de mimer une scène de *Coyote Girls*. La soirée s'était terminée lorsque le videur nous avait raccompagnées à la porte, où nous avions attendu d'un air faussement penaud que Ben vienne nous chercher.

Pour je ne sais quelle raison, Julia avait décidé qu'elle devait réorganiser totalement mon enterrement de vie de jeune fille par rapport à la première fois, même si la soirée tranquille qu'elle avait préparée, durant laquelle j'avais simplement porté une écharpe « Future mariée » et un petit voile, avait été parfaite. Je ne soupçonnais pas du tout alors les souffrances qui m'attendaient.

— La seule chose que nous devons changer cette fois-ci, avais-je expliqué à Julia lorsque je l'avais appelée la veille, quelques minutes seulement après ma conversation troublante avec Courtney, c'est la liste des invités.

Julia m'avait écoutée lui relater la discussion que Courtney et moi avions eue dans ma voiture. À la fin de mon récit, elle s'était exclamée :

— Tu vaux bien mieux que moi !

— Pourquoi dis-tu cela ?

— J'aurais eu du mal à ne pas lui mettre mon poing dans son joli minois !

— Détrompe-toi, j'y ai pensé. Mais c'est bizarre. Autant je suis en colère contre Courtney, autant une partie de moi est désolée pour elle. Je ne crois pas qu'elle aurait pu se sentir plus mal, pas même si je lui avais mis l'œil au beurre noir.

— Si tu le dis…

— Oui. Je veux seulement essayer d'aller de l'avant. De vivre ma vie avec Max. De me concentrer sur notre avenir.

— Je suis d'accord. Et première chose à faire en ce sens : un enterrement de vie de jeune fille qui déchire ! Avec des colliers de pénis !

— D'accord, finis-je par concéder, trop épuisée pour discuter.

Cela semble en outre lui faire plaisir ; elle est éteinte ces derniers temps et préparer cette fête lui fera, je l'espère, oublier son cafard.

— Julia ?, dis-je pour attirer son attention alors que j'entends des bips dans le combiné.

— Kate, tu ne croiras jamais ce que je viens de trouver !

— Je ne suis pas certaine de vouloir savoir.

— Un strip-poker électronique !, crie-t-elle.

Les bips retentissent à nouveau.

— Julia, dis-je en jetant un coup d'œil à la pendule sur mon bureau dont les aiguilles se rapprochent lentement de l'heure à laquelle j'ai rendez-vous avec Magda. Je dois te laisser. Amuse-toi bien dans ta quête de godemichés !

Après avoir raccroché, je découvre un flot d'e-mails qui sont arrivés pendant notre rapide coup de téléphone. Je commence à les parcourir quand une notification Facebook apparaît sur mon écran : l'une de mes amies de l'université vient de passer son statut en « mariée ». Je clique sur « J'aime », puis fais défiler mon fil d'actualités, grimaçant devant les annonces sans fin d'heureux événements, de poses soigneusement étudiées et de statuts mûrement réfléchis. Ces derniers jours, j'ai commencé à porter un regard différent sur Facebook, me demandant quelle véritable histoire se cachait derrière un selfie avec la bouche en cul de poule ou une photo chic en tenue de soirée. À Big Bear, lorsque j'essayais de renouer avec Max, bien que le week-end ait été très propice aux photographies, quelque chose m'avait dissuadée d'en poster ; je n'avais même pas indiqué le restaurant où nous avions dîné. Même si nous avions passé un merveilleux moment, je m'étais abstenue. Pour des raisons que je ne m'expliquais pas totalement, je n'avais pas eu envie de partager nos moments intimes avec d'autres personnes, comme j'ai pourtant l'habitude de le faire.

Je parcours ma liste d'amis pour voir si Courtney y apparaît toujours ou si elle m'a retirée de ses contacts. Comme je m'y attendais, son nom y figure encore, au milieu de ceux qui prétendent être ravis d'avoir de mes nouvelles au quotidien. Je me demande laquelle de nous deux sera la première à admettre publiquement que nous ne sommes plus amies.

***

J'ai toujours eu la conviction que Magda avait un sixième sens pour deviner ce qui se passe dans ma tête. Dès que je suis sur le point de faire ou de dire quelque chose, c'est comme si elle le savait déjà. Un jour, au cours d'une réunion, à peine avais-je entrouvert les lèvres qu'elle avait brusquement tourné la tête et pointé son doigt vers moi, me menaçant de son long ongle magenta :

— Ne songez même pas à suggérer un changement de slogan !

J'avais aussitôt fermé la bouche, me demandant comment elle avait deviné exactement ce que je m'apprêtais à dire. C'est pour cela que je m'évertue à l'éviter depuis que j'ai remonté le temps, m'arrangeant pour que la majorité de nos échanges se fasse par téléphone, car si je passe trop de temps en sa présence, j'ai peur qu'elle me toise et me reproche de ne pas m'être servie de mon pouvoir pour la faire rajeunir. Ainsi, quand j'avais décroché mon téléphone un peu plus tôt pour la tenir informée du recrutement du remplaçant de Courtney, cela ne m'avait pas surprise de recevoir au même instant un signal m'indiquant un appel sur mon autre ligne… C'était elle. Ce n'était pas la peine de l'appeler, elle préférait que je vienne dans son bureau.

J'attends sur le pas de sa porte à dix heures trente précises, sans oser entrer, jusqu'à ce qu'elle finisse par lever les yeux et me fasse signe d'approcher de son index. Je me glisse sur la chaise en face d'elle et patiente, m'efforçant au mieux de ne penser à rien.

— Vous pouvez cesser de m'éviter maintenant, lâche-t-elle brusquement.

— Excusez-moi ?, dis-je en adoptant le ton le plus innocent possible.

— Je sais que vous n'avez trouvé personne encore pour remplacer Courtney et…

— Je peux vous expliquer.

Magda fait la moue en penchant la tête sur le côté et je me tais aussitôt.

— C'est inutile. En réalité, vous pouvez cesser vos recherches.

— Vous avez trouvé quelqu'un ?

— Non, répond simplement Magda en ôtant sa veste et en lissant son chemisier noir en soie, sans manches, ses épaules décharnées faisant saillie. J'ai décidé que nous n'avions pas besoin d'engager quelqu'un. Vous avez admirablement pris la relève.

Je cligne rapidement des yeux. Il est hors de question que je continue à assumer la même charge de travail qu'actuellement. Mes pauses déjeuner se résument à créer des documents PowerPoint et j'emporte du travail à la maison tous les soirs. J'ai même dû, le dernier jour de notre week-end à Big Bear, rédiger plusieurs e-mails et préparer une présentation. Je sais que je cours au *burn-out* si je garde ce rythme plus longtemps. *Peut-être puis-je simplement faire le vœu que Courtney ne soit jamais partie ?*

— Mais...

Mon pouls s'accélère et des frissons de panique me traversent des pieds à la tête lorsque je commence à protester que je ne peux pas continuer ainsi – d'autant plus à l'approche du mariage –, mais Madga m'interrompt.

— Mon Dieu, Kate, on dirait que vous allez vous évanouir. Je pensais que vous seriez soulagée !, s'étonne-t-elle d'une voix incrédule. Courtney et vous n'étiez-vous pas toujours en compétition pour me montrer à quel point vous étiez compétentes individuellement ? Est-ce que vous ne cherchiez pas toutes les deux désespérément mon… (Elle attend un instant, même si je peux pratiquement apercevoir le mot pendre au bout de sa langue, tel un appât sur un hameçon.) Approbation ?, finit-elle par dire, en étirant chaque syllabe.

Je reste silencieuse, les mains moites d'inquiétude.

— À présent, elle n'est plus là. Ne comprenez-vous pas, Kate ? Vous avez gagné.

Je me force à hocher la tête, puis quitte rapidement le bureau de Magda, dont l'expression sur le visage est catégorique : rien ne pourra la faire changer d'avis. Je me précipite vers mon bureau, avec l'impression d'avoir reçu un coup de poing dans le ventre ; la liste de mes tâches me paraît si longue que j'en ai le vertige. Depuis l'appel que je dois passer à Stella pour discuter d'un million de détails à propos du mariage jusqu'aux trois campagnes publicitaires que je gère – toutes avec une échéance en fin de semaine , je suis submergée. Je m'engouffre dans les toilettes pour m'asperger le visage d'eau, dans l'espoir que la sensation de froid sur mes joues stoppe au moins le tremblement de mes genoux.

— Désolée, c'est fermé pour nettoyage, lance une voix féminine derrière la porte.

J'agrippe le lavabo et me demande quand j'aurai de nouveau l'impression d'avoir la situation en main. J'ai le sentiment tenace d'être spectatrice de ma propre vie. Alors que je fixe mon reflet cireux dans le miroir, un chariot de serpillières sort des toilettes.

— Je voudrais seulement m'asperger un peu..., dis-je avant de m'arrêter brusquement lorsque j'aperçois les boucles familières de Ruby.

Celle-ci attrape dans le chariot un panneau jaune « Sol glissant », le pose devant la porte des toilettes, puis ferme le verrou et se tourne vers moi.

— Vous n'avez pas l'air en forme.

— Vraiment ?, fais-je en levant les yeux au ciel.

— Je dois avouer que vous êtes un cas épineux.

— Que voulez-vous dire ?

Je la regarde fixement, espérant qu'elle m'épargne ses habituelles réponses sibyllines.

— Eh bien, au moment précis où je pensais que vous aviez choisi votre voie, vous prenez un virage à cent quatre-vingts degrés.

— En quoi est-ce un problème pour vous ? Parce que vous ne m'avez jamais réellement expliqué pourquoi vous vous intéressez à moi. Est-ce le mot juste, Ruby, « s'intéresser » ?, dis-je, incapable de contrôler la colère dans ma voix.

Elle ignore ma question et me lance un regard que je ne parviens pas à déchiffrer.

— Pardon. Je suis énervée...

— Parce que vous avez l'occasion de réécrire votre vie ? de corriger les erreurs ? C'est cela qui est rageant ?, s'indigne Ruby en faisant la moue.

— Eh bien... oui et non. Enfin, pourquoi ne me dites-vous pas tout simplement ce que je suis censée faire ? N'est-ce pas pour cette raison que vous apparaissez ?

Ruby secoue la tête.

— Non, je suis seulement là pour m'assurer que vous allez bien.

— Sans véritablement m'aider ?

Elle ignore mon ton sarcastique.

— Comme d'habitude, vous ne pouvez me poser qu'une seule question, déclare-t-elle tout en faisant tremper sa serpillière dans le seau, avant de la passer sur le linoléum.

Je réfléchis un instant, évaluant rapidement les interrogations qui me pèsent aussi lourdement que des encyclopédies sur les étagères d'une bibliothèque.

— Eh bien, je suis sûre que vous le savez, mais Max et moi sommes de nouveau sur la bonne voie… (Je m'interromps, attendant qu'elle lève les yeux de sa serpillière – en vain.) Cela veut donc dire que c'est bon, n'est-ce pas ? Fini les surprises ? Nous allons bel et bien nous marier ?

Ruby daigne enfin poser le regard sur moi.

— Oui, si c'est cela que vous voulez.

Je sens une boule d'angoisse quitter lentement mon ventre.

— Merci, lui dis-je avant de commencer à m'éloigner. Quelque chose cependant me pousse à me retourner et j'aperçois Ruby qui me fixe, la serpillière dans une main, les sourcils froncés et le regard inquiet.

***

Le soleil s'est couché et les réverbères éclairent la rue quand je quitte enfin le bureau. J'ai eu beau travailler pendant le déjeuner et le dîner, je n'ai toujours pas barré autant d'éléments de ma liste que je l'aurais souhaité, mon esprit ressassant constamment ma conversation avec Ruby. L'inquiétude que j'ai lue sur son visage est-elle le fruit de mon imagination, ou est-elle bien réelle ?

J'agrippe le volant, mais ne mets pas le contact, ne sachant pas où j'ai envie d'aller. Je sors mon téléphone et envoie un message à l'unique personne à qui je désire parler.

Une sonnerie m'avertit quelques instants plus tard d'une réponse de Liam et je souris. J'ai l'impression de m'éloigner fortement de lui ces temps-ci. Julia et lui ont toujours été les seules personnes sur qui je pouvais absolument compter, mais dernièrement, une distance est apparue entre nous. Je sais que c'est uniquement parce qu'il a été très pris avec Nikki, cela me met néanmoins mal à l'aise. Tout semble tant changer dans cette vie, et je ne suis pas certaine que ce soit pour le mieux. Les mains fébriles, je lui envoie un texto, priant pour qu'il accepte d'aller boire une bière avec Elvis et moi. Mais sa réponse est laconique.

« Impossible, désolé. Suis chez Nikki. »

Des larmes me piquent les yeux tandis que je fixe le nom de Nikki et tape plusieurs messages puérils que j'efface immédiatement, sans vraiment comprendre pourquoi je me sens si bouleversée. Liam s'abandonne seulement à elle comme tout un chacun le ferait. Je dois surmonter ma crainte qu'en raison de son histoire avec Nikki, il ne puisse plus être là pour moi. Que l'une des rares personnes qui m'a toujours comprise ne puisse consacrer cette énergie à comprendre quelqu'un d'autre. Je tapote le téléphone contre mon front et m'ordonne de grandir. Liam est l'un de mes meilleurs amis et je dois le laisser être heureux, même si cela signifie que je doive me débrouiller sans lui.

Je conclus, en démarrant la voiture, que je me suis trompée sur ma destination. Je prends une profonde inspiration et tourne le volant en direction de mon appartement, avec l'envie soudaine de me blottir dans les bras musclés de Max, de m'abandonner à lui comme Liam avec Nikki, de l'aider à percer une brèche dans le mur de silence qui s'est érigé entre nous.

Chapitre 19

— J'ai un rendez-vous, s'exclame ma mère sur le seuil de ma porte, quelques minutes seulement après m'avoir prévenue par un texto sibyllin qu'elle devait me faire une annonce très importante « en personne ».

Elle se tord les lèvres, comme si cette nouvelle était impensable, comme si elle venait de voir un cochon voler dans le ciel.

Cela a été rapide. J'ai fait le vœu hier soir que ma mère rencontre quelqu'un. Allongée dans les bras de Max, je pensais à elle : elle était sans doute chez elle dans son fauteuil en cuir acajou démesuré, à regarder les rediffusions de *New York, police judiciaire*, les mains enroulées autour d'une tasse de thé Earl Grey. C'est comme si elle avait renoncé à l'amour dès l'instant où mon père était parti, telle une danseuse qui raccroche après une blessure, trop effrayée de se blesser à nouveau. Une fois Max endormi, j'ai formulé ce vœu, en espérant que celui-ci ne se retourne pas contre moi.

— Raconte-moi tout, et tout de suite !, dis-je à ma mère en la tirant par le poignet pour la faire entrer.

Nous nous rendons dans le patio ; ma mère ferme les yeux et pousse un soupir en se calant dans l'un des fauteuils en bois. Je m'assois en face d'elle et pose mes pieds nus sur un pouf, le soleil de juin déjà chaud malgré l'heure matinale.

— Alors ? Commence par le début et n'oublie aucun détail !

Quand ma mère a frappé à ma porte, j'étais sur le point d'enfiler mes Nike et d'aller courir avant de partir au travail, dans l'espoir que Max y voie le signe que je m'intéressais davantage à l'une de ses passions. Et qui sait ? Peut-être une fois les endorphines libérées, j'aurais été mieux préparée à affronter la longue journée qui m'attend – avec notamment la séance photo Calvin Klein pour la campagne des sous-vêtements fluo. Mais dès que j'ai appris la raison de la visite de ma mère, j'ai jeté mes baskets dans un coin, bien décidée à donner toute la priorité à cette conversation.

Depuis mon plus jeune âge, j'ai toujours été une éponge absorbant les émotions de ma mère. Si elle passe une mauvaise journée, cela vaut inévitablement pour moi aussi, son ton cassant et ses remarques cinglantes déteignant facilement sur moi. Si elle est d'humeur joyeuse, je suis aussi contaminée, presque à la manière d'un virus se propageant dans l'air. Et quand elle se sent seule, une douleur m'assaille fortement les tripes, comme si j'éprouvais moi aussi ce sentiment ; même hier soir, la tête contre le torse de Max, j'ai ressenti ce pincement familier qui m'a incitée à passer à l'action.

Ma mère rouvre les yeux et commence à parler.

— Eh bien, tu sais qu'on est jeudi et c'est toujours la course le jeudi matin. J'étais dans l'allée du garage, sur le point de monter dans la voiture pour aller au *Coffee Bean* me chercher un…

— Un café frappé ?, l'interromps-je, impatiente de connaître la suite de l'histoire.

— Tout à fait. Et là, Bill est venu me voir.

— Bill, le voisin ?, dis-je. (Ma mère rougit légèrement.) Le Bill qui était marié à Cheryl avant qu'elle ne parte avec son coach personnel ? Ce Bill-là ?

— Celui-là même, me répond-elle, la commissure de ses lèvres dessinant un timide sourire.

— Et qu'est-ce qu'il t'a dit ?

Je pense à Bill, qui habitait dans la maison jaune clair à côté de chez ma mère déjà du temps où mon père vivait là. Cet homme qui avait coutume de faire des barbecues dans son jardin, l'odeur de la viande grillée flottant jusqu'à nous, et qui passait toujours la tête par-dessus la clôture pour nous proposer ses brochettes. Cet homme qui m'avait aidée à changer une roue crevée sous une pluie battante un week-end où j'étais rentrée de l'université. Bill, bien sûr. Pourquoi n'ai-je pas pensé à lui plus tôt ? J'observe le visage de ma mère s'illuminer pendant qu'elle me raconte son histoire et je me rends compte qu'elle, en revanche, y a déjà songé.

— Il voulait seulement… Enfin… Je pensais qu'il allait me parler de la pluie et du beau temps comme d'habitude et, franchement, cela m'agaçait un peu qu'il me retarde, parce que je voulais passer au café avant d'aller au yoga. (Ma mère glousse.) Puis, il m'a simplement demandé si… s'il pouvait m'inviter. Se demandant pourquoi, après tout ce temps, nous n'étions pas encore sortis ensemble. (Ma mère secoue la tête.) Kate, honnêtement, il m'a fallu une minute rien que pour comprendre ce qu'il m'avait dit et… La tête qu'il faisait, tu aurais dû voir ! Il avait les joues marbrées – avec des taches rouges, tu vois – et de la sueur coulait sur son front.

— Et alors ? Ne me fais pas languir. Que lui as-tu répondu ?

— Je ne sais pas ce qui m'a prise, mais je lui ai dit : « Bien sûr, pourquoi pas ? » Là, comme ça, dans ma tenue de yoga, à peine maquillée !

Les yeux de ma mère pétillent à cette idée, ses joues s'empourprent et je m'aperçois que je ne me rappelle pas la dernière fois où je l'ai vue heureuse. Bien sûr, elle sourit. Bien sûr, elle rit. Mais d'un bonheur sincère ? Je ne m'en souviens pas.

— Et donc, quand vous voyez-vous ?

— Ce soir !, s'écrie ma mère.

— Maman, est-ce bien toi ?

— Je me le demande. (Ma mère s'interrompt pour observer un colibri qui s'est posé sur une branche de mon oranger et bat frénétiquement de ses minuscules ailes.) Quoi qu'il en soit, reprend-elle en tirant sur son débardeur en lycra, il me faut une nouvelle robe pour ce dîner !

Je la prends impulsivement dans mes bras. *Merci*, me dis-je. *Merci pour avoir exaucé ce vœu.*

— Qu'est-ce que ta mère voulait ?, m'interroge Max lorsqu'il rentre de son footing quelques minutes plus tard, après l'avoir croisée au moment même où elle partait.

En voyant ses cheveux mouillés et la sueur perlant sur son visage, je me rappelle pourquoi nous ne courons pas ensemble : nous avions déjà essayé, mais son allure était trop rapide et mes poumons m'avaient brûlée quand j'avais articulé péniblement : « Je dois m'arrêter, sinon je vais mourir. »

J'informe Max du rendez-vous de ma mère pendant qu'il prépare son smoothie énergisant préféré : betterave, myrtille, gingembre, jus de pomme, banane, noix de coco et chou frisé.

— Tant mieux pour elle, conclut-il en versant sa mixture dans un grand verre.

Je fronce un peu les sourcils en le voyant boire une grande gorgée, me souvenant de la fois où il m'avait convaincue d'y goûter. Il prend son iPad et commence à lire les actualités. J'hésite à lui demander si Courtney l'a contacté depuis ma conversation de la veille avec elle. Je sais que si je sors de la cuisine, m'apprête pour le travail et pars de la maison sans soulever le sujet, il ne le fera pas non plus. Cela avait été suffisamment difficile pour lui de m'avouer le baiser de Courtney ; il ferait sans doute n'importe quoi pour ne pas en reparler. Cependant, cela me ronge, j'ai besoin de savoir si elle a respecté la limite que j'ai clairement tracée.

À mon retour à la maison hier soir, j'étais trop épuisée émotionnellement pour évoquer la discussion que j'avais eue avec Courtney. Tout ce dont j'avais envie, c'était de me pelotonner contre Max, de savourer le plaisir de l'avoir de nouveau pour moi, refusant qu'elle accapare notre esprit davantage qu'elle ne l'avait déjà fait. À présent, j'observe fixement Max et me dis que nous devons crever l'abcès.

— Max ?

— Oui, répond-il sans lever le regard de son iPad.

— J'ai parlé à Courtney.

Il ferme les yeux avant de les rouvrir rapidement, la légère contraction de ses bras et de ses épaules trahissant sa nervosité.

— Je lui ai expliqué que nous n'étions plus amies.

— Comment cela s'est-il passé ?

Il me regarde un bref instant, puis retourne aussitôt à son article.

— Elle l'a assez mal vécu. Ce qui est intéressant étant donné les événements. Franchement, à quoi s'attendait-elle ?

— C'est mieux comme ça, affirme Max d'un ton catégorique, puis il se lève pour préparer du café, en me tournant le dos.

— Je suis d'accord. J'espère seulement qu'elle le comprend.

Je laisse ma phrase planer quelques instants. Mais il ne dit rien alors qu'il charge la cafetière en café moulu.

— Est-ce qu'elle t'a contacté hier soir, après notre discussion ?, lui dis-je nonchalamment, tout en me servant un verre de jus d'orange.

Je crois le voir se figer un bref instant, avant d'attraper la carafe par la poignée en caoutchouc noir.

— Non. Rien du tout.

— D'accord. Je pensais qu'elle t'enverrait peut-être un dernier message ou quelque chose. Tu sais, histoire de dire au revoir…

Je le regarde placer la carafe sous le robinet et la remplir d'eau, son visage restant de marbre.

— Je ne crois pas qu'elle me contactera, affirme-t-il, sûr de lui. Sauf au travail, bien entendu.

Mon expression se durcit légèrement à l'évocation de leur relation professionnelle, puis, comme s'il avait perçu mon appréhension (je ne suis pas certaine que cela soit aussi simple qu'il le pense, surtout quand je me rappelle les sanglots de Courtney dans la voiture), Max se dépêche d'ajouter :

— Je suis désolé pour ce qui est arrivé, Kate. Mais il va falloir que tu me fasses confiance. D'accord ? Je te promets que cela ne se reproduira pas. (Il se penche pour m'embrasser doucement.) D'accord ?

Je hoche la tête, bien décidée à laisser s'échapper le dernier sentiment de malaise qui m'habite. Je songe à Ruby et à sa remarque selon laquelle je ne cesserais de changer de direction. Était-ce à cela qu'elle faisait allusion ?

***

— Ah, vous voilà !, me souffle Magda quand je me présente au studio à onze heures tapantes.

Je me demande pourquoi elle se comporte comme si j'étais en retard alors que je suis en avance d'une demi-heure.

— Tout va bien ?

Elle m'attire à l'écart d'un petit groupe de maquilleurs, agglutinés autour du dernier numéro d'*InStyle*.

— Le client n'est pas content, me chuchote-t-elle.

L'odeur de son parfum est si forte que cela me donne envie de tousser.

Connaître les événements à l'avance ne peut pas m'aider à résoudre ce problème car, la fois précédente, cette séance photo n'avait pas eu lieu en studio. En effet, Courtney, encore en charge de la campagne « Tout feu tout flamme », avait convaincu le client de prendre les clichés sur Figueroa Street dans le centre de Los Angeles, même si cela dépassait largement leur budget et que la fermeture de cette rue très passante nécessitait des dizaines d'autorisations. Son idée était que le mannequin en sous-vêtements fluo déambule au beau milieu d'hommes d'affaires en costume trois-pièces. La légende aurait été : « L'habit ne fait pas le moine, mais ses sous-vêtements oui ! » Bien entendu, l'allusion avait juste ce qu'il fallait d'osé pour attirer l'attention. La publicité avait rencontré un vif succès auprès des panels de consommateurs auxquels nous l'avions soumise. Cependant, après le retrait de Courtney de cette campagne, puis sa démission, les dirigeants de Calvin Klein s'étaient montrés nerveux, convoquant une réunion avec Magda et moi dans le but de « repenser la stratégie » de la séance photo. Le doute se lisait dans leurs regards lorsque j'avais tenté de les persuader de dépenser les milliers de dollars supplémentaires, comme Courtney y était si facilement parvenue, quelques semaines auparavant.

Voilà comment nous nous retrouvons à présent dans un studio insipide et, étrangement, le client n'est satisfait d'aucune des mises en scène que nous lui proposons. Je soupire. Courtney saurait comment nous sortir de cette situation. Mais, encore une fois, nous n'en serions pas là sans ses écarts. Je revois son regard vide quand, sur le siège passager de ma voiture, elle avait compris que notre amitié était terminée. Que l'homme qu'elle aimait avait pris ses distances. Elle avait joué gros et avait perdu : l'avantage procuré par mes vœux était trop écrasant pour lui permettre de remporter la partie. Voyager dans le temps est cependant un don curieux : certes, je peux modifier ma vie, mais s'agit-il encore réellement de ma vie ?

Lorsque la séance photo s'achève enfin, mes jambes sont lourdes comme du plomb. Je me traîne jusqu'à ma voiture et m'avachis sur le siège. Il m'avait fallu mobiliser chaque fibre créative de mon corps pour finir par trouver une idée, m'inspirant du projet initial de Courtney mais à moindre coût. À leur regard, j'avais deviné que, sans cela, les dirigeants chercheraient une autre agence de publicité. J'avais suggéré qu'une femme superbe, entièrement vêtue, dîne avec le mannequin qui, lui, était en sous-vêtements. Et la légende serait : « On sait tous que ce ne sont pas les vêtements qu'elle retiendra, mais ce qui est sous la ceinture. » J'avais aperçu Magda rougir à mes différentes propositions de légendes, les mots sortant naturellement de ma bouche. J'avais simplement souri lorsque Magda m'avait regardée d'un air satisfait, ravie de ma gestion de la situation en l'absence de Courtney.

Mon téléphone sonne, ce qui me fait sursauter. L'indicatif de Hawaï m'incite à répondre.

— Bonjour Stella, dis-je, en me forçant à adopter un ton enjoué malgré la fatigue.

— Bonjour, me salue-t-elle d'une voix timide. Vous avez une minute ?

— Bien entendu, lui réponds-je gaiement, en m'appuyant contre le dossier et en fermant les yeux.

— J'ai reçu un e-mail de Max.

— Ah oui ? Que voulait-il ?

Je me demande ce qu'il a bien pu ajouter à la liste : un buffet de noix de coco ou des danseurs vêtus d'un pagne ?

— Il m'explique qu'il veut tout changer pour revenir au projet d'origine, m'annonce-t-elle à voix basse, comme si elle me révélait un terrible secret.

— Vraiment ?, dis-je, confuse.

Bien que l'idée de retrouver ma fontaine de chocolat et mes bouquets d'orchidées me donne le sourire, je m'interroge : après tous mes efforts pour que ce mariage ressemble davantage à ce dont il avait envie, pourquoi demanderait-il cela à Stella ?

— Il veut tout changer ?

— Tout, me confirme-t-elle.

— Les pantalons en lin ?

— Disparus.

— Le cochon ?

— Aux oubliettes.

— Ouah !

— À qui le dites-vous !, s'exclame Stella, qui soupire bruyamment, avant d'ajouter : Kate, ne le prenez pas mal, mais Max et vous devez réellement accorder vos violons. Sinon, je ne sais pas à quoi ressemblera votre mariage.

Longtemps encore après notre échange, je repense aux paroles de Stella et je me rends compte que, moi non plus, je ne le sais pas.

Chapitre 20

La vie semble toujours plus simple à l'aube, quand la lumière du soleil s'infiltre doucement par la fenêtre, le ronflement léger de Max m'évoquant l'avenir vers lequel nous nous orientons. Peut-être est-ce parce que je me sens légère au réveil, comme une plume dansant dans le vent – sentiment qui semble disparaître au fur et à mesure de la journée. Car j'attacherai trop d'importance au sourire de Julia qui ne se lit plus dans son regard comme auparavant, à la nausée que je ressens devant la photographie de Liam et Nikki en couverture d'un magazine *people*, aux ronflements de Max qui ne me bercent plus comme autrefois – pourquoi ne suis-je plus capable de synchroniser ma respiration sur la sienne quand je l'attire près de moi ? Même si je me réjouis tant de l'avoir retrouvé, il se peut qu'une petite partie de moi déteste l'idée d'avoir eu besoin d'une seconde chance pour accéder au bonheur qui nous avait échappé la première fois.

— Peu importe comment tu y es parvenue. La vie est compliquée. Si Max et toi êtes heureux, alors profites-en, Kate, me soutient Julia un peu plus tard quand j'arrive à son restaurant, avant que nous ne partions pour mon enterrement de vie de jeune fille. C'est ce que tu voulais. En prime, tu auras même le mariage de tes rêves. Alors pourquoi te poses-tu toutes ces questions ?, me demande-t-elle tout en mélangeant énergiquement du chocolat fondu dans un grand saladier en inox.

Elle mollit à peine lorsqu'un homme plutôt grand arrive et plonge une petite cuillère dans sa préparation, le chocolat menaçant de couler tandis qu'il le porte à sa bouche. Il donne son approbation d'un hochement de tête, l'unique réaction de Julia étant un rapide regard en coin avant qu'il ne disparaisse dans la salle de restaurant.

— Qui est-ce ?, dis-je en souriant. Il est super mignon !

Julia me regarde en fronçant les sourcils.

— C'est l'un des propriétaires.

— Comment est-ce possible ? Il paraît avoir vingt-cinq ans.

— Il en a trente.

Je repense aux yeux bleu foncé de cet homme qui s'étaient plissés en observant Julia.

— Il est craquant.

— J'imagine, murmure-t-elle nonchalamment tout en versant d'une main experte le chocolat dans une casserole, qu'elle place ensuite dans l'un des grands réfrigérateurs. Mais c'est mon patron.

— Vraiment ? Car, patron ou pas, il a l'air aussi délicieux que ce que tu prépares !

— Si tu le dis… Mais arrête de changer de sujet. Je ne comprends pas. Tu as enfin récupéré Max. Mince alors, tu as voyagé dans le temps pour y arriver ! Alors s'il te plaît, explique-moi pourquoi cela ne te suffit pas. Accepte simplement que Max désire te rendre heureuse et que c'est pour cette raison qu'il a demandé à Stella de tout remodifier.

— Peut-être… Je crois que j'ai parcouru tellement de chemin avec lui que je n'ai pas envie de faire machine arrière une nouvelle fois. Le premier mariage que j'ai planifié ne ressemblait pas du tout à ce qu'il voulait. Je veux être certaine que lui aussi est heureux.

— Parfois, tu dois renoncer un peu à ton propre bonheur pour celui de l'autre. C'est cela l'amour.

Une série d'émotions se bouscule sur le visage de Julia lorsqu'elle prononce ces paroles.

— À quoi as-tu renoncé pour que Ben soit heureux ?

Son regard se voile légèrement.

— Il n'est pas question de moi ici. Toute personne mariée, avec des enfants, te dirait la même chose.

— Ah oui ? Mais je me fais simplement du souci pour toi.

— Tu as très peu de temps pour arranger la situation avec Max et je suis ton principal souci ? (Elle s'avance vers moi et pose ses mains sur mes épaules.) Arrête de te poser des questions sur *mon* couple et discute plutôt avec Max du *vôtre*.

Je ne sais pas pourquoi, hier soir, je n'ai pas parlé à Max de l'appel de Stella. J'y ai bien entendu songé pendant le dîner, lorsque je lui ai versé un verre du Chianti Classico que j'avais acheté en rentrant du travail. Les mots sont restés sur le bord de mes lèvres pendant que nous ouvrions les cadeaux livrés dans la journée – nous avons tous les deux grimacé en constatant que le magnifique robot rouge vif KitchenAid que nous venions de déballer nous était offert par Courtney ; elle avait dû le commander avant toute cette histoire.

— Comment s'est passée ta journée au boulot ?, ai-je demandé à Max alors que nous étions assis sur le sol, entourés de papier cadeau bleu ciel. Est-ce que tu l'as vue ?

Les yeux de Max se sont assombris, comme s'il hésitait à me révéler le fond de sa pensée.

— Bien, a-t-il fini par répondre. Je l'ai vue une fois, dans l'ascenseur. Elle s'est faufilée juste avant que les portes ne se referment.

— Ah ? Qu'est-ce qu'elle t'a dit ?

Le regard de Max a croisé le mien.

— Seulement qu'elle était désolée.

— Et… ?

— C'est tout. Je lui ai dit que, moi aussi, j'étais désolé.

Ma nuque s'est aussitôt raidie.

— Pourquoi es-tu désolé ?

Max a soupiré et je l'ai vu chercher sa réponse.

— Je suis désolé que ça se soit terminé de cette façon. Que deux amitiés aient pris fin. Je me sens mal à cause du rôle que j'ai joué dans cette histoire.

Tâchant de ne pas accorder trop d'importance aux paroles de Max, j'ai inlassablement tourné dans mes mains le papier de soie blanc et gris, jusqu'à former une petite boule que j'ai lancée en direction de la poubelle.

— Elle t'a parue comment ?

Max a marqué un silence.

— Triste.

— Parfait, me suis-je murmuré tout en essayant de m'en convaincre.

***

— Je parlerai à Max de cette histoire de mariage, promets-je à Julia alors qu'elle ôte son tablier jaune et noir. Si tu me jures que tu ne me feras pas porter ce soir cet horrible collier de pénis !

— Cours toujours ! (Elle rit tout en passant son bras autour de moi et me conduit vers la salle de restaurant où elle récupère son petit sac de voyage derrière le comptoir.) Tu es prête ?

***

— Las Vegas ? Tu n'es pas sérieuse ?, dis-je une heure plus tard, la tête appuyée contre le siège passager en cuir du 4 x 4 de Julia, lorsqu'elle me révèle enfin notre destination.

— Eh oui !, acquiesce-t-elle, tout en me regardant rapidement du coin de l'œil pendant qu'elle s'insère sur l'autoroute 15. Le pénis en plastique qu'elle a collé sur le tableau de bord se balance à mesure que nous doublons à toute allure des boules d'herbe sèche et les cabanes disséminées le long de la route. Durée prévue du trajet : deux heures et trente minutes, glapit-elle, avant de taper dans la main de Liam, assis à l'arrière à siroter sa flasque. Suite réservée à l'Aria ? C'est fait ! Tenue coquine à mettre dans ta valise ? C'est fait ! Table VIP réservée pour la boîte de nuit ? C'est fait !, s'exclame Julia.

Liam poursuit :

— Mais, plus important encore, flasque remplie pour commencer la fête ? C'est fait !

Il rit et me passe l'alcool. Je fais la moue lorsque je sens le whisky me brûler la gorge, mais je m'habitue au goût et commence, osons l'avouer, à aimer cela.

— Est-ce qu'il t'arrive d'aller quelque part sans ce truc ?, dis-je pour le taquiner.

— Moi vivant ? Non !

Alors que j'observe Julia conduire, un sourire vissé sur les lèvres, je me demande pourquoi elle m'emmène dans une ville qu'elle a toujours qualifiée de répugnante. Chaque fois que je proposais une virée entre filles à Las Vegas, elle levait les yeux au ciel et se récriait : « Sans façon ! »

Le téléphone de Liam sonne et il sourit, avant de répondre rapidement au texto avec ses pouces.

— Nikki t'envoie ses félicitations et nous souhaite de bien nous amuser.

— C'est gentil de sa part, réponds-je.

Puis, je jette un coup d'œil vers Julia : s'étonne-t-elle elle aussi que Liam soit là avec nous ? Je m'étais plus ou moins attendue à ce qu'il se décommande à la dernière minute, préférant se rendre à une fête de la fine fleur de Hollywood avec Nikki.

— Cela se passe bien entre vous ?, lui dis-je, mais je me heurte au silence. Liam ?

— Hein ?, marmonne-t-il et je le vois par-dessus mon épaule rédiger un message avec la dextérité et la concentration d'un adolescent de quatorze ans.

— Je te demandais si cela se passait bien avec Nikki.

— Super, rétorque-t-il, sans quitter des yeux l'écran de son téléphone, comme s'il ne supportait pas de laisser ne serait-ce qu'une seconde s'écouler avant sa réponse. (Il glousse.) Elle me demande de vérifier que nous ne sommes pas suivis.

Je jette un coup d'œil derrière nous : l'autoroute est déserte.

— Par qui ?

— Des paparazzi.

— Sérieux ? Ouah, comme ta vie a changé, lui fais-je, d'un ton plus désabusé que je ne le voulais.

Liam s'est retrouvé au centre de l'attention des médias en tant que nouveau petit ami de Nikki. Du jour au lendemain, il est littéralement passé du statut de mon meilleur ami branché, développeur de sites web, à celui d'amant d'une grande star de la télévision. *Extra*, l'émission dédiée aux célébrités, en avait fait ses choux gras, cherchant à découvrir qui était cet anonyme sur lequel Nikki avait jeté son dévolu. Ils lui avaient même consacré tout un sujet un soir : « 28 jours avec Nikki ? », un reportage caustique sur le fait qu'aucune de ses aventures n'avait duré plus longtemps que ses séjours en cure de désintoxication.

— Qu'est-ce que tu sous-entends ?, m'interroge-t-il, en daignant enfin me regarder.

Je ne suis pas certaine d'avoir une réponse satisfaisante à lui offrir, si ce n'est que ma poitrine palpite dès que je songe à cette vie que je lui ai souhaitée. Je ne peux pas chasser le sentiment coupable de l'avoir précipité sur un chemin qui ne lui était pas destiné.

— Ta vie est-elle réellement mieux aujourd'hui ?

— Tu es sérieuse ?, me demande-t-il, le visage crispé par un petit sourire narquois que j'aimerais pouvoir lui enlever.

— Oui, je veux vraiment savoir.

— Bien sûr qu'elle est mieux !, s'exclame-t-il, aussi vivement que si je venais de lui demander s'il aimerait gagner à la loterie.

— D'accord, réponds-je mollement.

— Que veux-tu dire par « d'accord » ? Tu as autre chose en tête, je le sens. Dis-moi le fond de ta pensée. Tu en meurs d'envie.

Je me tourne vers Julia, mais elle se contente de secouer la tête comme pour m'avertir de ne rien dire. Quelque chose cependant, dans l'arrogance de la voix de Liam, me pousse à lui répondre.

— C'est juste que tu es un peu aux abonnés absents depuis que tu vois Nikki.

J'effectue un rapide calcul mental : je suis sûre qu'il ne se passait jamais plus d'une journée sans que nous ne nous donnions de nouvelles, au moins par SMS. Depuis qu'il sort avec Nikki, mes messages peuvent rester sans réponse pendant plusieurs heures, si tant est qu'il y réponde. Cela fait des jours, également, que je ne lui ai pas parlé au téléphone.

— Et puis, il y a la voiture, les vêtements..., reprends-je. Tu sembles... différent.

— Mais parce que je le suis ! (Il secoue la tête.) Je ne comprends pas. Je croyais que c'était ce que tu voulais. Que je trouve enfin quelqu'un.

— Bien sûr..., fais-je d'une voix traînante, incertaine d'avoir envie de poursuivre, incertaine même de ce que je pourrais dire.

Ils viennent de se rencontrer et je sais qu'il a le droit à « son petit nuage ». Lui aussi a le droit d'avoir des papillons dans le ventre, cette poussée d'adrénaline quand le nom de l'autre s'affiche sur le téléphone, ce désir de vouloir être ensemble tout le temps, pour tout et n'importe quoi. Je sais également qu'en tant que meilleure amie, je suis censée lui souhaiter de connaître cela.

Lorsque Max et moi avions commencé à nous fréquenter, nous passions toutes nos soirées et tous nos week-ends ensemble. Les seules pauses que nous nous accordions étaient quand nous allions travailler. Julia avait plaisanté une fois : « Le sexe entre vous doit être fantastique. Je n'ai presque pas eu de tes nouvelles ces dernières semaines ! Tu n'as même rien posté sur Facebook. » Mais cela ne l'avait pas contrariée, Liam non plus d'ailleurs. Aucun d'eux ne m'avait reproché mon absence, ni mon comportement, comme je le fais avec Liam.

— Ce que Kate essaie de te dire, je crois, c'est que tout cela va très vite, intervient Julia. Nous ne t'avons jamais vu comme ça. Nous voulons seulement être sûres que tu vas bien.

— Je ne me suis jamais senti aussi bien, déclare Liam, avant de s'appuyer contre son dossier et de regarder dehors par le toit ouvrant, comme s'il nageait dans le bonheur. Et toi, Julia ? (Il croise son regard dans le rétroviseur.) Devrions-nous nous faire du souci pour toi ? L'ancienne Julia ne serait pour rien au monde allée à Las Vegas, mais maintenant que tu as une toute nouvelle allure, c'est notre destination…

— Ce voyage est pour Kate !, s'empresse-t-elle de répondre un peu trop rapidement.

— Mouais…

— Qu'est-ce que cela veut dire ?, s'insurge Julia, dont les joues s'empourprent.

— Stop !, les interromps-je. Je sais que c'est moi qui ai commencé et j'en suis désolée. Pouvons-nous tout oublier ? Faire comme si je n'avais rien dit ?

— D'accord, rétorquent-ils de concert.

Je laisse reposer ma tête contre la vitre, laissant le silence qui s'ensuit et l'autoroute sans fin me bercer. Je rouvre les yeux devant les casinos rutilants lorsque nous entrons dans la ville du péché.

— Êtes-vous bien certain qu'il n'y a pas de tigre dans la salle de bains ou de bébé dans le placard ?, dis-je en plaisantant au groom qui nous introduit dans la suite de deux cents mètres carrés que la « garde rapprochée » de Nikki nous a réservée.

Je me dirige vers la fenêtre, passant devant trois écrans de télévision et deux minibars. Je plisse les paupières, éblouie par les dernières lueurs du jour, et j'ai le souffle coupé devant la vue incroyable sur l'artère principale de Vegas. Je me retourne vers Liam et Julia, qui semblent perdus dans leurs pensées.

— Hé, vous deux ! Je voudrais vous remercier. C'est incroyable ! (Je leur fais signe d'approcher et les serre dans mes bras, souhaitant que la tension palpable un peu plus tôt dans la voiture se dissipe à présent.) J'ai de la chance de vous avoir, leur dis-je et je suis surprise de sentir des larmes me piquer les yeux. Je suis désolée si mes vœux vous ont fait du tort. Je vous promets que je voulais seulement vous aider…

Je resserre mon étreinte en espérant que Julia profitera de cette occasion pour se libérer de ce qui lui pèse sur le cœur. Mais elle s'écarte et me sourit.

— On ne pleure pas ! Du moins, pas tant que nous ne sommes pas saouls !, plaisante-t-elle, son large sourire dissimulant toute trace de préoccupation.

Elle se dirige vers la bouteille de champagne plongée dans un seau à glace, offerte « avec les compliments de la maison », et la débouche sans cérémonie.

— Aux nouveaux départs, lance-t-elle tout en servant trois flûtes et en me jetant un regard entendu. Ce n'est pas parce que tu n'as pas réussi du premier coup que cela ne doit pas arriver.

Je bois une grande gorgée, laissant les bulles me picoter la gorge pendant que je médite ses paroles. Elle a raison. Peu importe qu'il m'ait fallu remonter le temps pour avoir la fin que je désirais. Ce n'est guère différent que de suivre une thérapie de couple ou que de se séparer pour mieux se retrouver. Au final, nous avons recollé les morceaux.

— Et toi, Julia ?, lui fais-je. Ta vie est-elle meilleure cette fois-ci ?

Elle se ressert un verre.

— Difficile à dire, finit-elle par concéder. Tu es la seule à te souvenir de la première fois. À toi de me le dire.

Je me remémore le mois précédant le mariage. Julia avait paru un peu distraite, mais j'avais mis cela sur le compte du stress. Entre Ben, les enfants et son travail, plus le fait d'être mon témoin, elle avait été très sollicitée. À présent, je suis convaincue d'être passée à côté d'un problème plus sérieux.

— Tu semblais… (Je cherche le mot juste.)… préoccupée.

Une ombre passe sur son visage.

— Intéressant. (Elle regarde sa montre.) Hé, c'est bientôt l'heure d'aller au *Sushi Samba*. Je file sous la douche.

Une fois le robinet ouvert, je me tourne vers Liam.

— Tu ne trouves pas que Julia a un comportement étrange ces temps-ci ? C'est pour cela que tu as fait une réflexion par rapport à Las Vegas ? Je suis complètement d'accord avec toi, cela ne lui ressemble pas du tout…

— Qu'entends-tu par « étrange » ? Parce que, si on y réfléchit, toi, tu as voyagé dans le temps, tu as relooké Julia par magie et tu m'as arrangé un coup avec une actrice célèbre… Donc, tout est relatif.

— Bien vu. (Je ris.) Mais sérieusement, elle est différente, non ?

— Je ne sais pas. Comme tu l'as dit, je suis aux abonnés absents, me rétorque-t-il et je comprends que ma remarque l'a blessé.

— À ce propos…

— Oublie. Profitons du week-end pour nous amuser et arrête de te poser des questions sur le comportement de chacun de nous. Je crois que nous essayons tous de faire de notre mieux.

— Tu as raison, mais si cette histoire avec Julia était grave ? Si, par exemple, elle avait de réels soucis… Avec Ben, peut-être ?

Je commence à lui raconter la dispute que j'avais surprise, quand la sonnerie de son téléphone nous interrompt. Je m'en empare avant lui.

— Nikki peut-elle vivre sans recevoir un message de ta part dans les cinq secondes ? J'essaie de te parler d'un sujet important.

Je dévisage Liam pendant qu'il cherche sa réponse.

— Très bien. Elle semble en effet un peu absente. Mais si elle a un problème, elle nous en parlera. Je ne vais pas lui forcer la main.

Une dizaine de scénarios me viennent à l'esprit quand je m'interroge sur le problème possible entre Julia et Ben – si tant est qu'il y en ait un. Certes, j'accorde peut-être trop d'importance à cette dispute. Il arrive à tous les couples de se quereller, surtout à ceux qui sont ensemble depuis aussi longtemps que Julia et Ben. Il est possible en outre que je prenne les choses trop à cœur à cause de cette histoire avec

Max. Mais mon instinct me dit qu'il y a anguille sous roche. Je me suis demandé à plusieurs reprises, d'après certaines remarques sibyllines de Julia à propos de leur mariage, si Ben l'avait trompée. Il voyage beaucoup et est un homme séduisant. Cependant, je n'arrive tout simplement pas à l'en croire capable. Il se plaît à dire qu'il n'a pas besoin de regarder d'autres femmes depuis qu'il a rencontré Julia, car c'est la plus belle femme au monde.

— Je ne dis pas que nous devons la forcer à nous raconter ses secrets, je veux seulement qu'elle sache qu'elle peut se confier à nous. Que nous ne la jugerons pas, ni elle ni Ben.

Je pense tout à coup à Max, à nos problèmes que je n'avais pas vus jusqu'à ce qu'il soit contraint de trouver « ailleurs » les réponses qu'il cherchait. Je ne veux pas que Julia commette la même erreur.

— Après ce qui m'est arrivé, poursuis-je, ce qui m'inquiète, c'est que la situation pourrait empirer si elle fait l'autruche.

Liam me fait signe de lui rendre son téléphone.

— Tu as peut-être reçu un don particulier, mais sache que de notre côté, nous n'avons pas d'autre choix que de réussir du premier coup, me fait-il remarquer, tout en parcourant son téléphone pour ne pas avoir à croiser mon regard.

Chapitre 21

— Et dire que vous pensiez que nous ne serions jamais capables de la terminer !, crie Liam pour couvrir le bruit assourdissant de la musique, tout en pointant du doigt la bouteille de vodka vide et les ingrédients à cocktail sur la table devant nous.

Il fait signe au serveur en charge du canapé en velours où nous sommes installés, dans la zone VIP de la discothèque *TAO* :

— Une autre, s'il vous plaît.

J'essaie de secouer la tête, pour indiquer à Liam que j'ai déjà trop bu, que je suis si pompette que cela ne me gêne plus de porter autour du cou ces breloques fluorescentes en forme de pénis. J'ai même laissé Julia me convaincre de participer à une chasse au trésor ridicule pour futures mariées ; j'ai aussi pincé les fesses d'un homme sur la piste de danse et bu sans les mains un cocktail généreusement surmonté de chantilly. Malgré les supplications de Julia, j'ai cependant refusé d'ôter mon soutien-gorge pour persuader un homme de le porter.

Je passe un très bon moment, l'alcool émousse les tensions qu'il avait pu y avoir entre Liam, Julia et moi un peu plus tôt.

— Tu t'amuses bien ?, me hurle Liam à l'oreille et je sens son haleine chaude.

— Absolument !, lui réponds-je alors que la dernière chanson de Will.i.am commence à résonner, celle que Julia nous avait fait écouter en boucle pendant tout le trajet à tel point que Liam avait fini par lui interdire de la passer.

— Oh, mon Dieu ! J'adooore cette chanson !, s'écrie-t-elle, puis elle attrape maladroitement nos mains et nous entraîne sur la piste de danse à travers les corps serrés comme des sardines.

Une fois sur la piste, je m'abandonne à l'instant présent, oubliant de m'inquiéter pour le mariage de Julia, pour la relation de Liam avec une starlette qui était encore il y a quelques mois en cure de désintoxication, pour mon avenir avec Max. Je ferme les yeux, lève les bras en l'air et me déhanche au rythme de la musique. L'espace d'un instant, j'aimerais de nouveau revenir aux années fac… Tout semblait bien plus simple à l'époque. Rien que nous trois face au monde entier. Quand je rouvre les paupières, je me rends compte que Liam me regarde avec une drôle de tête.

— Quoi ?, articulé-je.

Il fait un signe de tête en direction de Julia, dont les mains sont posées sur le torse d'un homme que j'avais surpris un peu plus tôt à la dévisager. Il a ses mains sur ses hanches et, toutes les deux ou trois secondes, l'un d'eux se penche en avant pour crier quelque chose dans l'oreille de l'autre, sans jamais cesser de se toucher. Quand elle jette enfin un coup d'œil vers nous, je lui lance un regard perplexe, mais sa seule réponse est de passer ses mains autour du cou de cet homme et de le serrer d'un peu plus près. Inquiète, j'essaie de me frayer un chemin jusqu'à elle quand je sens une main ferme sur mon épaule.

— Laisse-la tranquille, m'ordonne Liam.

— Tu en es sûr ?

Je fronce les sourcils. Julia a beaucoup bu.

— Viens. (Liam me tire par le bras et me reconduit à notre table.) Elle va bien. Gardons un œil sur elle d'ici, ajoute-t-il tout en nous préparant un cocktail vodka et Red Bull.

— Je n'en ai vraiment pas besoin, je suis déjà pompette, lui dis-je, mais je bois tout de même une grande gorgée.

— Cela me rappelle le bon vieux temps, se lamente Liam avec mélancolie. Quand avons-nous vieilli ?

Je lui donne une tape sur l'épaule.

— Mais nous ne sommes pas vieux ! Nous avons seulement un peu grandi. Ou du moins certains d'entre nous, lui fais-je avec un clin d'œil.

— Je m'amuse toujours moi au moins.

— Et pas moi ?

— Je ne sais pas.

— Je viens de te dire que je passais un super moment !

Liam me lance un regard perçant. Les petites taches brunes de ses yeux disparaissent et leur teinte noisette prend un éclat vert foncé.

— Je ne parle pas de ce soir.

Nous restons silencieux un instant ; je ne suis pas certaine d'avoir envie de lui demander des explications, ni lui de me les donner. Finalement, je me retourne pour chercher Julia ; je l'aperçois de l'autre côté de la salle avec son partenaire de danse, assise à une table à siroter un verre, leurs genoux l'un contre l'autre.

— Tu es sûr que nous ne devons pas réagir ?

Je pose mon cocktail et fais un signe de tête dans leur direction. La façon que cet homme a de la regarder me dérange.

— Oui, me répond catégoriquement Liam.

— Mais tu ne vois pas ce qui se passe ?

— Si.

— Et… ?

— Et alors ?, dit-il en haussant les épaules.

— Tu fais comme s'ils parlaient de la pluie et du beau temps ou échangeaient des recettes de cuisine !

Je veux me lever afin d'intervenir, mais Liam me retient et je tombe maladroitement sur ses genoux.

— Liam ! Arrête. Laisse-moi y aller !

Je sens ses bras m'étreindre.

— Quand apprendras-tu qu'il faut parfois laisser les gens vivre leur vie comme ils l'entendent ? Les laisser commettre des erreurs ? T'autoriser à en faire ? Si elle décide de franchir une limite, c'est sa décision, pas la tienne.

— Donc, je dois me contenter de rester assise là et la laisser éventuellement faire une bêtise qui pourrait détruire sa vie ?

Je me tourne vers Liam, son visage n'est qu'à quelques centimètres de moi. Sa barbe de trois jours est si proche que je pourrais quasiment la sentir.

— Mais tu ne comprends pas ? Il n'est pas question de Julia et de ce qu'elle peut faire ou non avec ce type. Il est question de toi !

— De moi ? En quoi cela a-t-il un rapport avec moi ?

— Parce que tu as carrémcnt lcs jctons ! (Il passc la main dans ses cheveux et son visage se tord alors qu'il cherche ses mots.) Bon sang, ouvre les yeux ! Tu es si terrifiée à l'idée de faire une erreur, de ne pas paraître… (il s'interrompt et mime des guillemets) « parfaite », que tu mets aussi la pression sur les autres. Tu redoutes que, si tu tournes le dos un instant, Julia tombe du piédestal sur lequel tu l'as placée. C'est trop, Kate. Nous sommes tous faillibles.

— D'après toi, je me préoccupe davantage d'être parfaite que d'être heureuse ?, lui dis-je avec véhémence.

Un mélange de colère et d'embarras me brûle les joues. Liam ne s'était encore jamais adressé à moi de cette façon.

— Réfléchis. Tu souhaites que ta vie soit le reflet exact de tes désirs. Ce qui s'est passé avec Max ne t'a pas plu, alors tu as remonté le temps pour que les événements prennent la tournure que tu voulais. Mais tu n'es toujours pas heureuse. Donc, peut-être y a-t-il du bon à ce que les choses dans la vie soient comme elles sont. Peut-être devrions-nous simplement laisser Julia faire les choix dont elle a besoin, qu'ils soient justes ou non.

Désarçonnée, j'ai le souffle coupé et tente de donner un sens aux mots de Liam. Sous-entend-il que j'aurais dû laisser Max me quitter, sans chercher à l'en empêcher ? Je fixe Julia, qui à présent rassemble ses cheveux sur son épaule et sourit comme elle le faisait au début de sa relation avec Ben. J'essaie de me rappeler la dernière fois où je l'ai vue flirter avec son mari. La voix de Liam m'extirpe de mes pensées.

— Ce que j'essaie de te dire, c'est que les gens se mentent, se trahissent, se quittent. (Il plante ses yeux dans les miens.) Quelquefois, il faut simplement accepter qu'on ne puisse pas modifier sa vie comme on le fait sur Internet. Ce n'est pas Facebook. C'est la réalité, bon sang ! Tu dois parfois laisser ton bras paraître gros sur la photo.

J'ai la gorge nouée, je laisse s'écouler quelques instants, le temps d'assimiler ses paroles, en songeant à toutes les photographies que j'ai décortiquées, reprises, retouchées.

— Mais ça ne t'a pas posé de problème quand j'ai modifié ta vie. Quand je t'ai arrangé le coup avec Nikki Day ! C'est vrai qu'elle se serait certainement retournée sur ton passage dans le monde réel…

Je regrette aussitôt ma phrase en apercevant l'expression offensée de Liam, qui relâche légèrement son étreinte autour de ma taille. Je veux m'excuser quand j'entends une voix derrière moi.

— Liam ?

Il se lève si rapidement que je me retrouve à terre. Nikki Day me surplombe, les mains rivées sur ses hanches.

— Qu'est-ce qui se passe ici ?

— Rien, répondons-nous à l'unisson.

— Ce n'est pas l'impression que ça donne. Vous aviez l'air plutôt intimes tous les deux. (Nikki fait la moue.) Et moi qui pensais venir vous faire une surprise. C'est plutôt moi qui en ai une. Tu étais quasiment à califourchon sur mon petit ami !

Je me relève.

— Nikki, ce n'est pas ce que tu crois, réponds-je, encore ébranlée par les paroles de Liam.

Je me demande comment Nikki pouvait penser qu'en s'incrustant à mon enterrement de vie de jeune fille, elle me ferait une bonne surprise. Mais en voyant les yeux de Liam briller, je décide que, même si cette femme me met mal à l'aise et en dépit de ce que j'ai pu affirmer quelques instants plus tôt, mon désir que mon meilleur ami soit heureux est plus fort.

Je voulais casser le coup de Julia, poursuis je, en indiquant à Nikki l'autre côté de la salle, où Julia est désormais assise sur les genoux de l'homme. Mais Liam m'en a empêché, en me tirant vers lui.

Je cherche à solliciter l'avis de Nikki ; peut-être approuvera-t-elle que je ne veuille pas laisser ma meilleure amie faire une bêtise, uniquement car c'est son destin, semble-t-il, de tromper Ben alors qu'elle est ivre. Quelles sont les règles en la matière ? Un sourire se dessine sur son visage.

— Julia, c'est la femme mariée rasoir, c'est ça ?

Ignorant Nikki, j'adresse un regard noir à Liam, qui baisse les yeux.

— Mariée, mais jamais rasoir, s'empresse-t-il de rétorquer.

— Peu importe. Le mariage, c'est surfait. Je suis d'accord avec Liam. Laisse-la tranquille, conclut-elle.

Elle embrasse Liam et le renverse sur le canapé. Il l'attrape par la taille, passe sa main dans le dos de son débardeur à paillettes, comme si je n'existais pas, comme si c'était totalement naturel qu'elle s'incruste à ma fête. Je vide d'un trait mon verre et le repose bruyamment sur la table. Ma plus grande crainte s'est réalisée : la nouvelle petite amie de Liam a fini par s'immiscer dans le sanctuaire de notre amitié. Je leur lance un dernier regard avant de m'éloigner à grands pas, les paroles de Liam résonnant encore dans mes oreilles. Malgré mon esprit embrumé par l'alcool, elles m'ont piquée au vif.

Une autre pensée me tourmente également. À mon premier enterrement de vie de jeune fille, Julia ne s'était pas comportée de la sorte, ce qui me laisse penser que, même si elle rencontrait peut-être déjà des difficultés avec Ben, c'est mon relooking qui a tout déclenché.

D'un pas traînant, je me rends au bar, où je demande un verre d'eau. Je surveille de près Julia et jette de temps à autre un coup d'œil vers la foule qui s'est agglutinée autour de Nikki et Liam. Je me dirige ensuite vers Julia. Son visage est dangereusement proche de celui de son flirt qui lui caresse désormais le haut de la cuisse au rythme de la musique.

Je grimace en m'approchant : les yeux de cet homme sont vitreux et louchent, son front est couvert d'un voile de transpiration et son tee-shirt présente des auréoles au niveau des aisselles. Je retrouve subitement ma sobriété.

— Salut, dis-je nonchalamment, tout en me forçant à ne pas enlever sa main de la jambe de Julia, ni à la tirer hors de ses bras.

— Hé !, s'exclame-t-elle. (Elle se jette dans mes bras, mais chancelle au point que nous tombons presque à la renverse.) C'est ma meilleure amie !, bredouille-t-elle à l'homme qu'elle me présente comme étant Kevin. Elle va se marier !

J'adresse un signe de tête à Kevin, qui lève son verre, sans jamais quitter Julia des yeux.

— Eh oui, je vais me marier !, dis-je entre les dents, avec un sourire forcé. Je vais devenir une femme mariée, exactement comme toi, Julia !

Elle relève brusquement la tête et me lance un regard que je ne parviens pas à interpréter : un mélange de colère, de tristesse et d'autre chose.

— Kate, prononce-t-elle confusément.

— Julia. Je crois qu'il est temps d'y aller.

Elle s'affale sur le canapé, et la main de Kevin se pose instantanément de façon possessive sur son épaule.

— Je n'ai pas envie de partir. Reste avec nous.

Le regard trouble de Julia m'implore de ne pas la juger, de prétendre qu'elle n'a ni mari ni enfants, de lui dire que ce n'est pas grave. Je n'y arrive pas cependant. Même après la mise en garde de Liam, je ne peux rester les bras croisés à la regarder faire une bêtise. Peut-être est-ce parce que Max m'a quittée pour Courtney, ou parce que j'ai dû me battre âprement pour le récupérer. Ou peut-être est-ce parce que j'aime sincèrement le couple formé par Ben et Julia et ne peux les imaginer l'un sans l'autre. Quelle qu'en soit la raison, je sais que je ne peux pas laisser Julia tout gâcher sous mes yeux – quand bien même elle estime que sa vie n'a plus rien à envier. Cela n'en reste pas moins une vie qu'elle a mis des années à bâtir.

— Je suis désolée, dis-je tout en m'asseyant sur le rebord de la table devant eux. Kevin, c'est cela ? (Il acquiesce d'un signe de tête.) Permets-moi de t'expliquer une chose : Julia est mariée. Depuis longtemps. Et, même si tu as l'air super sympa, je ne peux pas la laisser faire ça.

Kevin sourit.

— Je ne crois pas que ce soit à toi de décider, me rétorque-t-il, avant de resserrer son étreinte autour de Julia, ce qui me rappelle les paroles de Liam.

— Je ne suis pas du tout d'accord. (Je remarque que Julia observe notre échange le regard perdu dans le vide, elle est encore plus ivre que je ne le pensais.) Écoute, abruti, fais-je calmement. Je viens de te dire que mon amie est mariée. Il est temps pour toi d'aller voir ailleurs. Parce que, franchement, la seule raison pour laquelle elle flirte avec toi, c'est la demi-douzaine de verres qu'elle s'est enfilés !

Je marque une pause, le mettant au défi de protester. J'espère avoir raison, qu'elle ne se comporterait pas de la sorte si elle était sobre. Mais l'unique réaction que j'obtiens de Kevin est un clin d'œil.

— Je ne partirai pas d'ici sans elle, dis-je sèchement, en plaçant ma main sur celle de Julia.

— Dans ce cas, pourquoi tu ne resterais pas ?, suggère-t-il, en baissant son regard sur ma poitrine. J'ai toujours eu envie d'un plan à trois.

Il me saisit le bras et le serre plus fort lorsque je tente de me dégager, la musique assourdissante vibre dans ma tête alors que je me tortille pour lui échapper, son autre bras toujours autour de la taille de Julia. L'étreinte de Kevin se relâche un instant plus tard, lorsque le poing de Liam s'abat soudain sur son nez, le projetant violemment au sol. Il hurle et porte sa main au visage.

— Partons d'ici, s'exclame Liam, qui attrape Julia par la taille et nous conduit vers la sortie, tandis que les vigiles approchent rapidement. Ne te retourne pas, m'ordonne-t-il quand je commence à regarder derrière moi.

Puis, il me prend par la main, tout en soutenant le corps désarticulé de Julia. Il l'installe délicatement à l'arrière d'un taxi stationné devant le club et nous montons à notre tour. Nous restons muets pendant que le chauffeur se fraye un chemin dans la circulation, encore dense à une heure du matin. Les coups de klaxon et le brouhaha de la rue couvrent la musique tonitruante de la discothèque qui retentit encore dans mes oreilles. Julia s'endort presque aussitôt, l'haleine chargée. Je finis par rompre le silence :

— Où est Nikki ?

Liam regarde par la fenêtre, la tour Eiffel devant le casino *Paris* illuminant le ciel sans étoiles.

— Elle m'attend dans sa suite.

Je jette un coup d'œil au profil de Liam dans l'obscurité du taxi.

— Je suis sûre qu'à côté de la sienne, la nôtre doit ressembler à un studio, fais-je en riant, dans l'espoir de dissiper la tension qui règne encore entre nous.

— Elle a fait allusion à un terrain de basket et à une piscine privative.

— Normal !, dis-je en ricanant, puis je soupire en constatant que Liam, lui, reste de marbre.

Mais, quelques secondes plus tard, il se met à rire de bon cœur, les larmes aux yeux, et soudain, nous nous esclaffons tellement que je me demande si nous allons réveiller Julia.

— Comment avons-nous fait pour en arriver là ?, lance Liam entre deux éclats.

Nos rires s'estompent lorsque le taxi s'engage dans l'allée circulaire de l'hôtel *Aria*, dont je contemple les lumières.

— Je me posais justement la même question. (Je remarque qu'il se frotte la main droite.) D'ailleurs, joli crochet du droit. Je croyais que tu étais un tendre, pas une brute.

— Parfois, il faut être un peu des deux, déclare-t-il en tendant au chauffeur un billet de vingt dollars. (Il secoue doucement Julia.) Réveille-toi, ma belle. Nous allons te conduire dans ta chambre.

Nous sortons Julia du taxi, chacun de nous la tenant fermement par un bras, et nous nous dirigeons vers l'ascenseur.

— Où est Kevin ?, marmonne-t-elle.

— La dernière fois que je l'ai vu, il était en boule sur le sol, dis-je en adressant un sourire à Liam. C'était un pauvre type. Et puis, tu as Ben, tu te souviens ? L'amour de ta vie ?

— Ça m'est égal, lâche Julia après quelques minutes de silence, le seul bruit audible étant le frottement des semelles de Liam contre la moquette alors que nous progressons péniblement dans le couloir. Il ne me regarde plus de cette façon.

— De quelle façon ?, lui demande Liam pendant qu'il glisse la clé magnétique dans la porte.

Julia s'avance vers le lit où elle s'écroule, sous le regard attentif de Liam.

— Comme Kevin. Comme s'il avait envie de me dévorer, précise-t-elle en s'affalant de tout son long. Oh ! Ça tourne.

Je m'approche du lit et cale des oreillers sous sa tête.

— Essaie de rester assise, lui dis-je, avant de porter à sa bouche un Sprite que Liam a trouvé dans le minibar. Bois-en un peu.

Liam s'assoit sur le rebord du lit.

— Kevin te regardait comme un objet. Il se fichait royalement que tu sois quasiment incapable d'aligner deux mots. Il voulait seulement te baiser.

— Tout à fait, rétorque-t-elle. Au moins, lui en avait envie.

Je repense à Ben qui voyage beaucoup et me demande à nouveau s'il a une liaison, si tout cela était plus qu'une simple question de fatigue.

— Julia, s'est-il passé quelque chose ? Est-ce que Ben...

— Vous ne lui soutirerez aucune information ce soir, inspecteur, m'interrompt Liam.

Puis il pose une couverture sur Julia, dont les paupières sont closes et la bouche béante.

— Tu crois toujours que nous aurions dû la laisser commettre cette erreur ?, lui dis-je d'un ton cassant, alors que je le suis vers le canapé, peinée par l'aveu de Julia.

Si le couple formé par Ben et elle se fissure, une partie de moi doute que cela puisse fonctionner pour qui que ce soit.

— Bien sûr que non !, s'exclame Liam avec une pointe de colère. Pas après que ce type s'est montré brutal avec toi. (Il secoue la tête, comme s'il se remémorait la scène.) Mais je pense toujours ce que je t'ai dit : c'est la vie de Julia, c'est à elle de décider. Nous ne pouvons pas la juger, ni la contrôler. Nous devons la laisser faire ses propres choix. Seulement, peut-être pas quand elle est bourrée !

Il lève les yeux au ciel et pose ses pieds sur la table basse, étire ses bras, la clé de la suite de Nikki posée sur la table à côté de son téléphone portable. Une partie de moi ne veut pas qu'il parte ; en dépit de tout ce que nous nous sommes dit ce soir, sa présence est toujours agréable et réconfortante, à l'image de la couverture moelleuse dont il avait enveloppé Julia quelques minutes plus tôt.

— Eh bien, que ce soit sa vie ou non, cela me fait tout de même réfléchir. Si Ben et elle partent autant en vrille, quel espoir cela nous laisse-t-il ?

Il m'attire contre son torse et glisse sa main dans mes cheveux.

— Quand comprendras-tu ?

— Comprendre quoi ?, lui dis-je à voix basse, tout en fermant les yeux, exténuée par l'alcool et les événements de la soirée.

— Que personne n'est parfait, me répond-il doucement, juste avant que je ne sombre dans le sommeil.

***

Au lever du soleil, j'ouvre les yeux et des souvenirs de la nuit précédente me submergent comme la marée montante. Je m'étonne de me réveiller dans le grand lit à côté de Julia, qui est allongée sur le ventre. Je me retourne et remarque mes chaussures soigneusement rangées sur le sol. La dernière chose que je me rappelle est de m'être endormie contre le torse de Liam. M'a-t-il portée jusqu'ici ? Je me penche pour regarder vers la porte de la chambre, dans l'espoir d'apercevoir ses longues jambes dépasser du canapé, mais rien. J'ai un pincement au cœur ; il est finalement parti retrouver Nikki.

Je suis encore choquée qu'il ait frappé cet homme la nuit passée ; il a toujours été du genre à mettre fin aux bagarres, pas à les déclencher. Quelle mouche l'a piqué ? La vitesse à laquelle il change me trouble. Cela a commencé par les voitures et les vêtements. Voilà maintenant qu'il met KO un homme dans une discothèque. Quelle sera la prochaine étape ?

J'ai légèrement le tournis en me levant. Il faut à tout prix que je mette la main sur les cachets d'aspirine dans mon sac, ma tête est prête à exploser quand je me baisse pour le ramasser. Je trouve enfin la boîte de médicaments, en sors deux cachets et les avale avec l'eau que Liam a dû déposer à côté du lit avant son départ. Je prends deux autres cachets pour Julia et me recouche en attendant qu'elle ressuscite d'entre les morts. Je crains qu'elle se sente encore plus mal que moi – et pas seulement à cause de l'alcool.

Instinctivement, je tends le bras pour attraper mon téléphone et j'envoie un message à Max pour lui demander comment s'est passé son enterrement de vie de garçon. Je lui joins une photographie que nous avons prise au cours du dîner, nos têtes les unes contre les autres tout en levant notre verre. J'étudie le visage de Julia sur le cliché, son excitation me saute aux yeux à présent. J'ai cru hier soir que c'était parce que nous nous retrouvions tous les trois, mais peut-être y avait-il autre chose. Elle m'est toujours apparue comme une personne qui attire les autres : à l'école de ses enfants, il y a sans cesse des femmes qui font des pieds et des mains pour devenir son amie, ou des clients qui la réclament pour la confection d'un magnifique gâteau. Elle a même séduit le gardien du parking du *Starbucks* que nous fréquentons à La Cienega : il la laisse se garer gratuitement et lui réserve la meilleure place. Mais, de toute évidence, elle a envie de quelque chose d'autre. Quelque chose qu'elle ne trouve pas auprès de Ben.

Max m'envoie en retour une photographie d'une rangée de verres à liqueur et de lui haussant les épaules comme pour dire : « Il faut bien que quelqu'un s'y colle ! » Il paraissait heureux. J'ouvre Facebook et grimace devant le statut incohérent de Julia qui date d'hier soir et parle de « twerk » au *TAO*. Il y a plusieurs fautes et aucune ponctuation, ce qui ne lui ressemble pas du tout. Je ris malgré moi devant le commentaire de Ben qui lui conseille d'arrêter de boire et d'aller se coucher. *Si seulement il savait à quel point son conseil était judicieux.*

J'entends Julia gémir avant de la sentir bouger à côté de moi ; elle se retourne comme une masse.

— Oh là là, geint-elle, alors que ses mains viennent protéger ses yeux de la lumière du jour qui s'immisce par le mince filet entre les rideaux.

Je lui tends sans dire un mot les aspirines et la bouteille d'eau, préoccupée par son teint verdâtre.

— Merci, chuchote-t-elle.

Elle reste allongée en silence quelques minutes, les yeux fermés. Je l'observe de près, la soirée repassant en boucle dans ma tête.

— Julia, finis-je par dire quand ses paupières s'ouvrent à nouveau.

— Je n'ai pas envie d'en parler.

— Tu…

— Oui, je me souviens. Du moins en grande partie. La soirée me revient par flashes. En revanche, je ne me rappelle pas comment ça s'est terminé, murmure-t-elle.

La peur se lit dans ses yeux injectés de sang. Est-elle inquiète de ne pas se souvenir d'avoir ou non trompé Ben, ou bien craint-elle que ce soit moi qui doive l'annoncer à son mari si c'était le cas ?

— Cela s'est terminé par un coup de poing de Liam dans la figure de ce type, avant que l'on ne te pousse ivre morte dans un taxi.

— Quoi ? (Julia se redresse d'un coup, se prend la tête de douleur, puis se rallonge lentement et inspire profondément avant de poursuivre.) Liam ? Impossible. Je n'y crois pas.

— Eh si !

Je comble pour elle les blancs de la soirée, dont l'arrivée de Nikki. Son visage se rembrunit quand je lui décris comment le dénommé Kevin m'a empoigné le bras.

— Je suis désolée, s'excuse-t-elle d'une petite voix. Est-ce que je t'ai gâché la soirée ? Je voulais vraiment que tu passes un super moment.

— Hé, arrête. C'était très bien. Ne t'en fais pas. Mais toi, comment vas-tu ?

— Je ne sais pas, me répond-elle, sa tristesse s'insinuant dans l'air entre nous, aucune de nous ne connaissant les mots magiques pour la dissiper.

— Que se passe-t-il avec Ben ? Ou plutôt devrais-je dire que ne se passe-t-il pas avec Ben ?

Julia ferme les yeux pendant qu'elle cherche les mots justes.

— Je pensais seulement que le relooking rendrait Ben raide dingue. Qu'il allait de nouveau me trouver sexy.

— Mais tu étais déjà sexy ! Et Ben te répète toujours combien tu es belle. Je l'ai entendu le dire.

— Je sais qu'il me trouve encore séduisante. Mais nous nous sommes tellement enlisés dans la routine… Il voyage plus que jamais et, quand il est à la maison, nous sommes si occupés avec les enfants que nous ne nous retrouvons jamais tous les deux. Je crois que j'ai simplement envie qu'il me prenne contre un mur comme autrefois… Quand il était si fou de moi qu'il était incapable de se contrôler. Quand, grâce à toi, j'ai eu ce ventre plat et cette superbe coupe de cheveux, et qu'il m'a à peine regardée, je crois que cela a brisé quelque chose en moi, m'explique-t-elle tandis que des larmes se mettent à ruisseler sur ses joues.

— Qu'est-il arrivé ? Est-ce qu'il t'a trompée ?

Je me redresse en imaginant ce que je dirai à Ben quand je le reverrai. *Comment avait-il osé blesser ma meilleure amie !*

Elle fait non de la tête et je pousse un soupir de soulagement. Tout va toujours bien entre eux.

— J'ai commencé à me poser des questions, à me sentir déchirée. (Elle marque une longue pause avant de reprendre.) Mais ce n'est pas lui qui fait des bêtises, Kate. C'est moi.

— Mais il ne s'est rien passé hier soir, Julia. Nous t'avons empêchée de…

— Tu as raison, m'interrompt-elle. Je n'ai pas réellement sauté le pas. Mais j'en avais envie. Et je ne parle pas que d'hier soir.

— Je ne comprends pas, dis-je à voix basse, même si les morceaux du puzzle s'assemblent peu à peu dans ma tête.

— Il s'est passé quelque chose avec mon patron récemment. Le type que tu as vu hier au restaurant.

Je me souviens comment l'ambiance s'était tendue à son arrivée dans la cuisine ; lorsqu'il avait goûté le chocolat, j'avais senti un malaise entre eux que je n'avais pas saisi. Je déglutis et, en attendant qu'elle poursuive ses confidences, je lui serre la main pour qu'elle sache que, peu importe ce qu'elle me révélera, je comprendrai. Lentement, elle m'explique qu'après une soirée particulièrement stressante au restaurant, son chef, Tim, avait pris au bar une bouteille de leur meilleur whisky et lui en avait offert un grand verre. Ils étaient tous deux extrêmement inquiets, car le critique gastronomique du *L.A. Times* avait dîné chez eux quelques jours plus tôt. Or, ce soir-là, le serveur avait trébuché et renversé un verre de vin sur la chemise d'un blanc immaculé du journaliste, provoquant son départ précipité. Après trois whiskys, ils avaient cessé de s'interroger sur l'avenir du restaurant en cas de mauvaise appréciation, pour rire de la tête du critique lorsque le serveur avait tenté désespérément d'essuyer son entrejambe avec une serviette. Un autre demi-verre plus tard, Tim avait replacé une mèche de cheveux de Julia derrière son oreille, lui avait murmuré combien il aimait son nouveau look et s'était tellement approché d'elle qu'elle avait aperçu pour la première fois les petites taches de rousseur qui parsemaient sa peau. À l'instant même où leurs lèvres s'étaient frôlées, le chef de cuisine avait cogné à la porte de service, à la recherche de son téléphone portable. Ils s'étaient immédiatement éloignés l'un de l'autre, Julia s'était emparée de son sac sur le comptoir et empressée de partir sans dire au revoir, évitant de penser à ce qui aurait pu se produire s'ils n'avaient pas été interrompus, déroutée d'avoir éprouvé à la fois de l'excitation et du dégoût.

— J'ai vomi en rentrant chez moi. Toutes ces années de mariage et il me faut quoi ? Quatre verres de whisky pour tout gâcher ?

Ses sanglots s'intensifient. Je la laisse reprendre son souffle avant de lui répondre.

— Je comprends que tu aies failli commettre une grosse erreur, c'est humain. Mais tu as choisi de partir. Tu aurais pu rester et retourner vers lui dès que vous vous seriez retrouvés à nouveau seuls, mais tu ne l'as pas fait. Ce n'est pas anodin.

— Peut-être, dit-elle tout en essuyant son nez avec le revers de sa main. Je me suis sentie horriblement mal.

— D'accord. Mais alors pourquoi as-tu recommencé hier soir ?, lui dis-je doucement, de peur de la briser en mille morceaux si je m'adresse à elle trop brusquement.

Elle reste silencieuse un instant avant de me répondre.

— Autant je m'écœurais moi-même pour avoir failli tromper Ben, pour avoir eu tant envie d'embrasser mon patron, autant une partie de moi a adoré toute cette euphorie, cette impression de ne pas être la mère d'Evan ou d'Ellie, de ne pas être l'amour de jeunesse de Ben, d'être désirée comme cela à nouveau. Je ne peux pas expliquer cette sensation, mais c'est enivrant. C'est presque comme si, durant cet instant, le monde entier disparaissait. Je ne m'attends pas à ce que tu comprennes. Je ne suis pas certaine moi-même de comprendre. Tout ce que je sais, c'est qu'hier soir, j'avais envie de ressentir cela encore une fois, peu importe les conséquences.

Je pose ma main sur la sienne, sans prononcer un mot. Elle a raison, je ne comprends pas. Je donnerais tout pour avoir ce que Ben et elle ont, problèmes inclus. Ce que je sais en revanche, c'est que, quoi qu'elle ressente, c'est bel et bien réel.

— Et maintenant ?, dis-je lentement, essayant toujours d'analyser mes propres sentiments contradictoires.

Julia est à deux doigts de tout gâcher et je ne sais comment l'en dissuader. Bien que je la considère comme une sœur, je n'ai aucune idée de ce qui la ronge. Est-ce parce que je refuse d'accepter que son couple ne soit pas parfait, que la vie des autres soit bien plus compliquée qu'ils ne le laissent paraître, même quand il s'agit de mon amie la plus proche ?

— Je ne sais pas, me répond-elle tout en buvant une petite gorgée d'eau. J'ai besoin de réfléchir.

— Comment ça se passe avec ton patron ?

— Il m'a demandé le lendemain de le suivre dans la chambre froide ; nous avons été tous les deux d'accord pour mettre cela sur le compte de l'alcool. Mais, pour être franche, il y a quelque chose, une force qui ne cesse de m'attirer vers lui. Et je suis à peu près certaine qu'il ressent la même chose.

— Tu essaies de me dire quoi là ? Que cela va se reproduire ? C'est cela que tu veux ?

— Je ne sais plus ce que je veux, s'emporte-t-elle.

— Tu as évité le pire, Julia. Je te conseille d'arrêter tant qu'il en est encore temps.

Je me dirige vers la baie vitrée et appuie ma tête contre la fenêtre. Les trottoirs en contrebas ne sont pas encore noirs de touristes – de gens dont beaucoup, comme Julia, espèrent combler un vide de leur vie dans cette ville du péché. Où l'attrait des machines à sous, des lumières et de l'alcool les aide à fuir leur quotidien.

— Les deux fois, quelque chose t'a empêchée d'aller plus loin. Peut-être que le destin essaie de t'envoyer un message ?, dis-je en tâchant de ne pas penser à ceux qu'il me fait passer sur ma propre vie.

— Peut-être. (Julia vient à côté de moi, emmitouflée dans la couverture.) Je sais que la réponse est là, quelque part. J'aimerais réellement te garantir que je ne me remettrai jamais dans cette position. Mais tu es la seule personne avec qui je peux être sincère et, la vérité, c'est que je ne peux pas faire cette promesse. Pas maintenant.

— D'accord, lui réponds-je tout bas sans croiser son regard.

— Je suis désolée. Tout ce que tu veux, c'est te marier à l'homme que tu aimes et, moi, je suis là à ruiner mon mariage. Tu dois me détester, déclare-t-elle, et je remarque de l'appréhension dans le fond de ses yeux quand je finis par poser le regard sur elle.

Une partie de moi a envie de la secouer, de la convaincre que le sexe n'est rien de plus que du sexe. De lui faire comprendre à quel point c'est rare d'avoir un homme comme Ben, qui non seulement l'aime, mais qui se consacre aussi pleinement à ses enfants, même si son travail l'éloigne d'eux ces temps-ci. Mais je suis consciente d'avoir une vision extérieure de son mariage et, malgré ce que je « crois » savoir, c'est elle qui le vit au quotidien. À sa façon de décrire viscéralement son chagrin, je sais que cela la brise lentement, que je dois être présente pour elle comme elle l'avait été pour moi. Elle m'avait littéralement remise sur pied après le départ de Max ; elle avait cru mon histoire insensée de voyage dans le temps ; elle ne m'avait pas jugée une seule fois pour mes erreurs, ni n'avait considéré mes problèmes comme sans importance, même quand nous savions pertinemment toutes les deux qu'ils l'étaient.

— Je ne pourrai jamais te détester. (Je lui attrape la main, le soleil matinal de Las Vegas brûlant déjà à travers la fenêtre.) Tout rentrera dans l'ordre, je te le promets, lui dis-je en lui serrant la main plus fermement, tout en espérant ne pas me tromper.

Chapitre 22

— Ce qui se passe à Las Vegas reste à Las Vegas !, dis-je en plaisantant à Max, qui me lance un petit sourire par-dessus son mug de l'université de Los Angeles, dont le sigle bleu clair est si passé qu'on ne saurait le reconnaître, à moins de savoir qu'il y a fait ses études.

Ce sont des détails subtils tels que celui-ci, ces petites nuances – que je suis seule à connaître pour beaucoup – qui définissent sa personnalité et nous unissent. Comme sa façon de ne pouvoir lire un magazine que du début à la fin, sans jamais sauter de pages comme je le fais ; comme sa manière de parler dans son sommeil après avoir bu un cocktail ; ou encore sa façon de passer la main dans ses cheveux quand il est nerveux.

— Allez ! Raconte-moi au moins une chose à propos de ta soirée. (Il m'embrasse doucement.) Tu seras récompensée, m'exhorte-t-il d'un ton enjôleur.

Ce matin, au volant de la voiture, tandis que j'observais dans le rétroviseur Las Vegas disparaître derrière les collines, Julia dormant à poings fermés sur le siège passager et Liam loin de nous dans les airs (il nous avait prévenues par SMS qu'il rentrait avec Nikki à bord du jet privé qu'elle avait affrété), je me suis préparée à la question de Max, cherchant comment lui décrire la soirée sans lui mentir. Julia m'a fait jurer de ne rien révéler de ses sentiments et je ne trahirai jamais sa confiance. Elle m'a aussi demandé à plusieurs reprises si cela ne me causait pas de souci, si le fait de connaître les pensées infidèles qui lui trottent dans la tête changeait quelque chose pour moi, modifiait le regard que je lui porte ou ma vision du mariage en général. En vérité, cela a, bien entendu, changé les choses, mais j'ai préféré lui répondre que cela me rapprochait encore plus de Max. Je suis confortée dans l'idée de ne pas vouloir le perdre une nouvelle fois.

— C'était comme au bon vieux temps !, dis-je gaiement à Max.

Cela a été le cas à bien des égards. Avant que Kevin et Nikki ne s'immiscent dans mon enterrement de vie de jeune fille, nous avons tous les trois ri et dansé comme autrefois. Je me lance aussitôt dans un résumé de la soirée, omettant volontairement l'incident de Julia, mais mentionnant Nikki, car j'ai envie de connaître l'avis de Max sur son intrusion et ses répercussions sur ma relation avec Liam.

— Ne le prends pas pour toi. C'est un mec, donc il ne pense qu'à une seule chose en ce moment même, s'esclaffe Max.

Peut-être est-ce là le problème.

Je souris à la plaisanterie de Max, mais ses paroles pèsent lourdement dans mon esprit. Avons-nous accordé trop d'importance à notre vie sexuelle ? Avons-nous négligé d'autres aspects, peut-être plus sérieux, parce que notre partenaire ne nous faisait pas sauvagement l'amour contre un mur ? Avons-nous laissé notre instinct animal prendre le dessus, alors que nous devrions plutôt nous focaliser sur notre instinct émotionnel ? Julia envisage d'avoir une liaison, car son mari ne lui prête pas assez attention, mais si ce n'était qu'une phase ? S'il était réellement débordé et distrait ? La situation serait-elle différente si elle avait tenté de lui faire part de sa solitude ? Et Liam… S'il est follement épris d'une femme de vingt-quatre ans, qui a connu l'alcool et la drogue et qui, selon les dernières rumeurs, n'a même pas terminé le lycée, serait-ce simplement parce qu'il prend son pied ? Il change et n'hésite pas à laisser ses amis sur le carreau car il n'aurait qu'une seule idée en tête ?

— Qu'y a-t-il ?, me demande Max quand il m'aperçoit secouer la tête.

— Rien.

Je réfléchis trop. Je dois suivre le conseil de Liam et laisser mes amis vivre leur vie comme ils l'entendent. Je dois me concentrer sur ma propre existence, celle qui est juste sous mes yeux et que je prévois de partager avec Max.

Stella m'a téléphoné pendant le trajet du retour pour m'informer d'un nouvel obstacle qu'elle rencontrait. Apparemment, tous les DJ et groupes de l'île de Maui sont déjà pris le jour de notre mariage ; la seule solution pour la musique est d'envisager le

« système D ». Elle voulait mon accord pour installer des haut-parleurs et un iPod.

— De toute façon, c'est comme ça qu'on fait maintenant, dans le gratin, a-t-elle glapi, d'une voix tendue comme un tambour, et je me suis bien gardée de protester.

Sans surprise, quand on planifie un mariage, avant de le replanifier, pour ensuite tout remodifier encore une fois, la seule façon de l'organiser ou, comme Stella nous l'a sévèrement rappelé, « la seule façon même pour que le mariage ait lieu », est de se fixer des priorités.

Que Max soit mon mari est ma priorité numéro une, ai-je pensé tout en tâchant de ne pas songer à mon iPod rose bonbon installé à côté du cocktail de crevettes. *C'est tout ce qui compte.*

J'ai suggéré à Stella de revenir au thème hawaïen, puis après un long silence durant lequel j'ai presque entendu les mots qui défilaient dans sa tête, elle a fini par me répondre lentement, une pointe d'exaspération dans la voix :

— C'est impossible. Dès que j'ai décommandé les danseurs, ils ont aussitôt été réservés par un autre couple. C'était la dernière troupe disponible. Cela vaut aussi pour Louie's Luau, la société qui devait s'occuper du cochon grillé et de tout le reste. Ils m'avaient déjà fait une faveur en acceptant…

Elle n'a pas achevé sa phrase, comme si elle savait qu'elle ne ferait que remuer le couteau dans la plaie.

— Je suis désolée, Stella.

— Ce n'est pas grave. Mais promettez-moi une chose, a-t-elle ajouté d'un ton soudain plus léger, et je me suis fait la réflexion que ce devait être là une qualité qu'elle avait dû perfectionner grâce à son métier – cette capacité à savoir rebondir dans une conversation sans jamais perdre son sang-froid, quel que soit le degré de son agacement.

— Tout ce que vous voudrez.

— Ne changez plus rien.

— Promis juré !

J'ai alors repensé à Max dans l'élégant costume noir que nous avions choisi à l'origine pour la cérémonie : lors des essayages, en s'admirant dans le miroir, il avait tiré sur le col et fait semblant d'épousseter le revers de la veste. J'avais pris une profonde inspiration en dépassant le plus grand thermomètre au monde situé dans la minuscule ville de Baker : il affichait quarante degrés. J'avais espéré que c'était pour cette raison qu'une goutte de sueur perlait sur mon front.

***

— As-tu vu l'*Enquirer* ?, me demande Julia le lendemain matin lorsque nous nous retrouvons autour d'un café avant d'aller travailler, arborant chacune de petits yeux suite à notre week-end à Las Vegas.

— Il y a encore des gens qui lisent ce torchon ?

— Si tu m'inclus dans « des gens », alors oui !

Je secoue la tête, puis elle glisse sa main dans son sac posé à ses pieds et en sort le tabloïd.

— Tu ne devrais pas laisser ton sac à main par terre !, lui fais-je d'un ton réprobateur.

— Pourquoi ?, m'interroge-t-elle tout en tournant les pages de la revue.

— Mauvais feng shui ! L'idée, c'est que l'argent dans ton sac se retrouve au sol et ça porte malheur, lui dis-je en me rappelant le regard que j'avais lancé à ma spécialiste en feng shui lorsqu'elle m'avait expliqué cette théorie (à présent, je veille toujours à poser mon fourre-tout sur une chaise). Et, en ce moment, tu n'as pas besoin de problèmes supplémentaires !

— À qui le dis-tu ! (Elle continue de tourner les pages jusqu'à trouver ce qu'elle cherche.) Voilà, regarde.

Elle me tend le magazine.

— As-tu envie d'en discuter ?, lui dis-je en espérant que sa remarque était le signe qu'elle était prête.

— Non.

Ses lèvres forment une ligne mince, la même que lorsqu'elle annonce à ses enfants que leur temps sur l'iPad est écoulé. Ce n'est pas négociable.

J'insiste tout de même :

— Tu en es certaine ?

— J'en ai déjà trop dit. Je n'aurais pas dû tout te déballer. Je trouverai une solution, je te le promets.

— Mais…

— Kate, s'il te plaît. Je ne suis pas prête. Quand je le serai, je te le dirai, d'accord ?

— Très bien, dis-je avec réticence, toujours inquiète.

Je voudrais avoir une nouvelle occasion de la dissuader d'avoir une aventure. De l'empêcher de commettre un acte irréversible. Je pousse un grand soupir, puis lui prends le magazine des mains pour découvrir le titre : « Un nouveau virage pour Nikki Day ? » En dessous, se trouve une photographie de Nikki sur le siège passager d'une voiture conduite par un membre d'un *boys band* actuellement en tête des ventes. Ironiquement, leur dernière chanson s'intitule *Je t'ai piqué ta meuf.*

— Est-ce que c'est vrai ?

— Qu'est-ce que j'en sais ? (Elle lève les yeux au ciel.) D'après Liam, non.

Je la regarde en haussant les sourcils.

— Quoi ?, proteste-t-elle. Bien sûr que je lui ai posé la question ! Il m'a juré que c'étaient des conneries.

— Mais elle est dans une voiture avec ce type et elle a sa tête contre son épaule !

— Je sais bien, mais il m'a expliqué que c'était un montage. Puis, il m'a rappelé que la fête de Nikki avait lieu ce week-end.

— Il y va toujours ? Alors que cet article crie au monde entier qu'elle le trompe sûrement..., dis-je avant de me reprendre, mais c'est trop tard, les mots m'ont déjà échappé. Enfin, tu me comprends, Julia. Pour toi, c'est... C'est différent, balbutié-je.

— Tu crois vraiment cela ?

— Oui, bien sûr. Je n'apprécie pas tellement Nikki. Je ne pense pas qu'elle soit bien pour Liam. C'est cela que je voulais dire, je te le promets. Qu'il aille à cette fête, moi je n'irai pour rien au monde ! Je me moque de ce qu'elle lui a sorti comme excuse ; ces photos parlent d'elles-mêmes.

— D'accord, mais si au fond de toi, tu me juges mal à cause de ce que je ressens, dis-le-moi tout de suite. Vide ton sac. (Elle fait claquer sa main sur la table en bois pour appuyer son propos.) Parce que, tu vois, je pensais que tu serais la seule à comprendre…

— Que veux-tu dire ?

Je sens ma poitrine se comprimer.

— À cause de l'histoire entre Max et Courtney.

— Ils n'ont rien fait, strictement parlant.

— Max est tombé amoureux d'une autre !, s'insurge-t-elle et mes yeux s'emplissent de larmes.

— Dans une autre vie, pas celle-ci, dis-je pour protester avant que Julia ne m'interrompe.

— C'est vrai. Je suis désolée, c'est sorti un peu sèchement.

— Un peu ?, fais-je, la voix nouée.

— Bon, d'accord, beaucoup. Je me suis peut-être trop emportée à cause de mes problèmes. Ce que j'essaie de dire, c'est que tu as pardonné à Max. Tu as compris que ce n'était pas aussi simple que cela.

Je ne lui réponds pas et son visage s'adoucit.

— Pardonne-moi, je ne voulais pas être méchante.

— Je sais. C'est bon.

— Je voulais seulement te faire comprendre que tu devrais accorder aux autres le même traitement qu'à Max.

— Comme Nikki Day ? Pardon, Julia, je t'adore, mais la comparer à Max, c'est trop. Je n'en ai rien à cirer d'elle, alors pourquoi m'en soucier ?

— Parce que Liam l'aime, me répond-elle simplement.

Je reste silencieuse un instant.

— Tu as raison, finis-je par concéder à contrecœur.

Sa remarque selon laquelle je dois accepter les choix de Liam me rappelle la discussion que j'ai eue avec lui à Las Vegas.

— Super, conclut-elle en tapant dans ses mains. Donc, tu iras à cette fête, peu importe ce que tu penses de Nikki ? Car, même si Liam se comporte comme s'il n'avait pas besoin de nous, en réalité ce n'est pas le cas. Nous devons être là pour lui. Dans les bons moments… comme dans les mauvais, ajoute-t-elle en pointant du doigt l'article sur Nikki.

— D'accord, je viendrai.

Je ravale la boule qui me noue la gorge, essayant d'oublier la vitesse avec laquelle tout a semblé dérailler, à la manière d'un manège dont la seule issue serait de s'éjecter dans les airs, avant de retomber lourdement sur le sol.

Chapitre 23

« Je parcours de vieux albums photo : qui m'avait fait cette affreuse coupe au bol quand j'étais bébé, lol ?#MamanJeSaisQueCEstToi #NeLeNiePas »

Je me souviens que, lorsque j'étais enfant, le temps paraissait toujours passer lentement quand je voulais qu'il accélère, comme le jour de la rentrée après les vacances de Noël, quand je rêvais encore aux cadeaux que j'avais déballés. En revanche, il semblait s'écouler à toute allure quand je voulais qu'il s'étire, comme pour les vacances d'été, durant lesquelles je passais mes journées sur mon vélo, mes pieds nus sur le guidon, le vent glissant dans mes cheveux longs. À présent, plus de vingt-cinq ans plus tard, alors que je fixe la date sur le calendrier, je me demande pourquoi c'est le contraire qui se produit. Mon mariage approche à grands pas et pourtant, je voudrais que les aiguilles de l'horloge avancent un tout petit peu moins vite. Un sentiment pressant dans mon ventre me dicte de vivre au jour le jour, de ne pas être si impatiente, que Max sera mon mari bien assez tôt.

Devant ces vieilles photographies, je comprends que mon père est la seule personne en mesure de répondre à la question qui pèse lourdement sur ma poitrine. Je sors mon téléphone portable et compose son numéro, tout en me demandant si mon père répondra ou si je tomberai sur le répondeur. Leslie fredonne derrière lui pendant qu'il scande son message d'accueil, en faisant mine de rapper, mais donnant davantage l'impression au final de faire un sermon. C'est tellement ridicule que je ne peux m'empêcher de rire chaque fois que je l'entends. Ils ont déménagé pour le nord de la Californie l'an passé. Par conséquent, je ne les vois pas autant que je le souhaiterais, mais c'est toujours bon d'entendre sa – leur – voix.

— Ma fille !

— Mon père !, lui réponds-je et je souris au son de ces salutations enjouées que nous avons coutume d'échanger depuis des années.

— Tu es presque une femme mariée maintenant ; que comptes-tu faire des jours qu'il te reste avant d'avoir la corde au cou ?

Mon père rit de bon cœur et je l'imagine assis dans son fauteuil inclinable en cuir, ses pieds juchés sur le repose-pieds assorti, la chaîne parlementaire en mode silencieux sur la télévision.

— Papa ?, dis-je ignorant sa question. (Ma voix ressemble tout à coup à celle de la petite fille que j'étais.) Pouvons-nous parler de Maman ?

Il pousse un long soupir et, pendant quelques instants, seul le silence règne entre nous. Il finit par répondre :

— Je sais qu'elle est contrariée parce que Leslie veut être sur la photo de famille au mariage…

— Non, ce n'est pas de cela qu'il s'agit.

— Ah ? De quoi alors ?

La voix de mon père se fait plus légère. Je repense à ce que ma mère m'avait dit, que mon père avait été tout pour elle, et je me demande pourquoi, si c'était vrai, cela n'avait pas suffi à ce que leur mariage soit une réussite.

— Que s'est-il passé entre Maman et toi ? Pourquoi es-tu parti ?

— Ouh là, il va me falloir quelque chose de plus fort que ce café pour affronter cette conversation !

Mon père rit à nouveau, mais cette fois-ci, cela me paraît un peu forcé.

— Hé, Leslie, pourrais-tu m'apporter une bière ?

— Je comprendrais que tu n'aies pas envie d'en parler…

Je suis sur le point de lui demander d'oublier ma question. Je replie mes genoux sous mon corps, les albums de mon enfance éparpillés sur la table de la salle à manger, la petite fille avec les couettes blond vénitien me fixant du regard, et je me dis que je ne devrais peut-être pas remuer le passé. Comprendre ce qui n'a pas fonctionné entre mes parents ne me permettra peut-être pas, comme je l'espère, de trouver en moi les réponses. J'entends les voix étouffées de mon père et de ma belle-mère et je me demande s'il ne vaut mieux pas garder intacts mes souvenirs, ne pas les altérer. Mon père est parti, certes, mais il ne m'a pas abandonnée.

— Excuse-moi, je suis allé dans mon bureau. Je ne veux pas que Leslie entende.

— Papa, réflexion faite, nous ne sommes pas obligés d'en parler. Cela ne me regarde sans doute pas...

Je tourne les pages de l'un des albums et m'arrête sur ma photo de classe du CP, mes dents de devant étaient tombées et les taches de rousseur de mon nez étaient accentuées par le soleil estival.

— En réalité, je crois que nous devrions en discuter. Je sais que ta mère a toujours eu certaines idées sur les raisons de mon départ. (Je l'entends boire une gorgée de bière.) Je sais qu'elle a le sentiment que je l'ai quittée pour Leslie, que j'ai eu une liaison avec elle.

Le mot « liaison » reste en suspens entre nous. Je me mordille la lèvre en tombant sur une photographie de mes parents datant du jour de leur mariage ; elle colle un peu au papier quand je la sors de sa pochette. Ma mère porte une robe écrue en dentelle, ses cheveux sont noués en chignon avec quelques mèches ondulées qui encadre son visage. Elle a les bras autour du cou de mon père et une jambe repliée derrière elle. Le nœud de la cravate de mon père est un peu défait et il penche la tête vers elle, les paupières closes.

— Kate ? Tu es toujours là ?, me demande-t-il, sa voix habituellement puissante paraissant faible.

— Oui.

Je retourne le cliché. Ma mère avait inscrit : « La fin d'une journée parfaite, mais le début d'une vie parfaite. »

Je songe à Julia. Je pensais que son mariage était parfait lui aussi. Et je suis fiancée à un homme que j'ai toujours cru parfait pour moi. Comment distinguer ce qui est réel de ce que nous jugeons réel ? La perfection existe-t-elle seulement ? Ou peut-être est-ce simplement un concept très dangereux, que nous pouvons observer chez les autres, mais jamais dans notre vie ?

— Kate… Je n'ai pas eu de liaison.

— Alors que s'est-il passé ?

— Ma puce, il n'y a pas qu'une réponse à cette question, affirme mon père et j'entends les glaçons s'entrechoquer dans son verre. (Je l'imagine à présent en train de préparer un cocktail au bar de son bureau.) Nous nous sommes simplement éloignés l'un de l'autre.

— Pourquoi alors Maman ne voit-elle pas les choses ainsi ? Pourquoi est-elle toujours si… (je marque une pause pour bien peser mes mots) si bloquée ?, finis-je par préciser.

— C'est sans doute de ma faute.

— Pourquoi ?

— Parce que je l'ai prise au dépourvu, Kate. Je t'ai dit que nous nous étions éloignés l'un de l'autre, mais je devrais peut-être plutôt dire que c'est moi qui ai changé. (Il prend une respiration.) Quand je lui ai expliqué ce que je ressentais, c'était déjà trop tard ; quelque chose en moi avait changé. Je n'étais plus l'homme de vingt-quatre ans qu'elle avait épousé, je devais découvrir qui j'étais, et j'avais l'impression que je n'y arriverais pas auprès d'elle.

C'est ce que les gens ne saisissent pas dans l'aspect définitif du mariage : on évolue et si l'autre personne ne suit pas, cela peut assez rapidement tourner au vinaigre.

— Pourquoi, dans ce cas, t'es-tu remarié aussitôt ?, lui dis-je, consciente qu'il s'agit du point sensible que ma mère ne parvient pas à accepter : mon père partant avec toutes ses affaires dans le but de se trouver et trouvant, au lieu de cela, la femme de ses rêves.

— Je sais que ta mère est convaincue que j'avais une liaison à cause de la chronologie des événements, mais comme je le lui ai expliqué à l'époque, je ne connaissais pas Leslie avant mon départ. Je l'ai rencontrée plus tard. Crois-moi, une nouvelle histoire d'amour était bien la dernière chose dont j'avais envie ! Mais c'est arrivé, voilà tout. La vie est courte et, quand tu rencontres quelqu'un qui te rend heureux comme Leslie me rend heureux, eh bien, disons que tout le reste ne semble plus compter.

Mon amour pour Max est-il si fort que le monde s'arrête de tourner quand nous sommes ensemble ? Oui, après tout j'ai remonté le temps pour lui. Est-ce parce que rien ne compte plus à mes yeux que mon amour pour lui, ou bien tout simplement parce que je ne supporte pas d'être seule ?

— Si tu pouvais tout recommencer, épouserais-tu toujours Maman ?

— Bien entendu, parce que nous t'avons eue. Mais, Kate, même si c'était possible, je ne voudrais pas réécrire l'histoire de ma vie.

— Pas même si tu avais la possibilité de remonter le temps et de tout changer ? Tu ne le ferais pas ?

— Non. Parfois, nos erreurs s'avèrent être nos plus grandes chances ; on ne peut pas vivre en mettant en doute tous les choix que l'on fait.

— Pourquoi ?

— Parce qu'alors, on ne vit pas du tout.

Je réfléchis aux paroles de mon père tout en replaçant la photographie de mariage dans l'album.

— Kate ? Que se passe-t-il ? Je sais que cela a été difficile pour toi quand je suis parti. Mais c'était la meilleure chose à faire, je crois. Je ne voulais pas que tu grandisses dans une famille malheureuse. J'espère que tu le sais.

Je perçois de l'angoisse dans la voix de mon père. Il a peur que je n'en sois pas consciente, ou que j'aie conçu en secret une colère contre lui pour avoir quitté ma mère.

— Oui, Papa, je le sais. (J'imagine sa mâchoire se relâcher à ma réponse.) Bien sûr, j'étais triste, aucun enfant ne souhaite que ses parents divorcent. Mais tu as toujours été là pour moi.

Mon père n'avait jamais manqué un match de football ou un concours d'orthographe, ni ne m'avait forcée à apprécier Leslie, préférant me laisser l'accepter à ma façon – ce qui avait fini par se produire.

— En plus, tu sais que j'adore Leslie, conclus-je avec le sentiment de trahir ma mère en faisant cet aveu à voix haute.

***

Après avoir raccroché, je repense longuement à la conversation avec mon père. Alors que je me prépare pour la fête de Nikki Day, je me repasse ses paroles : il ne réécrirait pas son histoire, même s'il en avait la possibilité. A-t-il seulement cherché à me ménager sachant que, s'il n'avait pas épousé ma mère, je n'existerais pas ? Julia donnerait-elle la même réponse concernant son mariage avec Ben, à cause de ses enfants ? Ou mon père a-t-il raison : la vie se déroule simplement comme elle le devrait, bien que cela ne paraisse pas flagrant sur le moment ? Si c'était le cas, pourquoi ma mère ne peut-elle pas l'accepter ? Malgré ses trois rendez-vous avec Bill, elle évoque toujours le nom de mon père à chaque discussion, consumée par l'idée de le voir au mariage en compagnie de Leslie. J'avais espéré que sortir avec un homme provoquerait un déclic, qu'elle tournerait la page une fois pour toutes. Or, pour une raison que j'ignore, elle semble toujours se raccrocher au passé.

— Comment devrais-je m'habiller pour cette soirée ?, s'enquiert Max, qui me fait sursauter en pénétrant dans notre dressing. Mince, excuse-moi, je ne voulais pas te faire peur ! (Il attrape une chemise bleu clair.) Tu vas bien ?

— Je pensais simplement à une conversation que j'ai eue avec mon père aujourd'hui. Je lui ai demandé pourquoi il avait quitté ma mère.

— Quel sujet sérieux pour un samedi ! (Il cherche mon regard.) Pourquoi l'as-tu interrogé là-dessus ? Ta mère te prend encore la tête avec Leslie ?

— Oui, toujours. (J'enlève de son cintre une robe portefeuille bleue et la plaque contre moi.) Est-ce que je peux te poser une question ?

Je croise le regard de Max dans le miroir en pied accroché au mur et il hoche la tête.

— Oui, mets ça, c'est parfait. Cela fait ressortir le bleu de tes yeux, me dit-il en souriant.

— Merci. Mais ce n'était pas ma question.

Je marque une pause, regarde autour de moi et songe combien ma vie a changé depuis que tout a commencé dans ce dressing, quand j'étais tout excitée par une paire de sandales apparue par magie.

— Ah ?

Il passe sa main dans ses cheveux.

— Penses-tu que, dans la vie, les événements arrivent parce qu'ils le doivent ? Qu'on ne peut pas aller contre le destin ?

Max fait la moue. J'aperçois sa poitrine se contracter légèrement, comme s'il venait de relâcher le souffle qu'il retenait. A-t-il craint que je lui demande autre chose ?

— Tu lis *Le Pouvoir du moment présent* ou quelque chose dans le genre ?, se moque-t-il en riant.

— Non ! (Je le fouette gentiment avec ma robe.) Je suis sérieuse, Max. Qu'en penses-tu ?

— Eh bien, si je devais donner mon avis… Je dirais que c'est nous qui contrôlons notre vie et pas le destin. D'après moi, il n'y a pas de sort prédestiné.

— Bonne réponse, lui dis-je en l'embrassant langoureusement.

— Ah oui. Je confirme, mets cette robe, déclare-t-il en faisant glisser son doigt le long de mon bras tandis que je serre la robe entre mes mains. Mais je ne réponds pas de ce que je pourrai te faire plus tard.

— Ah, vraiment ?

— Oui !, affirme-t-il avant de m'embrasser à nouveau.

— Pourquoi attendre plus tard ?

Je commence à lui ôter son tee-shirt.

— Pas besoin de me le dire deux fois, s'exclame-t-il en me couchant par terre.

Je m'abandonne à ses baisers, à ses caresses, oubliant mes idées contradictoires sur le destin et la fatalité qui m'assaillent, et je décide que le seul instant qui compte est le moment présent.

Chapitre 24

Un jour, Magda m'a donné un conseil précieux. C'était juste avant ma première présentation devant des clients, un projet sur lequel j'avais travaillé pendant des semaines, dormant et mangeant à peine, perdant mes cheveux à cause du stress. Alors que nous attendions à l'accueil de l'entreprise de cosmétiques que nous convoitions, les murs rouge pompier me martelant les tempes, Magda avait posé sa main sur mon genou tremblant et m'avait souri, ce qui ne lui ressemblait pas. J'avais pratiquement sursauté au contact de sa main.

— Kate, vous avez préparé une excellente présentation. Je ne vous laisserais pas la faire si je ne vous jugeais pas prête.

— Mais si je ne suis pas…

Je m'étais interrompue, ne sachant pas à quel point je voulais dévoiler ma vulnérabilité.

— Pas quoi ?, m'avait demandé Magda en plissant les yeux.

— Prête, avais-je finalement précisé.

— Je vais vous avouer un petit secret, avait-elle déclaré en se penchant vers moi. Personne n'est jamais tout à fait prêt pour quoi que ce soit. On fait seulement semblant pour que cela sonne juste, et cela finit par le devenir.

J'avais acquiescé en silence, essayant de concilier cette Magda plus gentille et plus tendre avec celle qui m'avait harcelée de questions durant tout le temps du trajet.

— D'accord ? Donc, reprenez-vous. Je ne voudrais pas avoir à vous virer.

Elle avait ri doucement, me laissant dans l'incertitude : plaisantait-elle ou non ? Je ne l'ai jamais su ; j'avais contrôlé mes mains tremblantes pendant que j'impressionnais les dirigeants, qui étaient devenus mes premiers clients. Depuis, j'ai effectué d'innombrables présentations, mais je n'ai jamais oublié cet instant ni le conseil qui l'accompagnait. Conseil qui s'avérerait utile ce soir.

Alors que nous patientons en silence dans la file de voitures qui fait le tour du quartier pour accéder à la fête de Nikki, la Jeep Cherokee de Max coincée entre des Cadillac Escalade et de grosses limousines, je regrette de ne pas savoir lire dans les pensées. Max fixe droit devant lui, le visage impassible. Ben et Julia sont à l'arrière, leurs mains s'effleurant à peine, presque comme par accident.

— Liam est déjà là-bas, dis-je.

Ma voix résonne quasiment dans la voiture silencieuse. Je me tourne vers Julia, qui lève le regard de son téléphone. Bien que ses yeux émeraude soient légèrement vides, elle est magnifique dans sa robe à mancherons et à paillettes gris anthracite, les jambes fermement croisées pour parer à sa courte longueur. Max l'a sifflée quand elle est sortie de chez elle, se tournant aussitôt vers moi avec un air coupable.

— C'est bon, l'ai-je rassuré en riant. Elle est hyper sexy !

Ben est apparu quelques instants plus tard sur le perron de leur maison. Une maison à étage dont ils sont propriétaires depuis près de dix ans et qu'ils ont été si fiers de pouvoir acquérir ; je les avais aidés pour le déménagement et la peinture, car toutes leurs économies étaient passées dans l'achat. Ils semblaient déconnectés l'un de l'autre. Je me suis tournée vers Max pendant qu'ils prenaient place à l'arrière, me demandant si lui aussi l'avait remarqué. Mais je ne crois pas, et il s'est lancé dans un débat avec Ben sur la création d'une nouvelle équipe professionnelle de football à Los Angeles. Tous deux riaient avec insouciance. J'en ai déduit que je devais y être sensible parce que je savais que la fidélité de Julia envers Ben ne tenait qu'à un fil très ténu.

Je me remets rapidement du rouge à lèvres alors que nous approchons des voituriers ; nous tentons tous de deviner quelle star sortira de la limousine suivante. Julia et moi poussons un petit cri lorsque nous apercevons son couple de vedettes préféré descendre de la voiture qui nous précède. L'homme tend le bras à son épouse, puis ils affrontent savamment les micros et les caméras qui les prennent d'assaut à peine le pied posé sur le tapis rouge.

— Ils vont être assez déçus de nous voir, plaisante Max, tout en tirant le frein à main.

Le voiturier, un jeune homme aux allures de mannequin avec une coupe de cheveux branchée, nous ouvre la porte d'un grand geste de bras. Embarrassés, nous nous empressons de remonter le tapis rouge, les flashes des appareils photo cessant brièvement de crépiter à notre passage. Je prends Julia par le bras et ralentis le pas pour nous mettre en retrait de Max et Ben.

— Tu vas bien ?, lui dis-je, en jetant un coup d'œil rapide vers les garçons.

— Oui, répond-elle sèchement. Arrête avec ça, Kate.

— Avec quoi ?

— Arrête d'attacher de l'importance au moindre détail, au moindre regard ou silence. Ce n'est pas aussi simple, me chuchote-t-elle. Ne me fais pas regretter de m'être confiée à toi, s'il te plaît.

— Pardon, lui fais-je, légèrement vexée par son intonation.

Comme si elle lisait dans mes pensées, elle me presse le bras.

— Je sais que tu essaies seulement d'être une bonne amie. Mais, je te le promets, tout va s'arranger. Je trouverai une solution.

— Pour Ben et toi ?

— Pour tout. Arrête de te faire autant de souci. (Elle passe la main sous mes yeux.) Cela va te donner des rides !

Elle rit et je l'imite, estimant qu'elle a sans doute raison. Je me trouve à cette fête incroyable, entourée de vedettes, en compagnie de Max et de mes meilleurs amis. Il faut que je me détende et profite de l'instant.

***

— As-tu goûté le *ceviche* ?, me crie Julia par-dessus son épaule, alors qu'elle se dirige vers le bar pour aller nous chercher une troisième coupe de champagne.

Elle trébuche légèrement en dévisageant un bel homme, que je pense avoir vu dans un film d'action que Max et moi avons regardé il y a quelque temps. La star de cinéma la rattrape par le coude et se plonge dans le large sourire que Julia lui adresse en remerciement. Ils échangent quelques mots avant de se rendre vers le bar et poursuivent leur conversation tout en faisant la queue. L'air charmeur, Julia avance légèrement une jambe et pose une main sur sa hanche. J'avale un acra et jette un coup d'œil à Ben, qui discute avec Max tout en surveillant de près sa femme. Il remarque que je l'observe.

— Elle a trop bu, c'est tout, me dit-il d'un ton convaincu, mais je perçois derrière ses mots qu'il est sur la défensive. Je m'assure seulement qu'elle arrive à revenir sans trébucher, s'empresse-t-il d'ajouter, comme s'il avait besoin d'une excuse valable pour la surveiller.

— Tu as raison ! Elle décompresse, tout simplement, dis-je avec un peu trop d'enthousiasme et je me demande pourquoi nous essayons tant de nous convaincre mutuellement que la scène dont nous sommes spectateurs est innocente.

Puis, je me rappelle la mise en garde de Julia : je dois arrêter d'accorder de l'importance à chaque petit détail. Si je me retrouvais nez à nez avec un acteur canon tenant le rôle principal d'une superproduction, je flirterais sans doute aussi avec lui. Ben finit par détourner le regard.

— Tu sais comment c'est, une nuit sans les enfants et on se lâche ! (Il rit.) Elle a bien mérité de s'amuser. J'étais beaucoup en déplacement ces derniers temps. On s'est à peine vu.

— Tu devrais l'emmener en week-end après notre mariage.

Je réprime mon envie de le secouer, de l'avertir qu'il est sur le point de perdre la femme qu'il aime depuis plus de dix ans, qu'elle est en train de lui glisser entre les doigts comme du sable.

— Peut-être. Mais c'est tellement compliqué de trouver une baby-sitter, me répond-il avant de boire une gorgée de son whisky coca.

— Nous nous en occuperons, répliqué-je d'un ton ferme.

Max lève brusquement la tête et s'apprête à prendre la parole. Mais je lui lance aussitôt un regard qui l'en dissuade.

— Nous verrons, rétorque Ben sans grande conviction, tandis que Julia revient prudemment vers nous, avec dans les mains deux flûtes si remplies que le champagne en déborde.

— Vous avez vu avec qui je discutais ?, nous demande-t-elle, les joues rouges, alors qu'elle boit la mousse de son verre et me tend l'autre coupe. C'est le type qui a joué dans *First Night* ! C'est lui qui finissait avec la fille, vous voyez ?

— Bien sûr qu'il a fini avec elle, marmonne Ben, avant de vider son verre d'un trait.

Max me lance un regard signifiant : « C'est quoi leur problème ? », et je lui réponds par un haussement d'épaules. Soit Julia n'a pas entendu Ben, soit elle ne lui a pas prêté attention. Elle se met à se déhancher au rythme du groupe qui vient d'arriver sur scène.

— Allons chercher Liam, dis-je tout en regardant derrière moi, surprise de ne pas l'avoir encore vu (nous avions aperçu Nikki un peu plus tôt, qui répondait à une interview, mais Liam était introuvable).

— On me cherche ?

J'entends la voix grave de Liam et me retourne. Ses cheveux habituellement ébouriffés sont savamment plaqués en arrière, ce qui durcit ses traits, mais je ne parviens pas à savoir si cela me plaît ou non. Liam salue Max et Ben avec une poignée de main ferme, avant de nous étreindre Julia et moi.

— Les filles, vous êtes ravissantes.

— Merci, lui dis-je, et je résiste à l'envie de passer ma main dans ses cheveux, convaincue que cela me donnerait l'impression de toucher la tête d'une poupée Ken. Où est Nikki ?

— Quelque part dans le coin, répond-il vaguement.

Aussitôt, je revois la photographie de la revue où elle se trouve avec un autre homme et me demande s'il fera une apparition ce soir ; j'espère, pour Liam, que cela n'arrivera pas.

— Vous savez comment c'est dans ce genre d'événements, ajoute-t-il et nous dodelinons tous de la tête en signe d'acquiescement, bien que nous n'en ayons pas la moindre idée.

Liam attrape un verre sur le plateau d'un serveur et s'installe avec nous, nous racontant des anecdotes amusantes sur la descente du tapis rouge avec Nikki. Il nous confie que c'était étrange d'être à ses côtés et de tenir sa pochette à paillettes pendant qu'elle régalait chaque journaliste de petites phrases qu'elle avait répétées quelques minutes plus tôt dans la limousine.

— Ce doit être époustouflant de porter le sac de quelqu'un d'autre, fais-je d'un ton sarcastique.

— C'est mieux que d'être assis chez soi à s'enfiler des séries sur Netflix, ce que tu aurais pu faire ce soir, rétorque-t-il sèchement et je lui tire la langue.

Entre les coupes de Moët & Chandon et plusieurs passages sur la piste de danse, nous passons tous un très bon moment. Max et moi nous trémoussons au rythme de la musique et Liam nous rejoint durant les brefs instants où il n'est pas sollicité par la « garde rapprochée » de Nikki pour une séance photo. Ben fait même danser Julia, ce qui me rappelle instantanément leur mariage lorsqu'ils avaient surpris leurs invités avec une petite chorégraphie.

Quand le groupe entame une chanson que je ne reconnais pas, je tire Max vers le buffet des desserts regorgeant de magnifiques petits gâteaux que j'attends de goûter avec impatience depuis le début de la soirée. Mais sa main se fait molle lorsque nous sortons de la piste et je tourne la tête pour comprendre ce qui se passe… J'en ai le souffle coupé : Courtney danse corps à corps avec un homme de grande taille, aux cheveux poivre et sel. Il lève les bras et elle s'approche de son corps musclé comme s'ils étaient seuls au monde. Où est passée la Courtney qui avait pleuré dans ma voiture ? Ses yeux rougis pétillent à présent, ses cheveux sont soyeux, et la mini-jupe qui moule son corps laisse peu de place à l'imagination. Je pose mes mains sur ma robe, avec la sensation soudaine d'être une vieille fille. La beauté de Courtney a ce terrible pouvoir d'affadir celle des autres.

— Max ?, dis-je doucement, le bruit de l'orchestre étouffant ma voix.

Je lui secoue légèrement l'épaule et prononce une nouvelle fois son prénom pour qu'il tourne enfin la tête : l'angoisse dans son regard me fait l'effet d'un coup de poignard. L'alcool a fait disparaître le vernis derrière lequel il masquait ses véritables sentiments.

— Courtney…, bredouille-t-il simplement.

— Je sais, je la vois moi aussi. (Je lui tends la main.) Viens avec moi, fais-je d'un ton suppliant, sans vouloir paraître désespérée.

Je le suis pourtant. Désespérée de faire comme si je ne voyais pas sur le visage de Max son amour pour Courtney ; désespérée de croire encore que nous pouvons échapper à notre destin. Je pense au désarroi de Julia et au cliché hollywoodien qu'est devenu

Liam. C'est comme si, en revenant dans le passé, j'avais fait voler en éclats la vie de tous mes proches, afin d'avoir mon *happy end.* Max lance à Courtney un dernier regard avant de se tourner vers moi et de saisir ma main.

— Pardonne-moi, Kate.

Je ne suis pas certaine de savoir pour quoi il s'excuse et n'ose le lui demander.

— Ce n'est pas grave. (C'est la seule réponse que je parviens à prononcer, me sentant incapable d'exprimer quoi que ce soit d'autre.) Je reviens tout de suite, dis-je en pointant du doigt les toilettes.

Je n'ai qu'une seule envie : mettre autant de distance possible entre les cinq dernières minutes et moi. Traversant la foule dans une confusion totale, je me heurte pratiquement à une serveuse vêtue d'une chemise blanche et d'un pantalon noir.

— Désolée, fais-je automatiquement, sans lever les yeux.

— Vous feriez mieux de regarder là où vous marchez, me répond une voix familière.

Je marque un temps d'arrêt face à Ruby, un plateau vide à la main, un petit sourire narquois sur les lèvres.

— Pourquoi suis-je étonnée ?, dis-je, plus à moi-même qu'à elle. Il était évident que je vous trouverais ici. Est-ce le moment où vous me dites : « Je vous avais prévenue » ?

Le sourire de Ruby s'évanouit.

— C'est ce que vous pensez ? Que je suis là pour vous donner une leçon ?, me demande-t-elle alors qu'une starlette ivre lui tend un verre garni d'un mégot de cigarette. (Ruby jette le verre à la poubelle avant d'attraper mon bras et de m'emmener à l'écart de la foule.) Que vous le croyiez ou non, je suis là pour vous aider, pas pour vous blesser.

— Vous auriez pu me berner. (Je déverse sur Ruby ma colère envers Max.) J'ai tout fait correctement cette fois-ci, tout ! Mais il l'aime toujours. C'est encore elle qui gagne, dis-je, la voix brisée.

— Peut-être est-ce là le problème, Kate. Vous continuez de voir cela comme un jeu.

— Parce que ce n'en est pas un ? Est-ce que nous ne cherchons pas tous à gagner dans la vie ?

Je songe à Callie, mon amie de l'université, qui a posté ce matin sur Facebook une lettre de son fils de huit ans, dans laquelle il lui écrit qu'elle est une maman formidable. Il a une belle écriture qui semble improbable pour un enfant de cet âge. Toujours est-il que, si la vie est un jeu, Callie est largement en tête. Même avec une seconde chance, je perds encore une fois.

Ruby pince les lèvres et me regarde d'un air sidéré, comme si j'étais une bête curieuse.

— Après tout ce que vous avez enduré, c'est ce que vous pensez ? (Elle se cache dans une alcôve au moment où un vrai serveur passe à vive allure.) Et dire que je croyais que vous aviez fini par comprendre ! (Elle sort sa chemise de son pantalon.) J'en ai terminé, déclare-t-elle les larmes aux yeux, avant de faire volte-face.

— Attendez ! C'est fini ? Vous m'abandonnez maintenant ?, lui dis-je, prise de panique. Comment je vais régler la situation ? Et est-ce qu'il me reste des vœux ?

Peut-être est-il encore possible de tout arranger, si nous n'étions pas venus à cette fête, si Max n'avait jamais vu Courtney danser avec cet homme. Si je pouvais tout effacer, Max et moi aurions peut-être encore une chance d'être heureux ensemble.

Comme lasse, Ruby pousse un grand soupir.

— Il vous reste un dernier vœu. Je vous conseille d'en faire bon usage. (Elle me donne une petite tape sur l'épaule.) N'oubliez pas que certaines choses ne doivent pas être rectifiées, conclut-elle avant de s'évanouir dans l'obscurité.

Chapitre 25

Je m'asperge le visage d'eau froide. Cela me picote la peau et fait disparaître instantanément mon maquillage – maquillage que j'avais minutieusement appliqué plus tôt dans la soirée, pieds nus sur le carrelage de la salle de bains, le cœur encore battant après avoir fait l'amour avec Max et trépignant d'excitation à l'idée de me rendre à cette fête hollywoodienne à son bras. Je m'essuie le visage avec une serviette d'un blanc immaculé, sur laquelle est brodé « La nuit de Nikki », et je contemple avec mépris mon image dans le miroir, attendant que les réponses que je cherche apparaissent dans le reflet de mes yeux. Ruby a-t-elle raison ? Au moins, j'ai encore un vœu. Je peux m'en servir pour remonter une nouvelle fois le temps. Ne dit-on pas que la troisième fois est la bonne ?

Je sors un tube de gloss de ma pochette noire à paillettes et l'applique sur mes lèvres. Je m'interroge : comment aurais-je pu utiliser autrement mes vœux ? De toute évidence, cela avait été une erreur de vouloir aider Julia et Liam, mes tentatives pour améliorer leur vie ayant eu l'effet inverse. Si je décide de tout recommencer, il ne me restera plus de vœux ; je devrai par conséquent m'en remettre à mon pouvoir de persuasion pour convaincre mes meilleurs amis que j'ai remonté le temps. Liam est si sceptique que je ne suis pas certaine d'y parvenir. Ni même d'avoir envie d'essayer. Il serait peut-être préférable de ne rien leur révéler, de ne pas impliquer qui que ce soit dans mon incapacité à bien mener ma vie.

Oui, me dis-je en ouvrant la porte des toilettes, les basses des haut-parleurs vibrant dans le couloir. Cela vaut la peine de retourner à nouveau dans le passé, car je pourrai ainsi résoudre deux problèmes majeurs : avec un peu de chance, Julia sera satisfaite de son mariage, et Liam n'aura pas été publiquement humilié par une starlette infidèle. Ces deux raisons suffisent à me convaincre. Même si cela implique de revenir à la case départ avec Max et Courtney. Je devrai simplement découvrir comment agir cette fois-ci pour qu'au lieu de les rapprocher, mes actions les éloignent véritablement l'un de l'autre.

Incontestablement, il me faudra aller plus loin dans le passé. Deux mois peut-être ? Six ? Quand leur amitié s'était-elle transformée ? À partir du jour où j'avais demandé à Max d'aller chercher Courtney, quand sa voiture était tombée en panne sur Sepulveda Boulevard ? Ou lorsqu'elle leur avait obtenu des pass pour rencontrer en coulisses les membres de Toad the Wet Sprocket et qu'elle avait réussi à se faire inviter dans leur bus de tournée afin de faire la fête avec le groupe ? À quel moment précis le cours de chacune de nos vies avait-il changé ? Si je parvenais à le savoir, j'aurais peut-être une chance.

Je me dirige vers la salle de réception bondée et tente de garder mon sang-froid en croisant tous les acteurs de ma série télé préférée. Je finis par repérer Max, assis avec Ben et Julia dans des canapés ; Julia a la tête penchée vers la piste de danse, où Courtney se déhanche toujours avec le même homme. Je lève les bras et secoue la tête, refusant de regarder à nouveau dans sa direction. En chemin, j'aperçois la silhouette dégingandée de Liam, assis à l'écart, là où la lumière tamisée se confond avec l'obscurité.

— Salut, lui dis-je doucement et je m'assois à côté de lui.

Il porte une bouteille de tequila à ses lèvres. Avec ses cheveux à présent ébouriffés, son nœud papillon défait, il ressemble tellement à l'ancien Liam que mon cœur bondit. Je ne m'étais pas rendu compte à quel point cette version de lui m'avait manqué.

— Salut, répète-t-il et il me passe la bouteille de Patrón.

J'hésite avant d'en boire une grande gorgée, puis toussote et essuie ma bouche avec le revers de ma main, l'alcool me brûlant la gorge.

— Bordel, Liam. Tu as bu beaucoup de ce machin ?

Il hausse les épaules.

— Elle était pleine quand je l'ai piquée au bar.

Je regarde la bouteille, vidée d'un bon quart.

— Tu vas bien ?

— Cette soirée ne s'est pas du tout passée comme je l'avais espéré.

— Ne m'en parle pas ! Regarde un peu qui s'est retrouvé sur la liste des invités.

Je tends la bouteille en direction de Courtney.

— Quelle était la probabilité pour que ça arrive ?, s'étonne Liam en secouant la tête.

Une sur un milliard.

— Tu aurais dû voir la tête de Max quand il l'a aperçue. Comme s'il avait vu un fantôme…

Mon estomac se contracte quand je me rappelle son regard. Comme j'aimerais pouvoir l'effacer de ma mémoire… Une larme s'échappe de mon œil. Je veux l'essuyer, mais Liam me devance et la fait disparaître du bout de son index.

— Viens là, me lance-t-il et il tire ma chaise vers lui, avant de passer son bras chaud autour de mon épaule.

— J'ai appris qu'il ne me reste plus qu'un vœu. Je me demande si je ne l'utiliserais pas pour revenir encore une fois en arrière. Mais en allant plus loin dans le passé. Six mois, peut-être.

Liam boit longuement à la bouteille.

— Et si tu ne le faisais pas ? Si tu restais ici ? Si tu l'as vu la regarder de cette façon, après tout ce qui s'est passé, cela signifie peut-être que tu dois le laisser partir.

Mes larmes redoublent et je les essuie sur sa chemise en enfouissant mon visage contre son torse.

— J'ai peur de ne pas savoir qui je suis sans lui.

— C'est drôle.

— Quoi ?

— Je ne sais pas qui tu es *avec* lui.

Je me recule, surprise de sa réaction.

— Que veux-tu dire ?

— Rien. (Il fait non de la tête.) Oublie.

— Non, explique-moi.

— Je ne te reconnais pas. Durant toute cette période, tu as tellement regardé par le petit bout de la lorgnette que tu ne vois pas l'effet que cette histoire a eu sur toi. Tu as changé, Kate.

Stupéfaite par les paroles de Liam, je tente de trouver les mots pour lui répondre. Je sais que je suis différente, mais je ne suis pas certaine que ce soit une mauvaise chose. J'ai les yeux grand ouverts cette fois-ci. Je ne laisse pas mon couple partir à vau-l'eau en m'appesantissant sur des futilités.

— Et l'amour dans tout cela ?, ajoute-t-il avant que je ne puisse répondre.

— L'amour ?

— Je te parle de le laisser partir et la première chose que tu me dis, c'est que tu ne sais pas qui tu es sans lui. Pourquoi ne m'as-tu pas répondu que c'est parce que tu l'aimes ?

— Je ne veux pas vivre sans lui. C'est de l'amour.

Liam secoue la tête.

— Pour moi, c'est de la peur.

À chaque parole blessante de Liam, la colère monte un peu plus en moi, telles des bûches que l'on amasserait pour faire un feu ; j'ai peur de m'embraser s'il me lance une allumette.

— Depuis quand es-tu un expert en histoires de couple ? Ce ne sont pas tes copains qui parient sur le temps qu'il te faudra pour trouver un défaut à ta petite amie et la larguer ? Ce n'est pas toi le pantin de Nikki ?

Cette dernière phrase le fait légèrement tressaillir.

— Plus maintenant.

— De quoi tu parles ?

— Nikki et moi, c'est terminé. Ce soir, ce n'était que pour la galerie. Même si une partie de moi espérait encore qu'elle change d'avis.

— Le type du *boys band* ?

— Oui. Tout est vrai.

— Ce n'est pas ce que tu as dit à Julia pourtant.

— J'avais envie de croire que la presse avait raconté n'importe quoi. Puis, ce matin, Nikki m'a avoué que c'était vrai. Elle m'a supplié de venir tout de même ce soir et de m'afficher comme son petit ami. (Il ferme les yeux un instant, comme s'il se remémorait leur conversation.) Je ne sais pas pourquoi j'ai accepté… J'imagine que je ne suis qu'une bonne poire.

— Ou un mec bien. (Je lui passe la main dans le dos, soudain honteuse de ce que je viens de lui lancer à la figure.) Tu es trop bien pour elle de toute façon, Liam.

— C'est ce que Nikki a dit aussi. (Il sourit d'un air triste.) Juste avant de me lourder pour un mec qui a un coach en charisme.

— Je suis navrée, lui dis-je en le pensant sincèrement.

Certes, je n'apprécie pas Nikki, ni la façon dont elle a changé Liam, mais je n'ai jamais voulu qu'il souffre.

— Ça va, ce n'est pas grave. Franchement, je me suis laissé emporter par cette histoire. Je crois que j'aimais plus le mode de vie de Nikki que Nikki elle-même.

— Il n'empêche que ce n'est jamais agréable de se faire plaquer.

Encore moins pour quelqu'un d'autre, me dis-je intérieurement, en me rappelant la veille de mon mariage comme si c'était hier.

Liam me regarde.

— Je sais que Max t'a réellement blessée. (Il pointe du doigt Courtney et l'homme avec elle, toujours enlacés.) Qu'il te fait du mal en ce moment même.

Je veux prendre la défense de Max, mais Liam lève la main.

— Ne lui cherche pas d'excuses, je t'en prie. Je sais que ce n'est pas un mauvais gars, mais ce n'est pas à lui que je tiens.

Il me dévisage longuement. Je vois ses yeux rivés sur moi s'agiter à la pensée de ce qu'il veut me révéler.

Je garde le silence, le regard fixé sur ma bague de fiançailles, et je me souviens de la nuit où Max m'avait fait sa demande. Avait-ce été une demande comme on en voit tant au cinéma ? Non. Mais elle avait eu quelque chose de spécial et j'avais répondu oui sans hésitation. À présent, c'est comme si Liam braquait un projecteur sur Max et que je le découvrais sous un jour que j'avais refusé de voir jusque-là. Le soir où Max m'avait demandé d'être sa femme, je savais qu'il était tout aussi excité que moi par notre avenir, mais il est possible que les allusions peu subtiles que j'avais glissées concernant mon âge l'aient poussé sur une voie qu'il n'était pas tout à fait prêt à emprunter.

Liam penche sa tête vers la mienne.

— Tu te souviens, juste après la fac, quand j'étais pressenti pour le premier rôle dans cette série ? J'avais passé au moins trente auditions. Cela s'est joué entre un autre type et moi et ils avaient prévenu mon agent par téléphone que le rôle était pour moi. Puis, quand on attendait de recevoir le contrat, ils ont rappelé pour nous informer qu'ils avaient choisi l'autre gars.

Je hoche la tête, grimaçant intérieurement en me rappelant à quel point Liam avait été anéanti, combien il s'était senti humilié de devoir annoncer à ses amis et sa famille qu'ils étaient revenus sur leur engagement.

— Tu te souviens de ce que tu m'as dit quand je voulais arrêter le métier d'acteur ? Quand, pour moi, cela n'en valait plus du tout la peine ? (Je fais non de la tête, les yeux remplis de larmes.) Tu m'as dit que la seule façon de surmonter un problème est de le prendre à bras-le-corps, pas de le fuir. Fais un essai, tire les leçons, ressaisis-toi et va de l'avant.

— J'ai dit cela ? (Liam hoche la tête et je souris timidement, émue qu'il se rappelle encore ce conseil.) C'est un bon conseil, Liam. Mais je m'en sens incapable.

— Pourquoi ?, m'interroge-t-il en fronçant les sourcils.

— Parce que je ne suis pas comme toi.

— Que veux-tu dire ?

Les épaules de Liam se crispent.

— Je ne sais pas compartimenter mes sentiments comme toi.

— C'est ce que je fais d'après toi ?

Je me redresse afin de pouvoir le regarder dans les yeux.

— Tu ne montres aux gens que des petits bouts de toi, en veillant toujours à ne pas trop t'impliquer, ni à trop t'attacher. Tu ne laisses jamais personne accéder à ton cœur suffisamment longtemps pour ne pas risquer d'être blessé. Et tu penses que je devrais me jeter tête baissée et souffrir ?

Liam a les larmes aux yeux, mais sa critique parce que je refuse de laisser partir Max, son insinuation selon laquelle je n'aime pas assez mon fiancé me poussent à poursuivre.

— Après tout, que sais-tu, toi, de l'amour ?

— J'en sais plus que tu ne le crois, me répond-il d'un ton énigmatique avant de murmurer : Je sais ce que c'est d'aimer une personne qui en aime une autre.

— Quoi ?, dis-je, déconcertée. Tu veux parler de Nikki ?

Nos visages sont si proches que son nez effleure le mien. Liam rit.

— Comme tu peux être aveugle parfois, s'exclame-t-il avant de poser timidement ses lèvres sur les miennes, un peu comme si son baiser était une question à laquelle il cherchait une réponse.

Mes yeux s'écarquillent de surprise et je tente instinctivement de le repousser, mais il me retient contre lui.

— Liam, murmuré-je.

— Chut, dit-il en prenant doucement mon menton dans sa main. Arrête de cogiter autant. Suis ton putain de cœur pour une fois dans ta vie.

Il m'embrasse à nouveau, ses lèvres si douces et accueillantes que je dois me forcer à m'écarter.

— Je ne peux pas. Max…

— Ton fiancé qui, manifestement, est amoureux d'une autre ? A-t-il vraiment son mot à dire ?

Cette allusion à Courtney me donne encore plus envie de m'arracher à son étreinte.

— Ce n'est pas juste. Si je le trompe, alors je ne vaux pas mieux que lui.

Je me lève brusquement et mon sac à main tombe par terre. Liam le ramasse et nos mains se frôlent.

— Je ne m'excuserai pas pour t'avoir embrassée. Je ne passerai pas un jour de plus à faire comme si cela ne m'importait pas – même si j'en souffre. (Il se lève et m'attrape par les épaules ; son regard s'adoucit immédiatement quand il croise le mien.) Ne retourne pas dans le passé. N'épouse pas Max. Reste ici, avec moi.

Mon esprit tourbillonne, je l'observe se mordiller la lèvre, avec ses yeux plissés qui me regardent fixement, comme s'il essayait de lire en moi. Liam est amoureux de moi ? La question prend forme dans ma tête tel un message inscrit dans le ciel, sans que nous ne nous quittions du regard, aucun de nous prêt à baisser les yeux ni à briser ce silence palpable. Je l'aime également, bien entendu, et ferais n'importe quoi pour lui, mais je ne peux pas lui offrir ce qu'il attend… Pas après m'être autant battue pour sauver mon couple.

— Je ne peux pas, pas maintenant, lui dis-je et ses épaules s'affaissent. Je suis désolée.

Je veux le prendre dans mes bras, mais il me repousse.

— Moi aussi, je suis désolé… (Il détourne le regard vers la foule de fêtards, indifférente au drame qui se joue entre nous.) Il fallait que je te le dise. Je voulais que tu saches qu'une vie est possible avec moi. Si tu as le courage de sauter le pas.

— Je suis désolée.

Je secoue la tête, soulagée que l'obscurité dissimule mes yeux humides, mais aussi la déception que j'imagine dans son regard. Je me rappelle soudain ce qu'il m'avait soufflé la veille de mon mariage : je n'étais pas obligée de me marier. Il avait aussitôt tourné cela en plaisanterie, toutefois je me demande désormais s'il n'avait pas secrètement nourri l'espoir que j'annule réellement le mariage. J'entends la voix de Nikki s'élever depuis la scène principale, afin de remercier tous les invités de leur présence, et je m'interroge soudain, alors qu'un tonnerre d'applaudissements fuse : si je me suis opposée à la relation de Liam avec elle, est-ce réellement à cause de sa célébrité, ou des sentiments que j'ai pour lui ? Je repense au trouble que j'avais ressenti quand il avait commencé à me délaisser pour Nikki, à la sensation de vide dans mon cœur en fixant un texto de plus resté sans réponse. L'idée de le perdre avait-elle éveillé quelque chose en moi dont je n'avais pas pris conscience ou, plus probablement, que je redoutais trop d'admettre ?

— Il faut que j'y aille, dis-je plus à moi-même qu'à Liam, décidant que je me dois d'aller jusqu'au bout avec Max.

— Je ne te demande qu'une chose, affirme-t-il, la voix grave et éraillée. Ne me dis rien quand tu retourneras là-bas.

— Comment ça ?

— Ne me dis pas si tu choisis de remonter le temps ; ne me parle pas de ce que Max t'a fait. De ce que je viens de t'avouer.

— Pourquoi ?

— Parce que je ne veux pas savoir. Je ne voudrais pas savoir. (Il commence à s'éloigner, avant de s'arrêter et de pivoter brusquement sur lui-même.) T'es-tu déjà demandé pourquoi je ne me suis jamais sérieusement engagé avec une fille ?

Je repense au défilé de ses petites amies : Daphne, Erica, Janie – ou était-ce Jamie ? J'avais simplement entendu parler de la plupart d'entre elles, sans jamais les rencontrer. Au bout d'un mois ou deux, il m'annonçait inéluctablement leur séparation, puis me racontait pourquoi cela n'aurait pas pu fonctionner entre eux. Je l'écoutais m'expliquer les motifs de leur rupture, tout en m'interrogeant sur la véritable raison, supposant qu'il avait des difficultés à s'engager à cause de l'absence de son père. Mais je ne m'étais jamais mêlée de ses histoires. Je pensais que Liam finirait par rencontrer une femme qui serait au-dessus du lot et qui parviendrait enfin à abattre la muraille qu'il avait dressée autour de son cœur. Tout ce temps, cette femme, c'était…

— Moi, m'entends-je dire à moi-même. C'était à cause de moi

Les mots prennent une résonance étrange à voix haute.

Il frotte sa barbe de trois jours clairsemée sur son menton et hoche doucement la tête.

— Je les compare toutes à toi, avoue-t-il à voix basse.

Soudain, je repense à cette nuit à l'université où Liam m'avait embrassée et où je l'avais repoussé. Était-il amoureux de moi depuis cette époque ?

— Tu ne devrais vraiment pas. Il est évident que cela ne tourne pas rond chez moi !

— C'est comme ça que je t'aime, affirme-t-il et nous rions tous les deux d'un air gêné. Tu sais, je crois que l'homme que tu épouseras doit trouver ta « folie » attachante. La personne avec qui tu passeras ta vie doit te comprendre, doit savoir qu'il n'y a pas de mode d'emploi pour y arriver. Pourtant, c'est assez simple de te décrypter une fois qu'on a trouvé la clé pour pénétrer dans ton esprit. (Il hausse les sourcils.) Il doit accepter que tu puisses les lui briser menu – et que tu le feras –, surtout quand tu veux que tout autour de toi soit absolument parfait. Paradoxalement, il devrait aussi se rendre compte que tu as le don curieux de faire de ses imperfections ses plus grandes qualités.

Il détourne le regard un instant et je reste coite. Je suis incapable de m'exprimer ; ma gorge est nouée par les larmes à mesure que j'assimile ses paroles. Il attrape mes mains et approche son visage du mien.

— Est-ce que Max te comprend ? Sait-il qu'il ne faut pas tenter de t'arrêter quand tu cherches obsessionnellement à prendre la photo parfaite ou quand tu soutiens toujours que le livre est meilleur que le film ? Même pour *Le Parrain* ? (Liam secoue la tête.) Sait-il qu'à moins que ta patronne ou ta mère ne louent un avion avec une banderole « Kate est vraiment géniale », tu ne seras jamais satisfaite de ce qu'elles pensent de toi ? Sait-il que tu peux pleurer comme une madeleine pour quelque chose d'apparemment anodin, comme le dernier épisode de *How I Met Your Mother*, et qu'il devrait te laisser tranquille dans ces moments-là ? Sait-il que tu détestes courir et que tu le fais uniquement pour l'impressionner ? Sait-il à quel point tu es extrêmement intelligente ? Belle ? Connaît-il seulement la véritable Kate ?

J'inspire profondément puis expire lentement, tout en analysant ses paroles, et je me rends compte qu'elles renferment bien plus que de l'amitié. Il m'aime réellement. D'une façon que je n'aurais jamais crue possible.

— Je ne sais pas. Je croyais… Enfin, je crois que oui, dis-je en balbutiant.

— Parce que s'il ne le sait pas, alors ce n'est pas l'homme de ta vie. Et vous finirez par vous contenter de ce que vous avez.

— Et tu es un expert parce que… ?, demandé-je, même si je connais déjà sa réponse.

— Parce que c'est ce que je ressens pour toi. Parce que c'est comme cela que je me sens avec toi.

Je croise les bras sur ma poitrine, pour me protéger de la fraîcheur qui s'empare de moi alors que je tente de donner un sens à son aveu. C'est vrai, il me connaît comme Max ne m'a jamais connue, mais je ne suis pas convaincue que ce soit une raison suffisante pour tout abandonner avec lui, pas après tout ce que j'ai accompli.

— Maintenant que je suis arrivée là avec Max, je veux connaître la suite, lui dis-je tout en passant ma main sur son bras, afin d'adoucir la douleur cinglante de mes mots.

Il tressaille légèrement, puis acquiesce de la tête.

— On ne peut reprocher à personne de vouloir essayer, n'est-ce pas ? (Il a un petit rire forcé.) J'imagine que tu m'as tant de fois traîné au cinéma pour aller voir des comédies romantiques que j'ai fini par me laisser prendre au jeu. Qui suis-je pour croire que je pouvais te faire un grand discours, que tu tomberais dans mes bras et me dirais que tu ressens la même chose ?

— Liam…

Je lui tends la main, mais il ne l'attrape pas.

— C'est bon. Tu n'as pas à être navrée pour moi. Je t'aime, mais je veux que tu sois heureuse.

Je ferme les yeux, de peur que les larmes qui montent se déversent, refusant de penser à ce qui pourrait ou non me rendre heureuse.

— Mais je pensais ce que je t'ai dit : s'il te plaît, ne me dis rien si tu remontes le temps et ne me parle surtout pas de cette conversation. (Il baisse le regard.) Deux râteaux dans la même soirée..., murmure-t-il. Je veux simplement vivre comme s'il n'y avait pas de seconde chance possible.

— D'accord.

Je lui tends de nouveau la main. Mais il me prend dans ses bras. Je le serre fort, ne voulant pas le lâcher. Il m'étreint vigoureusement, comme s'il n'allait peut-être plus jamais me revoir, et je résiste à l'envie de rester là, consciente cependant de devoir retourner auprès de Max.

— Je dois y aller.

— D'accord, me répond-il, puis il s'enfonce à nouveau dans son fauteuil et reprend la bouteille de tequila.

— Je suis désolée, redis-je, ne sachant pas si je m'excuse de partir ou de ne pas l'aimer comme il le souhaiterait.

— C'est bon. Tout cela va bientôt disparaître de toute façon, n'est-ce pas ? Plus rien n'aura d'importance.

— C'est mieux ainsi. Pour tout le monde.

— Si tu le crois, Kate, l'entends-je souffler dans mon dos alors que je me dirige vers les lumières de la fête.

De retour auprès de Max, j'empoigne fermement sa main et espère que ce qui nous unit est aussi fort que mon étreinte.

***

— As-tu envie de parler de ce qui s'est passé ce soir ?, me demande Max alors que je me glisse dans le lit.

Durant une seconde, je crois qu'il fait allusion à Liam, avant de comprendre qu'il parle de Courtney. J'étais restée muette durant le trajet du retour, l'esprit tourbillonnant comme une tornade, qui faisait défiler sans cesse les paroles de Liam et l'expression abasourdie de Max. Je pose ma tête sur l'oreiller, sans aucune envie de discuter, notamment car en raison du vœu que je m'apprête à faire, cela ne sert à rien.

— On dirait qu'il est impossible de lui échapper, déclare Max, qui vient se blottir contre moi, passe son bras autour de ma taille et me serre contre lui.

— Non, c'est bel et bien impossible.

— Je serai toujours là, me susurre-t-il à l'oreille.

Ses paroles me réconfortent ; je devine qu'il le pense sincèrement. Mais reste-t-il parce que cela lui semble juste, ou parce qu'il désire passer le reste de sa vie avec moi ? La fois précédente, j'avais été si absorbée par les préparatifs du mariage qu'il s'était facilement convaincu que mon amour aussi s'était éteint, qu'il nous rendait service à tous les deux en mettant un terme à notre histoire avant que nous ne soyons liés par un contrat de mariage. La différence cette fois-ci, c'est que je me suis battue bec et ongles pour en arriver là ; mais les sentiments sont-ils toujours les mêmes ?

— Moi aussi, lui dis-je en chuchotant, terrifiée à l'idée de retourner dans le passé et de recommencer, mais plus effrayée encore de rester et d'essayer de composer avec le désordre que j'ai provoqué.

Chapitre 26

La première fois que j'avais vu ma robe de mariée, elle ne payait pas de mine sur son cintre. Mais j'avais tout de même été attirée par cette robe ; j'adorais la large ceinture grise autour de la taille, nouée dans le dos, et la sensation de l'organza entre mes doigts. Je l'avais tendue à la vendeuse, en me disant qu'elle ferait sans doute partie des dizaines de robes que je finirais par écarter car, comme Julia et moi en étions convenues pendant le trajet, quelle femme trouve « sa robe » dès le premier jour de ses recherches ? Entre l'angoisse de dénicher la robe parfaite, mes épaules étroites et mes hanches larges, toutes les chances n'étaient pas de mon côté. Cependant, quand j'étais montée sur l'estrade devant le miroir à trois faces, Julia était venue derrière moi, avait hoché la tête et nous avions toutes les deux éclaté en sanglots avant d'être prises d'un fou rire : nous étions officiellement « ces femmes » dont nous nous étions tant de fois moquées dans les émissions de téléréalité sur le mariage.

Ma mère et moi entrons dans la boutique pour l'ultime essayage et je retiens mon souffle en me remémorant ma dernière venue ici : mes fiançailles étaient encore une enseigne lumineuse que j'exhibais fièrement au-dessus de ma tête. En traversant le magasin, j'aperçois mon reflet dans l'un des grands miroirs et reconnais à peine l'expression de mon regard.

Je ne sais pas très bien encore pourquoi j'ai décidé de venir ici, pourquoi, en rentrant à la maison hier soir, je n'ai pas publié le statut qui m'aurait renvoyée dans le passé. Assise sur les toilettes de la salle de bains, agrippant fermement mon téléphone, incapable d'écrire quoi que ce soit, j'en ai conclu que j'avais besoin de plus de temps pour comprendre pourquoi, malgré tous mes efforts, la vie de Courtney et celle de Max ne cessaient de s'entremêler. Le seul moyen de les empêcher de tomber amoureux l'un de l'autre serait peut-être qu'ils ne fassent jamais connaissance, que je retourne dans le passé avant leur rencontre. Une question me taraude : si je ne présentais pas Courtney à Max, l'univers les réunirait-il tout de même ?

J'ai pensé également que me voir une nouvelle fois en robe de mariée, sentir le froissement du tissu à chacun de mes pas, mémoriser sa douceur sur ma peau m'aiderait à y voir clair. Maintenant que je me trouve dans cette boutique, je n'ai pas envie de croire que mes décisions n'ont aucun impact. Qu'en est-il du libre arbitre ? J'imagine que certains philosophes seraient furieux d'apprendre qu'il y a une part de prédestination dans la vie, quels que soient nos efforts pour modifier les événements.

— Je suis impatiente de t'admirer dans ta robe, me confie ma mère, les larmes aux yeux alors qu'elle observe une jeune rouquine aller chercher ma robe en arrière-boutique.

— Tu ne vas pas pleurer ?, lui fais-je en l'invitant à s'asseoir à côté de moi sur une banquette en velours rose pâle.

— Un tout petit peu, peut-être. (Elle sourit, en clignant des yeux pour chasser les larmes, et me serre fort dans ses bras.) Je suis si heureuse pour toi. On dit que le jour où votre petite fille se marie est l'un des plus beaux de votre vie.

Malheureusement, tu n'as pas eu la chance d'en profiter la première fois, me dis-je, en me rappelant l'expression gravée sur son visage lorsque Max avait annoncé à tous les invités l'annulation du mariage : sa déception mêlée de tristesse n'avait qu'amplifié mon chagrin.

— Et voilà, lance gaiement la jeune femme rousse, en me présentant la robe comme s'il s'agissait de l'un de ces chèques géants que l'on remet aux gagnants du Loto. Vous pouvez aller dans cette cabine pour l'essayer. (Elle m'indique une porte moulurée blanche.) Un peu de champagne ?, nous propose-t-elle.

Ma mère et moi acceptons à l'unisson. Je saisis le cintre rembourré et le tiens à bout de bras, afin que le bas de la robe n'effleure pas le sol. Je ferme la cabine d'essayage et suspends la robe à une patère, les émotions du matin de mon mariage déferlant en moi telle une vague violente. Alors que j'ouvre la fermeture Éclair, ressurgit l'instant où Julia avait scellé ma robe dans sa housse et appelé le concierge de l'hôtel, acceptant de payer Dieu seul sait combien pour qu'elle soit expédiée chez elle et que je n'aie plus jamais à reposer les yeux dessus. Je chasse ce souvenir et enfile la robe, puis appelle la vendeuse pour qu'elle la ferme dans le dos. Je fais quelques pas en arrière, afin de me regarder dans le miroir.

— Elle est toujours aussi belle, dis-je plus à moi-même qu'à elle, mais elle hoche la tête, pleine d'enthousiasme, en m'aidant à glisser mes pieds dans les escarpins que j'ai achetés.

— Oh, mon Dieu !, s'exclame ma mère qui avale alors son champagne de travers et le recrache presque. Tu es splendide !

— Merci, Maman.

Je monte sur l'estrade et tourne sur moi-même pour admirer la robe de dos, puis j'aperçois le reflet de ma mère : les larmes qu'elle m'avait promises ruissellent à présent sur ses joues. Je la regarde me contempler, mes yeux brillent également en imaginant ma future fille tournoyer un jour sur une estrade, priant en silence qu'elle soit sûre d'elle en son for intérieur, qu'elle choisisse un homme digne d'elle. Que tout soit parfait dès sa première tentative.

— Maman ?

— Oui ?

— Tu sembles vraiment heureuse.

— Bien sûr, je suis heureuse pour toi, ma chérie.

— Non, je veux dire qu'il y a quelque chose de différent chez toi. Ces derniers temps, tu sembles…

— Plus légère ?, suggère ma mère.

— C'est cela. (Je souris en pensant à l'homme qu'elle fréquente.) C'est grâce à Bill ?

— Oh, non. Je lui ai expliqué que nous ne pouvions plus nous voir.

— Quoi ? (Je plisse le front.) Pourquoi ? Je croyais que tout se passait bien entre vous.

— C'était le cas, mais nous nous sommes… Enfin, je me suis rapidement rendu compte que nous n'avions pas un seul point commun, si ce n'est d'être voisins, s'esclaffe-t-elle. Tu vois, ses seules passions dans la vie se résument à faire des barbecues dans son jardin et à bricoler la vieille Chevrolet qui dort dans son garage. Je mourrais d'ennui avec lui !

Je la dévisage un instant.

— Alors, pourquoi es-tu si heureuse ?

— Parce que sortir avec lui a été la meilleure chose qui me soit arrivée depuis longtemps.

— Pourtant, cela n'a pas marché, dis-je, curieuse de connaître sa réponse, tout en buvant avec précaution une gorgée de champagne.

— Je ne sais pas comment l'expliquer précisément, affirme ma mère, qui tend sa flûte à la vendeuse pour qu'elle la remplisse à nouveau. J'ai l'impression d'avoir été débarrassée d'un énorme poids, car même si ce n'était pas le bon, j'ai passé un excellent moment à le découvrir. Cela m'a donné l'espoir que l'homme qu'il me faut peut être là quelque part. (Elle vient se placer à côté de moi, devant le miroir, et passe son bras autour de ma taille.) Je crois que je suis enfin prête à aller de l'avant.

— Vraiment ?

Ma mère acquiesce d'un signe de tête avant de me répondre.

— J'étais anéantie quand ton père est parti. Pendant longtemps, j'ai eu peur des répercussions que cela aurait sur toi.

— Sur moi ?

— Je craignais, j'imagine, que le mariage t'effraie parce que le nôtre s'était soldé par un échec.

— Non, ça n'a jamais été le cas. Parfois, les gens évoluent simplement dans des directions différentes, dis-je, en m'interrogeant sur ma propre relation avec Max : avons-nous pris des chemins différents, sans même le remarquer ?

— Enfin, il m'a fallu beaucoup de temps pour comprendre qui j'étais sans ton père. Encore plus pour aimer la personne que j'étais sans lui.

Elle rit d'un air gêné. Je frissonne, j'ai la chair de poule sur mes épaules et mes bras nus : j'ai prononcé exactement les mêmes mots à Liam la nuit dernière.

— Peut-être le fait que ma fille unique se marie m'a-t-il fait réellement réfléchir sur ma vie, et je commence à regretter d'avoir passé autant de temps à me focaliser sur mes regrets, ajoute ma mère tout en buvant quelques gorgées de champagne.

— Je suis vraiment heureuse pour toi, dis-je, encore sous le choc d'entendre enfin ce que je voulais qu'elle exprime depuis si longtemps.

Elle passe son bras autour de moi et nous nous fixons dans le miroir.

— Mais bon, cela ne veut pas dire que je vais devenir amie sur Facebook avec ton père et…

— Sa bourgeoise ?

— Leslie, répond lentement ma mère et je lui adresse un petit sourire. Il est enfin temps pour moi d'arrêter de m'accrocher à ce que j'aurais pu vivre.

— Comment cela ?

— J'étais tellement focalisée sur ce que la vie aurait pu être si ton père n'était pas parti, sur tout ce que nous aurions pu faire ensemble, et cela m'attristait tellement qu'il le fasse avec une autre femme… Je crois qu'en réalité, je ne vivais pas.

« Ouah ! » est la seule réponse que je parviens à formuler.

Je suis ravie que ma mère ait ce déclic, mais triste à l'idée des années qu'elle a perdues.

— Je sais, c'est fou, s'exclame-t-elle tout en se pointant du doigt. J'ai consacré tout ce temps et toute cette énergie à entretenir ce corps fabuleux, sans même m'en servir ! (Elle rit tandis que je grimace, l'idée qu'elle ait des relations sexuelles me donne des haut-le-cœur.) Le fait est, poursuit-elle, que j'ai compris qu'il est temps de passer à autre chose.

Je retourne dans la cabine d'essayage, où je ressasse les paroles de ma mère. Bien entendu, elle choisit ce jour pour décider enfin de revivre. Serait-ce égoïste de ma part de retourner dans le passé, car il se pourrait qu'elle n'ait pas la même prise de conscience la prochaine fois ? J'ôte ma robe, qui me paraît désormais plus lourde, comme un fardeau pesant sur moi : il n'y a pas que ma vie qui est en jeu.

***

— Bienvenue chez *Starbucks* !, nous salue une jeune fille énergique, au teint frais.

Ma mère et moi avons décidé de prendre un café avant que je ne la raccompagne chez elle, nos têtes bourdonnant encore légèrement à cause du champagne. Nous passons notre commande au comptoir, puis nous dirigeons vers une table à l'écart quand je pense reconnaître un visage familier. Avant que je n'aie le temps d'ouvrir la bouche, ma mère me lance :

— N'est-ce pas Callie, ta colocataire de la fac ?

Elle fronce le nez comme pour tenter de mieux voir.

— Je crois que si.

J'observe Callie faire la queue, la main sur son ventre arrondi, tandis que ses deux enfants réclament des petits gâteaux et des chocolats chauds avec un dôme de chantilly. Elle peste les dents serrées, ce qui creuse les rides autour de ses yeux :

— Pour la cinquième fois, la réponse est non !

Mais les supplications de ses enfants sont incessantes et, quand arrive leur tour, Callie finit par céder, marmonnant qu'ils devraient tout simplement prendre l'argent de son porte-monnaie et acheter tout ce qu'ils veulent, puisqu'ils réussissent toujours à obtenir gain de cause. Elle s'appuie contre le comptoir pendant que sa progéniture se régale de ses friandises. La plus jeune fait tomber son gâteau sur le sol, puis le ramasse et le fourre avidement dans sa bouche ; Callie se contente de secouer la tête d'un air défaitiste, tandis qu'elle essaie d'essuyer le visage de son fils, qui se débat vivement. Elle lève alors les yeux et m'aperçoit en train de l'observer. Ses joues pâles s'empourprent dès qu'elle me reconnaît et je prie pour que mon visage ne trahisse pas mes pensées. Ces enfants ne ressemblent en rien aux petits anges que j'ai vus sur Facebook la semaine passée, courant sur la plage main dans la main.

— Callie ?, dis-je timidement en m'avançant vers elle.

Elle hoche la tête, m'adresse un sourire crispé et me prend dans ses bras ; son étreinte dure quelques secondes de trop. Quand elle se dégage, elle s'est ressaisie, le visage rayonnant, et plaisante sur ses enfants et leur obsession du sucre, car elle « ne leur en donne jamais en temps normal ». Je suis étonnée de la rapidité de sa métamorphose, de sa capacité à passer d'une maman « normale » fatiguée, avec des enfants turbulents, au personnage qu'elle incarne sur Facebook. Même ici, dans la vraie vie, elle a le sentiment de ne pas pouvoir me montrer, à moi qui suis pourtant une vieille amie, sa véritable personnalité.

Cela fait si longtemps que nous avons partagé la même chambre universitaire, tant d'années que nous n'avons pas échangé quelques mots de vive voix, que cela ne me paraît pas juste de lui dire que ce n'est pas grave, qu'elle peut pester contre ses enfants, que je ne la jugerai pas. Je sais qu'elle ne comprendrait jamais qu'après tout ce que j'ai vécu, la voir se comporter comme un être humain me ferait l'apprécier davantage. Au lieu de cela, je lui sers ce qu'elle a, me semble-t-il, besoin d'entendre : elle est belle et ses enfants sont adorables. Elle pousse poliment sa progéniture vers la sortie, prétextant un anniversaire au parc de loisirs au coin de la rue.

— Pfou !, soupire ma mère après son départ. Ces deux-là lui donnent vraiment du fil à retordre. C'est précisément pourquoi je n'ai eu qu'un enfant !, s'exclame-t-elle en riant.

— Cela m'a fait plaisir de la revoir, dis-je pendant que nous nous asseyons.

— Je ne crois pas que c'était réciproque ; elle semblait plutôt mal à l'aise. On aurait dit qu'elle voulait se cacher sous une table.

— Je sais…

Tout en buvant une gorgée de café, je pense à ce que j'aurais ressenti si j'avais croisé Callie chez *Starbucks* le lendemain de mon retour de Hawaï, quand je n'étais que l'ombre de moi-même. J'aurais sans doute réagi comme elle, imaginant qu'elle me jugerait pour être tombée si bas, pour être si différente de la femme que j'avais espéré devenir. À l'instar de Callie, j'avais passé beaucoup de temps à manipuler l'image que je renvoyais sur Facebook. À présent, je me demande si nous serions toutes deux bien plus heureuses si nous consacrions plus de temps à nos relations non virtuelles.

***

L'odeur de l'ail m'enveloppe quand je franchis la porte d'entrée. Je retire mes chaussures et la suis jusqu'à la cuisine, où je trouve Max en train de déboucher une bouteille de vin rouge.

— Tout cela en quel honneur ?

Je regarde autour de moi : la table est mise, une casserole qui sent délicieusement bon mijote sur la gazinière, et les dés de tomates, le basilic et l'ail sur la planche à découper me révèlent qu'il prépare des bruschettas – sa spécialité.

— Faut-il nécessairement une raison ?, me répond-il, avant de me sourire et de m'embrasser.

— Non, c'est juste que je ne m'attendais pas à…

— C'est exactement pour cela que je l'ai fait. Je me doutais que tu n'avais pas mangé aujourd'hui, comme tu étais avec ta mère… (Il s'interrompt et je hoche la tête pour lui indiquer qu'il a vu juste.) Alors, je me suis dit que j'allais te faire une surprise en te concoctant ton plat préféré : bruschetta et aubergines au parmesan !

— Merci, lui dis-je, acceptant avec joie le morceau de pain qu'il me tend.

Je croque dedans et ferme les yeux quand il fond dans ma bouche.

— Cela fait trop longtemps que je n'ai pas cuisiné pour toi, déclare-t-il tout en mélangeant l'ail, le basilic et les tomates, puis il les assaisonne et répartit la préparation sur la tranche de pain tout juste sortie du four. Trop longtemps que je n'ai pas fait beaucoup de choses, ajoute-t-il.

Je sais que la soirée de la veille hante encore son esprit, que la bruschetta est un gage de paix.

— Eh bien, je suis ravie que tu te sois mis aux fourneaux pour moi ce soir. C'est délicieux, dis-je en goûtant un peu de sa préparation directement dans le saladier.

J'hésite à faire une remarque sur sa dernière phrase, d'autant plus qu'une fois mon dernier vœu formulé, il ne se souviendra pas de cette conversation. Moi oui, en revanche. J'emporterai avec moi le moindre souvenir : l'impression que Max et Courtney semblent se rapprocher, quels que soient mes efforts pour les éloigner ; le mariage de Julia et Ben qui commence à battre de l'aile ; le regard de Liam quand je lui ai expliqué que je pensais être incapable de vivre sans Max, de lui offrir ce qu'il attendait. Je n'oublierai jamais comment j'ai eu le cœur gros en comprenant que je brisais le sien.

J'observe Max s'affairer dans la cuisine, à servir du vin, à mettre la touche finale à son plat, et j'essaie de mémoriser chaque détail de son visage, sa façon de pencher la tête quand il est concentré, son front qui se plisse quand il remue la salade. Je fais tourner le vin rouge dans mon verre et me résous à poser la question qui attend encore une réponse.

— Max ?

— Oui, fait-il, toujours focalisé sur le saladier en bois.

— Pourquoi m'aimes-tu ?

Les mains agrippées aux couverts à salade, il lève lentement les yeux vers moi.

— Pourquoi me demandes-tu cela ? Si c'est à cause d'hier soir…

— Non, l'interromps-je, et mon ton vif le fait un peu tressaillir. Je veux seulement savoir.

Il attrape un torchon et s'essuie les mains.

— J'aime la vie que nous avons bâtie ensemble. Nous formons une bonne équipe, Kate. (Il s'approche de moi et m'embrasse.) Je t'aime. Je veux te rendre heureuse.

— Je sais, lui dis-je, incapable de soutenir son regard.

Il le pense sincèrement. J'ai vu avec quelle détermination il s'est détaché de Courtney pour moi, tout cela au nom de notre bonheur. Je l'attire près de moi, j'enfouis mon visage dans son cou et m'enivre de son odeur épicée, tout en cherchant à graver cet instant dans ma mémoire. Je me recule enfin et Max me regarde fixement, attendant que je poursuive.

— Moi aussi, je veux que tu sois heureux.

Je l'embrasse et me force à lui sourire, avant de me diriger vers l'escalier.

— Où vas-tu ? Le dîner est prêt !, me crie-t-il.

Je lui lance un dernier regard.

— Je reviens tout de suite, lui mens-je et j'attrape vite mon téléphone sur le buffet avant de changer d'avis.

Chapitre 27

« Retourner là où tout a commencé. #AucuneAutre-FinPossible »

Je perçois le changement de décor avant même d'ouvrir mes yeux bouffis, me rappelant comment la couette blanche et moelleuse m'avait enveloppée tel un cocon ce matin-là, sans doute l'œuvre de Julia après que j'ai fini par m'endormir la veille. Je me redresse lentement, hume l'air iodé qui s'infiltre par la baie vitrée légèrement entrouverte, puis regarde vers la droite, là où je sais déjà que je trouverai Julia avachie dans une bergère, veillant attentivement sur moi.

— Oh, ma belle, me dit-elle, son visage marbré par les larmes s'adoucit lorsqu'elle constate que je suis réveillée.

Je déglutis, ma gorge est sèche et irritée. Je me frotte le cou.

Cela a fonctionné. Je suis de retour là où tout a commencé.

Je reste immobile, en attendant d'être assaillie par l'émotion. Julia, les yeux injectés de sang, vient s'asseoir sur le rebord du lit et me dévisage. Je m'efforce de détourner le regard pour chercher dans la chambre la seule chose qui me confirmera que tout cela est bien réel.

— Kate ?, fait Julia d'une voix rauque.

Avec le sentiment d'assister au film de ma propre vie, je me tourne vers l'armoire. Ma poitrine se contracte un instant quand je découvre ma robe de mariée suspendue, repassée, qui attend d'être portée. Je la contemple durant plusieurs secondes, tout en me préparant à ce que la peur me gagne, à ce que la panique m'envahisse, à ce que le doute s'ensuive. Mais la seule émotion que je ressens est du soulagement.

— Dis quelque chose, je t'en prie, insiste Julia, et je pose ma main sur la sienne tout en lui adressant un sourire. Est-ce que tu souris ?

Elle a un petit rire forcé et j'acquiesce d'un signe de tête.

— Tout ira bien.

— Euh, ce n'est pas ce que, moi, je suis censée te dire ? (Julia fronce les sourcils et place sa main sur mon front, comme elle l'avait fait avec Evan quand il avait attrapé une angine le mois dernier.) Qu'y avait-il dans les cachets que ta mère t'a donnés hier soir ? Parce que ce n'est pas du tout, mais pas du tout la réaction à laquelle je m'attendais.

— Moi non plus.

J'étais convaincue, quand j'avais décidé de revenir à cette journée, que le sentiment de perdre à nouveau Max me frapperait avec la violence et la rapidité d'une avalanche. Je n'avais pas imaginé le contraire, que j'aurais l'impression que mes poumons s'ouvriraient, me permettant enfin de respirer.

Lorsque j'avais grimpé les marches d'un pas lourd la veille au soir, je savais ce que je devais faire : laisser partir Max. J'avais failli changer d'avis, les doigts en suspens au-dessus du clavier, mais les mots qu'il avait prononcés dans la cuisine claquaient dans ma tête comme des drapeaux rouges. Durant tout ce temps, je m'étais focalisée sur Courtney, comme si c'était elle le véritable problème. Mais quand j'avais enfin rassemblé mon courage pour demander à Max pourquoi il m'aimait, le sang battant contre mes tempes, j'avais entendu mes propres doutes dans sa réponse. J'avais compris à cet instant que je devais cesser de fuir la vérité.

Certes, Max m'aurait épousée cette fois-ci, j'en avais la certitude. Il aurait eu les larmes aux yeux en me regardant avancer vers l'autel. Je pouvais l'imaginer me faire tournoyer sur la piste de danse, me porter dans ses bras pour franchir la porte de notre suite à la fin de la noce, me laisser tomber sur le lit au milieu de nos rires. Il se serait remarquablement convaincu d'avoir choisi la femme qu'il lui fallait ; quant à moi, j'aurais encore plus remarquablement fait semblant d'avoir pris la bonne décision. En mon for intérieur cependant, je savais qu'il ne m'aimerait jamais comme je l'aurais désiré. Il aurait été tel un trophée que j'aurais gagné en trichant.

— Est-il parti ?

Je rejette brusquement la couette, ce qui fait sursauter Julia.

— Oui. Ben vient de me prévenir par texto qu'il l'a vu remettre sa clé à la réception, me répond-elle lentement, comme si elle essayait de rendre ses paroles moins douloureuses.

Je m'extirpe du lit et fouille ma valise.

— Tu vas tenter de le rattraper ?, me demande Julia. (Bien que je lui tourne le dos, je sais qu'elle me regarde comme si j'étais folle à lier.) Kate ?

— Non, lui dis-je tout en enfilant un jean et un débardeur, avant d'aller rapidement me brosser les dents.

— Alors pourquoi…

— Je t'expliquerai plus tard, lui crié-je tandis que la porte de la suite claque derrière moi.

Je cours dans le couloir, pieds nus sur la moquette, espérant pouvoir le rattraper, car je dois lui dire des choses qui ne peuvent pas attendre une minute de plus, qui ont déjà trop attendu. Quand j'arrive à la réception, il n'est plus là. Alors que je me prépare à l'idée de l'avoir manqué, je l'aperçois monter dans un taxi devant l'hôtel.

— Max !

Il se retourne au son de ma voix, le visage blême : il s'attend sans doute à ce que je lui hurle dessus ou, pire, que je le supplie de rester. Je repense à la dernière fois, lorsque Julia m'avait annoncé son départ. C'était la seule question que j'avais posée au sujet de Max. En revanche, j'avais interrogé Julia sur les invités et le mariage, inquiète de ce que les gens penseraient, de ce que je dirais pour me défendre d'avoir laissé une relation parfaite, d'après mes dires, exploser comme une mine. J'ai l'impression que ce jour remonte à une éternité.

— Est-ce que je peux te parler un instant ?, lui dis-je une fois à sa hauteur.

Il se tient raide à côté du taxi et passe la main dans ses cheveux ; j'ai envie de la saisir et de lui assurer qu'il n'a aucune raison d'être nerveux.

— Ne t'inquiète pas, je n'essaierai pas de te faire changer d'avis encore une fois.

Max me regarde longuement, puis demande au chauffeur s'il peut patienter quelques instants. Alors qu'il marche à côté de moi d'un pas hésitant vers un banc situé le long de l'allée, je remarque les cernes sombres sous ses yeux. Il n'a pas fermé l'œil de la nuit.

— Kate, je ne sais pas combien de fois encore je peux te demander pardon, commence-t-il, mais je pose mon doigt sur ses lèvres.

— Je sais. Ce n'est pas de ça dont je veux te parler. J'aimerais simplement mettre les choses au clair avant que tu ne partes.

— Qu'est-ce qui a changé ? Parce qu'hier soir, tu étais si… (il s'interrompt, se remémorant ma réaction) si bouleversée, si furieuse…

Je hausse les sourcils et il ajoute rapidement :

— Je l'avais mérité, c'est légitime. J'essaie seulement de faire le lien entre cette Kate et celle qui est devant moi.

J'aimerais pouvoir lui dire la vérité. Combien je lui suis reconnaissante d'avoir tant essayé que cela fonctionne entre nous la seconde fois. Qu'il aurait pu me faire le plus grand plaisir de ma vie.

— J'ai eu un peu de temps pour réfléchir, finis-je par déclarer, en baissant le regard sur mon annulaire nu, ma bague de fiançailles rangée dans un coffret en velours à l'intérieur du coffre-fort de ma chambre d'hôtel (je la lui rendrai dès mon retour à Los Angeles).

— Très bien, me répond Max, en me lançant le même regard sceptique que Julia quelques instants plus tôt et se demandant comment, en douze heures à peine, j'avais pu passer d'un extrême à l'autre.

— J'aimerais seulement que tu saches qu'il n'y a pas de malaise entre nous, que je ne t'en veux pas. Je regrette toutefois que tu aies attendu d'être ici pour me l'annoncer. (Je balaie d'un geste de la main la haie d'hibiscus, les talus verdoyants du terrain de golf, la mare aux poissons à côté de nous.) Mais je suis d'accord avec toi, nous ne sommes pas faits pour nous marier.

— Vraiment ?, s'étonne-t-il, son visage exprimant un tel soulagement que je dois réprimer une larme involontaire. Parce que, Kate, je le pense sincèrement. Je suis terriblement désolé d'avoir attendu aussi longtemps, s'excuse-t-il tout en se tordant les mains.

J'imagine qu'il pense à Courtney, convaincu que je ne serai pas aussi indulgente quand j'apprendrai qu'il m'a quittée pour elle, qu'il ne nous voit plus d'avenir ensemble à cause d'elle.

— J'étais si perdu. Je veux que tu saches que cela a été une décision très difficile pour moi. Je n'ai jamais voulu te faire de mal. Ne l'oublie pas, s'il te plaît.

Je lui attrape la main ; elle est toute moite.

— Je sais. On doit parfois prendre un coup de massue sur la tête pour voir enfin la vérité en face, lui dis-je.

Je songe à Ruby. Je comprends à présent que, si j'ai remonté le temps, cela n'a jamais été pour récupérer Max, mais pour surmonter ma peur d'affronter la vérité, quand bien même cela me faisait souffrir.

Nous méditons tous les deux sur mes paroles, nos mains entrelacées, tout en regardant les palmiers osciller à chaque rafale de vent, mais leurs troncs demeurent solidement ancrés. Exactement ce que je ressens en cet instant précis.

— Max, je suis au courant pour Courtney.

Il devient livide et ouvre la bouche pour me répondre.

— Comment…

— Cela n'a aucune importance, non ?

Il hoche la tête.

— Il ne s'est rien passé, je te le promets…

Il fixe ses mains, les tordant comme s'il s'agissait d'une serpillière. Puis, il repose les yeux sur moi.

— Je ne sais pas comment l'expliquer, mais il y a quelque chose entre nous et j'ai besoin de découvrir ce que c'est.

— Je le sais aussi.

Je soupire pendant que Max se répand en explications, comme si chaque syllabe soulageait sa culpabilité, me racontant combien il s'est efforcé de résister et combien il s'est senti tiraillé. Je finis par lever la main pour le faire taire. J'ai déjà vu de mes propres yeux pourquoi Courtney et Max sont faits l'un pour l'autre ; je n'ai pas besoin de l'entendre de sa bouche une nouvelle fois.

— Ce qu'il y a...

Je cherche mes mots pour lui faire comprendre pourquoi je suis si calme en apparence, bien qu'il me quitte pour une personne que je considérais comme mon amie. Car, en vérité, leur trahison me fait toujours mal, la douleur cuisante s'est transformée en une douleur sourde qui tourmentera mon cœur encore un long moment. Mais, pour moi, il est à présent évident que Max et Courtney sont des pièces de puzzle s'imbriquant à la perfection, à l'inverse de nous. Aussi fou que cela puisse paraître, une partie de moi les admire pour ne pas avoir laissé la vie les diriger comme si elle les tenait en laisse – comme cela avait été mon cas pendant si longtemps.

Je me tourne vers Max et m'autorise à le regarder dans les yeux. Je ne suis peut-être pas son âme sœur, mais je sais que nous nous aimons toujours.

— Je crois que j'ai enfin compris que je ne peux pas forcer le destin.

Je songe à la bataille que j'ai menée pour lui, à l'énergie que j'ai déployée pour modifier le cours de ma vie, convaincue que je pourrais ainsi créer mon bonheur. Je resserre mon étreinte autour de sa main.

— Je veux seulement que tu sois heureux. Si c'est elle qui peut te rendre heureux, alors suis ton cœur et va la retrouver.

— Merci. Moi aussi, je veux que tu sois heureuse, déclare-t-il doucement.

— Je le sais. C'est pour cela que je te laisse partir. (Les yeux de Max cherchent dans mon regard les autres réponses que je ne peux lui apporter ; il ne me croirait jamais de toute façon.) Et tu peux dire à Courtney que Magda est tout à elle. Je lui enverrai ma démission dans la journée.

J'avais pris cette décision avant de formuler mon vœu, il me paraissait préférable de quitter l'agence. Courtney est plus compétente que moi de toute façon. Et je n'ai pas sa passion pour ce métier. Je suis lasse, en outre, de me battre pour obtenir la reconnaissance de Madga.

— Tu es sûre de toi ? Tu devrais peut-être y réfléchir quelques jours encore. Ne prends pas de décisions trop vite, surtout après ce qui s'est passé hier soir. Je ne veux pas que tu aies de regrets.

— Je n'en aurai pas, lui réponds-je catégorique, avant d'ajouter rapidement : Il est temps pour moi de passer à autre chose. Je le pensais vraiment quand je t'ai dit que je ne t'en voulais pas du tout, mais je n'ai pas pour autant envie de croiser Courtney tous les jours. Elle n'est plus mon amie, dis-je pour lui rappeler gentiment que, malgré mon calme apparent, leurs décisions ont des conséquences.

— Que vas-tu faire ?

— Je ne sais pas. Mais ce n'est pas grave.

Je ne suis pas certaine de la direction que j'ai envie de donner à ma carrière, mais j'ai de l'argent de côté et prendrai le temps qu'il faudra pour le découvrir.

Après un petit coup de klaxon, le chauffeur de taxi passe la tête par la fenêtre pour faire signe à Max qu'il est temps de partir.

— J'imagine que ce n'est qu'un au revoir ?, déclare-t-il.

— Oui, lui dis-je, en le serrant fort dans mes bras, avant de le regarder monter dans la voiture et jeter un dernier coup d'œil derrière lui lorsque celle-ci démarre.

***

— In-cro-yable !, s'exclame Julia quand je finis de lui rapporter ma conversation avec Max.

J'étais restée un certain temps assise sur le banc après son départ, les jambes repliées sous moi, respirant profondément pour laisser l'air frais emplir mes poumons. Julia est arrivée en courant, elle me cherchait désespérément. Je lui ai fait signe de s'asseoir à côté de moi et lui ai tout raconté. Elle est restée bouche bée quand je lui ai appris que Max était amoureux de Courtney, encore plus quand je lui ai expliqué en avoir pris mon parti.

— Mais j'ai besoin que tu fasses quelque chose pour moi, lui dis-je.

— Tout ce que tu veux.

— Quand je vais annuler notre lune de miel (je songe à la suite que j'avais réservée sur l'île paisible de Lanai, où la végétation luxuriante se jette dans l'océan), je la reprogramme pour le mois prochain. Pour Ben et toi.

— Quoi ? Pourquoi ?

— C'est déjà payé. Et puis, j'ai pensé que ça pourrait être une jolie escapade pour vous deux. Tu sais, histoire de vous retrouver.

— Et les enfants ?, me demande-t-elle.

— Je m'en occuperai.

— Et ton travail ?

— Je devrais pouvoir trouver du temps, lui dis-je, n'étant pas prête à lui annoncer ma démission (elle essaie encore de digérer le fait que je ne sois pas furieuse contre Max).

— Non, on ne peut pas…

— Chut, l'interromps-je. Vous y allez. Point à la ligne.

— Pourquoi fais-tu cela ?

— Une personne de très bon conseil m'a un jour expliqué que le mariage est un travail de longue haleine, pour lequel on doit se battre tous les jours, fais-je en repensant à ses paroles. Peut-être que cela rendra les choses un peu plus faciles.

— Comment sais-tu que c'est exactement ce qu'il nous faut ?

— Une intuition, réponds-je mystérieusement.

***

Je recrache quasiment mon café qui me brûle la langue.

— Je t'avais dit de faire attention, je le leur ai demandé brûlant, déclare ma mère d'un air inquiet.

— Ça va. J'ai seulement très envie de caféine.

Ma mère m'a rejointe dans ma chambre d'hôtel avec deux cafés crème et une mine préoccupée. Comme Julia, elle m'a regardée avec circonspection lorsque je lui ai raconté la même histoire : je me suis réveillée avec une nouvelle vision de la vie. Elle m'a serrée fort dans ses bras à la fin de mon récit et j'ai senti ses épaules se relâcher.

— C'est intéressant, fait remarquer ma mère en écartant une mèche de cheveux de mon visage. Moi aussi, j'ai eu un déclic ce matin, m'annonce-t-elle tout en versant un sachet de sucre roux dans son café. Je me suis réveillée à fleur de peau. Je crois que la décision de Max m'a rappelé ton père. Puis, je suis tombée sur cette femme, avec de superbes cheveux bouclés et de très beaux yeux marron.

Je dresse l'oreille lorsque ma mère commence à me faire le portrait de Ruby, qu'elle a rencontrée en prenant son café. Pour une raison qu'elle ne saurait expliquer, elle s'est sentie obligée de lui raconter toute sa vie pendant que Ruby hochait la tête et sirotait son moka. Une fois l'histoire de ma mère terminée, Ruby l'a regardée d'un air sérieux, avant de lui demander si elle était enfin prête. « Prête pour quoi ? » a demandé ma mère, confuse. « Mais pour commencer à vivre ! » a rétorqué Ruby.

— Pendant un instant, j'étais choquée. Pour qui cette femme se prenait-elle ? Je me suis rendu compte ensuite qu'elle avait raison. J'ai aussitôt eu envie de te retrouver pour te mettre en garde de ne pas commettre les mêmes erreurs que moi. De ne pas laisser la décision de Max déterminer le reste de ta vie.

(Elle marque une pause et contemple l'océan par la fenêtre.) Et quand je suis arrivée ici, je ne t'ai pas trouvée en boule sur le sol comme je l'aurais été. Je ne soupçonnais pas que tu étais aussi forte. Cela m'a fait prendre conscience de ma faiblesse. Je suis vraiment désolée.

Elle passe son bras autour de mon épaule et je me blottis contre elle.

– Ne sois pas désolée, lui dis-je, alors que je sens ses cheveux soyeux contre ma joue. Nous pouvons peut-être nous aider mutuellement pour aller de l'avant. Tu es d'accord ?

Une heure plus tard, j'avais convaincu ma mère et Julia – qui s'était aussi présentée à ma porte car elle restait tout de même « super inquiète pour moi » –, qu'elles pouvaient me laisser seule dans ma chambre. J'avais suggéré à Julia de faire ses valises pour prendre le vol de nuit le soir même et conseillé à ma mère d'aller s'allonger près de la piscine. Après leur départ, je passe un bref appel à la réception, puis attrape mon téléphone portable. La fois précédente, j'étais terrifiée à l'idée de révéler mes faiblesses sur Facebook, de montrer aux gens que ma vie ne prenait pas la tournure que j'avais espérée. Cette fois-ci, j'ouvre mon profil et souris devant toutes les félicitations qui me sont adressées. Mes amis méritent d'apprendre la vérité de ma bouche. Je tape les mots sans hésitation :

> « Max et moi avons pris la décision de ne pas nous marier, mais j'apprécie réellement tous vos messages attentionnés. »

Je publie mon statut et range mon téléphone dans un tiroir, avant de m'effondrer sur le lit, soulagée que la vérité éclate. Je ferme les yeux et laisse le bruit des vagues me bercer.

Je me réveille en sursaut quelques heures plus tard, quand on frappe à la porte.

— Service d'étage !, s'écrie une voix familière.

La silhouette galbée de Ruby apparaît sur le seuil alors que j'ouvre la porte. Elle tient une corbeille de fruits entre ses mains.

— Une petite faim ?

Je lui fais signe d'entrer et nous sortons sur le balcon, les teintes dorées du soleil couchant illuminant le ciel. Je prends un morceau de mangue et laisse son jus sucré glisser le long de ma gorge. Je me rappelle la veille de mon mariage, quand j'étais ici même, la poitrine comprimée par l'angoisse. Désormais, la sérénité qui m'envahit m'est si étrangère que j'ai l'impression d'être droguée.

— Merci, dis-je à Ruby.

— J'ai pensé que vous deviez mourir de faim.

Je ris.

— Je ne parlais pas de la nourriture. Merci pour ma mère.

Ruby affiche un large sourire.

— Voyez cela comme un cadeau d'adieu.

— Mais comment avez-vous su que c'était exactement ce qu'elle avait besoin d'entendre ?

— Je n'en reviens pas que vous me posiez encore cette question !, s'exclame-t-elle tout en calant fermement ses mains sur ses hanches.

— Désolée ! J'imagine que je ne comprends toujours pas vos pouvoirs.

— C'est évident !, conclut-elle d'un ton pince-sans-rire, et je lui donne une tape sur le bras. Dites-moi tout, poursuit-elle, son sourire s'effaçant légèrement. Qu'allez-vous faire à présent ?

— Vous savez, j'ai toujours pensé que ma vie n'était pas parfaite tant que les autres ne le jugeaient pas comme telle. (L'image de Callie Trenton me vient à l'esprit, avec sa main sur son ventre arrondi et les rayons du soleil éclairant son visage – une photographie que j'avais vue tant de fois sur Facebook.) Et en même temps, je me demandais souvent, quand je ne me sentais pas véritablement heureuse, si la clé du bonheur consistait à imiter les autres.

— Et maintenant ?

— Maintenant, je m'en fous royalement !, dis-je en souriant. Je veux seulement vivre et être heureuse, peu importe à quoi ressemble ma vie.

Ruby passe son bras autour de mon épaule.

— J'ai comme l'intuition que vous trouverez bientôt le bonheur que vous recherchez. Mais ne me faites pas revenir une seconde fois, d'accord ?, dit-elle en faisant semblant de me réprimander, son rire résonnant dans sa poitrine. Prenez soin de vous, Kate, ajoute-t-elle, avant de disparaître par la porte presque aussi rapidement qu'elle est entrée.

— Au revoir, Ruby.

— Qui est Ruby ?

Liam passe la tête par la baie vitrée.

— La femme qui vient de partir. Ce n'est pas elle qui t'a laissé entrer ?

Il fait non de la tête.

— On dirait que tu es restée trop longtemps au soleil. Il n'y a personne ici ! Julia m'a donné sa clé, elle voulait que je passe voir comment tu allais. Tu ne réponds pas aux textos.

— Désolée, j'ai mis mon téléphone dans un tiroir et j'ai dormi quelques heures.

— Et tu as rêvé d'une femme prénommée Ruby qui se trouvait dans ta chambre d'hôtel ? Raconte-moi tout !

Il rit et esquive la tape que je lui destine.

— Viens. Assieds-toi à côté de moi.

Il se laisse tomber sur la chaise longue et passe son bras autour de mon épaule, exactement comme il l'avait fait lors de la fête de Nikki avant de me révéler ses sentiments. Cela signifie-t-il que ceux-ci existeraient aussi dans cette « nouvelle vie » ?

— Tu es sûre que tu vas bien ?, me demande Liam, qui adopte soudain un ton sérieux. Tu as dit à Julia que tout était OK, mais j'ai besoin de l'entendre de ta bouche.

— Je vais bien. Les événements se déroulent exactement comme prévu. (J'attrape un grain de raisin et le fourre dans ma bouche.) Où est… Comment s'appelle-t-elle déjà ? Ta petite amie ?

Liam regarde sa montre.

— Sans doute au beau milieu du Pacifique à l'heure qu'il est.

— Elle est partie sans toi ?

— Elle n'a pas apprécié que je passe une grande partie de la nuit ici, avec Julia et toi. Elle m'a expliqué qu'elle n'avait aucune envie de rivaliser.

— Je suis désolée. Je crois que c'est de ma faute.

— Mais non. Cela n'aurait pas marché de toute façon.

— Pourquoi ? Elle a un oignon au pied ou quelque chose dans le genre ?, dis-je pour le taquiner.

— Pire, elle a un hamster ! Dénommé Inspecteur Gadget. Quel adulte a un hamster comme animal de compagnie ?

— Grotesque !

Je souris et prends un autre grain de raisin, le jetant cette fois-ci dans la bouche de Liam, qui tend le cou pour le gober.

— Tu vas faire quoi maintenant ?, m'interroge-t-il. Rentrer chez toi ?

— Non. Je vais rester une semaine encore.

J'avais appelé quelques instants plus tôt la réception pour prolonger ma réservation, afin de laisser suffisamment de temps à Max pour déménager ses affaires, et me permettre de méditer sur la nouvelle direction à donner à ma vie. Je me tourne vers Liam.

— Tu veux te joindre à moi ?

Il lève aussitôt les yeux et nos regards se croisent.

— Tu en es certaine ?

J'acquiesce d'un hochement de tête.

— Absolument.

— Alors oui, bien sûr que je reste, me répond-il doucement.

Je pose ma main sur la sienne. Ai-je bien fait de demander à Liam de rester ? Notre amitié en pâtirait-elle si nous tentions d'aller plus loin ? Mais, alors que nos doigts s'effleurent, je me sens prête à tenter l'aventure, peu importe où elle nous mène.

Remerciements

Tant de personnes à remercier. Mais si peu de temps. Non, en réalité, ce n'est pas vrai. Nous avons tout notre temps. Nous avons simplement toujours eu envie de dire cela !

Greer Hendricks, comment vous remercier comme il se doit pour avoir rendu possibles nos rêves d'écriture ? Nous sommes conscientes que les chèques-cadeaux pour le bar à brushing sont loin d'être suffisants ! Nous sommes si chanceuses de vous avoir comme éditrice, vous qui nous soutenez tous les jours. Nous vous embrassons. (En plus, vous écrivez les lettres les plus sympas qui soient !)

Sarah Cantin, nous vous adorons, même si nous préférerions vous détester, car vous êtes sans doute la femme la plus belle, la plus douce et la plus élégante qui ait jamais existé. Sans parler du fait que vos recommandations en matière de restaurants sont excellentes. Nous sommes également très reconnaissantes envers Judith Curr, la directrice de notre maison d'édition. Nous sommes tout simplement impressionnées de travailler avec vous. Vous êtes la crème de la crème. Un grand merci à toute l'équipe d'Atria. C'est un immense honneur de collaborer avec vous tous.

Elisabeth Weed, nous vous adorons. Vous êtes le meilleur agent qui soit. (C'est aussi un plaisir de partager une bouteille de vin avec vous !) Nous sommes également très reconnaissantes de toujours pouvoir compter sur la merveilleuse Dana Murphy.

Ariele Fredman, quelle chance de vous avoir comme attachée de presse. Merci !

Un grand merci à tous les auteurs, blogueurs et lecteurs qui ont soutenu notre aventure, pour chaque message, chaque photographie, chaque critique, chaque siège occupé lors des séances de dédicaces. Merci pour tout.

Mike, Matt, Cristine et Heather, nos premiers lecteurs fidèles, sachez que vos inestimables critiques ont façonné ce roman. Nous ne saurons jamais assez vous remercier.

Mike et Matt, nos amours, vous qui dissimulez vos regards exaspérés quand nous papotons sans fin, qui riez à nos plaisanteries même quand elles ne sont pas très drôles, qui nous rappelez que ce n'est pas grave de ne pas être parfait, merci de nous aimer telles que nous sommes.

Enfin, à nos amis Facebook, merci de partager vos vies avec nous au quotidien et de nous laisser envahir vos fils d'actualités avec nos innombrables selfies (nous ne pouvons pas nous en empêcher !). Nous espérons que vous lirez ce roman et comprendrez qu'aucune vie n'est jamais aussi parfaite qu'elle peut le paraître, quand bien même les photographies et les statuts peuvent laisser penser le contraire. Et franchement, une vie idéale s'avérerait assez ennuyeuse de toute façon, vous ne croyez pas ? Acceptez vos imperfections, et nous vous garantissons que votre entourage les acceptera aussi.

L & L

Dépôt légal : janvier 2016
Numéro d'impression : 1511.0204
Achevé d'imprimer en France par Aubin Imprimeur.